Heiner Müller

Guerra sem Batalha

Heiner Müller

Guerra sem Batalha
uma vida entre duas ditaduras

tradução de
Karola Zimber

revista por
Angel Bojadsen

1ª reimpressão

Estação Liberdade

© *Copyright* 1992, 1994 Verlag Kiepenheuer & Witsch

Tradução: Karola Zimber
Revisão da tradução e preparação de texto: Angel Bojadsen
Diagramação: Antonio Kehl
Fotos de Heiner Müller: Kurt Steinhausen
Editor: Angel Bojadsen

Dados Internacionais de Catalogação na Publicação (CIP)
(Câmara Brasileira do Livro, SP, Brasil)

Müller, Heiner
    Guerra sem batalha / Heiner Müller ; tradução Karola Zimber. – São Paulo : Estação Liberdade, 1997

    Título original: Heiner Müller : Krieg ohne Schlacht : Leben in Zwei Diktaturen.

    1. Teatrólogos alemães 2. Müller, Heiner.
I. Título.

97-3423   CDD-832.09

Índice para catálogo sistemático
    1. Teatrólogos alemães : Biografia e obra
       832.09

ISBN 85-85865-70-9

Todos os direitos desta edição reservados à
Editora Estação Liberdade Ltda.
Rua Dona Elisa, 116
Barra Funda
01155-030 São Paulo SP
Tel.: (011) 825 4239

Sobre o autor

Heiner Müller nasceu em Eppendorf, Saxônia, em 1929. Serviço civil obrigatório em 1944, *Volksturm* (grupo paramilitar de jovens) e prisioneiro de guerra dos americanos em 1945. Depois, funcionário na cidade de Waren, no Mecklemburgo. Estabelece-se em Berlim Oriental em 1951, trabalha como jornalista e na Associação dos Escritores da RDA em 1954-55.

Estréia de *O Achatador de Salários* em Leipzig em 1957. Trabalha no Teatro Maxim Gorki em 1958-59. Estréia de *A Repatriada* em Berlim em 1961, a seguir proibição da peça e exclusão da Associação dos Escritores. Trabalha no Berliner Ensemble e, a partir de 1976, na Volksbühne. A partir de 1990, presidente da Academia das Artes em Berlim Oriental, e superintendente do Berliner Ensemble a partir de 1992. Falece em 30 de dezembro de 1995.

Prêmio Heinrich Mann em 1959 com Inge Müller, Prêmio de Dramaturgia de Mülheim em 1979, Prêmio Georg Büchner em 1985, Prêmio Nacional da RDA em 1986, Prêmio Kleist em 1990, Prêmio Europa de Dramaturgia em 1991.

Sobre a tradução

As notas numeradas correspondem às da edição original alemã, e as notas de rodapé referem-se às notas da tradutora e do editor. Optamos por deixar em alemão no texto as siglas de partidos, instituições, terminologia da Segurança do Estado (Stasi) etc, traduzindo-as nas notas de rodapé. Optamos, para "Intendant", a palavra alemã para o responsável por um teatro, por "superintendente", e não "diretor artístico", como sugerido por Stephan Suschke, por traduzir melhor o poder, inclusive administrativo, em geral atribuído, ou conquistado, pelos detentores deste cargo. Superintendente-geral se aplica aos casos em que o diretor de um teatro é o responsável por teatro/balé/ópera. De forma geral, traduzimos "Dramatiker" por "dramaturgo" e, por sugestão de Fernando Peixoto, "Dramaturg" por "dramaturgista". Quanto aos títulos de obras, inclusive das peças de Heiner Müller, optamos por oferecer o título em português, além do original na primeira menção, mesmo no caso da obra não estar traduzida, de forma a facilitar a leitura. Agradecemos a Stephan Suschke, Fernando Peixoto e Fred Navarro as informações e sugestões, e a Antonio Kehl a paciência e o apoio.

O Editor

Relação das peças de Heiner Müller

Português | Alemão

Português	Alemão
O Achatador de Salários	*Der Lohndrücker*
A Repatriada	*Die Umsiedlerin*
Filoctetes	*Philoktet*
A Construção	*Der Bau*
Héracles	*Herakles*
Édipo Tirano	*Ödipus Tyrann*
Prometeu	*Prometheus*
Horizontes/Peça da Floresta	*Horizonte/Waldstück*
Cimento	*Zement*
A Batalha	*Schlacht*
Trator	*Traktor*
A Correção	*Die Korrektur*
Os Camponeses	*Bauern*
Germânia Morte em Berlim	*Germania Tod in Berlin*
Mauser	*Mauser*
O Harácio	*Der Horatier*
Comédia de Mulheres	*Die Weiberkomödie*
Macbeth	*Macbeth*
A Vida de Gundling Frederico da Prússia SonoSonhoGrito	*Leben Gundlings Friedrich von Preussen Lessings SchlafTraumSchrei*
Hamletmaschine	*Hamletmaschine*
A Missão	*Der Auftrag*
Fatzer	*Fatzer*
Quarteto	*Quartett*

Margem Abandonada Medeamaterial Paisagem com Argonautas	*Verkommenes Ufer Medeamaterial Landschaft mit Argonauten*
Anatomia Tito Queda de Roma	*Anatomie Titus Fall of Rome*
Descrição de uma Imagem	*Bildbeschreibung*
A Estrada de Wolokolamsk	*Wolokolamsker Chaussee*
1. A Abertura Russa	*1. Russische Eröffnung*
2. Floresta Perto de Moscou	*2. Wald bei Moskau*
3. O Duelo	*3. Das Duell*
4. Centauros	*4. Kentauren*
5. O Enjeitado	*5. Der Findling*
Germânia 3 - Fantasmas no Homem Morto	*Germania 3. Gespenster am toten Mann*

No Brasil, foram publicadas as seguintes obras sobre/de Heiner Müller:

MÜLLER, Heiner: *Mauser, Hamlet-máquina* (*Hamletmaschine*) e *Quarteto* (trad. Reinaldo Mestrinel) e *A Missão* (trad. Fernando Peixoto), Hucitec/Associação Cultural Bertolt Brecht. São Paulo, 1987.

MÜLLER, Heiner: *Medeamaterial e outros textos*, trad. Fernando Peixoto, Christine Röhrig, Walter Shorlies, Willi Bolle, Marcio Aurelio, Marcos Renaux, Milton Camargo Mota. Paz e Terra, São Paulo/Rio, 1993.

RÖHL, Ruth: *O Teatro de Heiner Müller – Modernidade e Pós-modernidade*, Perspectiva, São Paulo, 1997.

PEIXOTO, Fernando: "Quando a Crítica se Transforma em Grito". In: Teatro de Heiner Müller: Quatro Peças para Teatro. Hucitec/Associação Cultural Bertolt Brecht. São Paulo, 1987.

Sumário

15 Prefácio à 2ª edição alemã

19 Infância em Eppendorf e Bräunsdorf, 1929-1939
Origens, avós, família / prisão do pai / visita ao campo de concentração / mudança para Bräunsdorf / vida no campo

29 Waren / Müritz, a partir de 1939
Ginásio / sob o nazismo / livros / segunda prisão do pai

34 Na guerra, 1944
Serviço civil, formação militar para jovens (Werwolf), Volkssturm / o pai na guerra / Müller prisioneiro de guerra dos americanos / volta para Waren

42 Waren depois da guerra, 1945-47
Trabalho na prefeitura / as fontes de *A Repatriada* / os russos em Waren / Material para futuros trabalhos dramáticos

49 Volta para a Saxônia, Frankenberg, 1947-51
Ginásio / curso para escritores em Radebeul / primeiras peças / fusão obrigatória do SPD e KPD / fuga dos pais / o amigo de escola Herbert Richter

64 Os primeiros anos em Berlim, a partir de 1951
Trabalho jornalístico na *Sonntag* / Brecht, Berliner Ensemble / o drama Werner Seelenbinder / a vida nos bares / curso para escritores em Bad Saarow / *Neue Deutsche Literatur* / primeiro casamento / os Jogos Mundiais / expulsão do partido / a germanística da RDA, Nahke, Scholz / *Junge Kunst* e *Forum*

102 O 17 de Junho de 1953

107 *O Achatador de Salários*
   Inge Müller, segundo casamento / *O Achatador de Salários* / *A Correção* / Prêmio Heinrich Mann 1959

121 O escândalo da *Rapatriada*, 1961

140 *Filoctetes*

143 *A Construção*, 1964

151 *Édipo Tirano*, 1966
   Édipo / Benno Besson / morte de Inge

158 O Poder e a Glória
   Funcionários / viagens ao Ocidente / dinheiro / Konrad Wolf / Hermann Kant / editoras da RDA / Kurt Hager / Peter Weiss e outros

166 Brecht

171 *Horizontes / Peça da Floresta*, 1968
   Ginka Tcholakova / visita a Honecker / *Peça da Floresta*

179 **Teatro na Berlim Oriental dos anos setenta**
   Cimento / a Volksbühne / Fritz Marquardt / *A Batalha* e *Trator* / *Germânia Morte em Berlim* / história alemã e Stalingrado / *Mauser* / *O Horácio* / Macbeth e Wolfgang Harich / Shakespeare / *Vida de Gundling...* / filosofia / Carl Schmitt / o caso Biermann, 1976

201 **Ernst Jünger**

207 **Estados Unidos**

210 O escrever e a moral
   Autores jovens, literatura e jornalismo

213 *Hamletmaschine*, 1977

217 *A Missão*, 1980

219 União Soviética, Países do Leste
222 França etc
225 *Fatzer Material*, 1978 e *Quarteto*, 1981
   Fatzer / A cultura da representação / história e violência / a RAF / *Quarteto*
232 *Margem Abandonada*
   Medéia / processo de criação
235 *Anatomia Tito Queda de Roma*
238 Robert Wilson / amigos
245 Cinema, artes plásticas, música
   Godard, Kounellis, Nono
249 *A Estrada de Wolokolamsk*, 1985-87
   A peça / o fim da RDA
262 Reminiscências de um Estado – Pósfacio
266 Notas
269 Dossier Heiner Müller / documentos
309 Declaração de Heiner Müller
311 A assombração Müller
316 Entrevista sobre os contatos com a Segurança do Estado (Stasi)
331 Índice onomástico

Prefácio à 2ª edição alemã

Quando a autobiografia de Heiner Müller foi lançada em meados de 1992, as reações foram violentas e controvertidas. A forma não-literária do livro, escolhida conscientemente, baseada em longos depoimentos, e não separando assuntos pessoais, políticos e literários, foi aceita por críticos como Beatrice von Matt do *Neue Zürcher Zeitung,* Joachim Kaiser do *Süddeutsche Zeitung* ou Marcel Reich-Ranicki, ou até mesmo elogiada como a grande força do livro (Beatrice von Matt: "Justamente isso é bom"). Por outro lado apareceram também reações negativas, como a de Fritz von Raddatz, que ficou profundamente indignado com os trechos anedóticos do texto ("Bobagens sem fim, conversas de bar, dinheiro emprestado de Benno Benson, nudistas em Ahrenshoop e Helene Weigel medindo o caixão de Brecht, permitem duvidar se Heiner Müller realmente 'revisou' o manuscrito de olhos abertos" (*Die Zeit*, 3.7.1992), ou de Frank Schirrmacher no *Frankfurter Allgemeine Zeitung*, que criticou sobretudo o estilo do diálogo: "Tudo é tão simples, tão claro, tão lógico, que começamos a duvidar da autenticidade dessas recordações" (*FAZ*, 11.7.1992). Mas nem tudo foi criticado por Raddatz. As passagens referentes às peças, que vieram ao encontro de suas expectativas (sobre *Hamletmaschine*, sobre *A Missão* e *Vida de Gundling...* ou o caso de *A Repatriada*, 1961) deixaram-no, por outro lado, eufórico. "Nessas passagens

Guerra sem Batalha é um grande livro". Os leitores decidiram de maneira inequívoca – de nenhum livro de Heiner Müller foram vendidos em tão pouco tempo tantos exemplares –, e foi por meio de *Guerra sem Batalha* que o mais importante dramaturgo de língua alemã da atualidade conquistou um grande número de novos espectadores e leitores para suas peças. No início de 1993, meio ano depois de sua publicação, o livro foi novamente objeto de discussão, quando em uma apresentação da Spiegel TV de 11.1.1993, foi irradiada uma entrevista de Heiner Müller onde este se pronunciou sobre acusações de que teria mantido contato com o Ministério da Segurança* da antiga RDA. No debate público que se seguiu, conduzido nos grandes cadernos literários da *Frankfurter Rundschau, Süddeutsche Zeitung* e *Zeit*, bem como no rádio e na televisão, Heiner Müller foi indagado, entre outras coisas, sobre por que os contatos descritos na TV Spiegel não foram objeto de sua autobiografia. Além disso surgiram boatos sobre passagens do texto não incluídas no livro. Quanto a esse aspecto só pode ser lembrado que o texto datilografado original dos diálogos autobiográficos, iniciados no fim de 1989/ princípios de 1990, abrangia quase mil páginas. O trabalho de Heiner Müller consistiu, como é usual em tais livros, em alterações e finalização de texto, aperfeiçoamento estilístico e seleção de material, ao cabo de uma multiplicidade de passos, no fim dos quais surgiu a versão do livro autorizada por Heiner Müller. Numa longa conversa com Thomas Assheuer na *Frankfurter Rundschau* de 22.5.1993, Heiner Müller explica as razões porque esse tema, ao lado de muitos outros, não foi tratado no livro (ver o Dossier Heiner Müller neste livro).

Helge Malchow, dezembro de 1993

---

*   em alemão, MfS ou Ministerium für Staatssicherheit. A amplamente conhecida corruptela Stasi vem de Staatssicherheit (Segurança do Estado), órgão deste ministério.

Devo falar de mim Eu quem
De quem se fala quando
De mim se fala Eu quem é

Infância em Eppendorf e Bräunsdorf, 1929-1939

Nasci de um parto difícil. Durou muito, desde cedo até as nove horas da noite. 9 de janeiro de 1929.

Meu pai nasceu em Bräunsdorf. Esta é uma aldeia perto de Limbach-Oberfrohna. Limbach e Oberfrohna são duas pequenas cidades vizinhas a oeste de Chemnitz. A atividade principal é a tecelagem. O pai de meu pai era tecelão de meias em uma fábrica têxtil. Aristocracia operária, mentalidade muito nacionalista. Foi soldado na Primeira Guerra. Nunca falou sobre isso. Depois fez parte de não sei que associação patriótica de educação física.

A mãe de meu pai era da Baviera e trabalhou como criada numa propriedade rural de Bräunsdorf. Era uma grande propriedade, na verdade um latifúndio, o assim chamado "Castelo". Meu pai contava um episódio: quando voltou da Primeira Guerra sua esposa perguntou-lhe se havia tido mulheres ou feito filhos. Mais tarde confessou aos filhos adultos que havia cometido então, quando respondeu à pergunta com um "não", o único perjúrio de sua vida. Ele foi obrigado a jurar sobre a Bíblia. Depois não houve mais perguntas.

Minha mãe nasceu em Eppendorf. A mãe de minha mãe era filha de um rico agricultor de uma aldeia do Erzgebirge*. A família

---

* Cadeia montanhosa a sudeste da Alemanha.

era muito ramificada, camponeses, muito ricos, eram famosos como incendiários. Incendiavam as propriedades uns dos outros para receber o seguro, mas provavelmente também por ódio. Corriam histórias de suicídios, pessoas enforcadas no sótão – suicídios camponeses. O pai de minha mãe vinha, ao contrário, da camada social mais baixa. Seu pai tinha morrido cedo, a mãe sustentou os filhos trabalhando como costureira. Com o passar do tempo ficou doente, perdendo a vista devido ao trabalho. Meu avô, então com treze anos, cuidou da mãe. A família da avó não podia aceitá-lo, a avó foi deserdada. Minha mãe conta a história do arenque salgado[1], um arenque é pendurado no teto da sala, e todos podem dar sua lambida. A pobreza foi sua experiência fundamental, pobreza até a fome, sobretudo durante a Primeira Guerra Mundial. Meu pai se destacou na escola pela inteligência, pelo interesse pela leitura e pela redação. Daí a recomendação dos professores: esse aí não é para a fábrica, deve ir para alguma repartição pública. Meu pai começou como aprendiz na prefeitura da comunidade de Bräunsdorf, viveu depois em Hohenstein-Ernstthal, o lugar onde nasceu Karl May. Ele morava em um quarto mobiliado, alugado da viúva de um funcionário, que tentou ensinar-lhe como portar-se à mesa. Meu pai simplesmente não sabia que ervilhas não se comem com a faca. Finalmente foi transferido e passou a trabalhar na prefeitura de Eppendorf. Eppendorf era uma cidadezinha industrial. Ali conheceu minha mãe. Acho que minha mãe já tinha engravidado uma vez antes de mim. Mas meus pais não tinham nem dinheiro nem moradia.

Uma história de Eppendorf: existia ali uma piscina, muito bem feita, com plataforma para saltos e tudo o mais. Tinha sido construída com créditos concedidos como adiantamento sobre a herança Morgenstern. Essa herança era uma imensa fantasia de massa que aparecera na região, provocada por um boato. Nos anos vinte teria morrido nos Estados Unidos um milionário de nome Morgenstern, e como tinha nascido na região, teria deixado sua fortuna às comunidades locais. Construiu-se muito na expectativa dessa herança

Morgenstern que nunca veio. Guardas ficavam nas torres das igrejas esperando o grande transporte de dinheiro. Escrevi a história de meu avô, pai da minha mãe[2], e só mais tarde a de meu pai.

Qual a relação destes textos com a "realidade"?

A mesma da literatura. Quando estive a primeira vez nos Estados Unidos, voando de Nova York para Dallas, no Texas, vi, quando sobrevoávamos um lago maior, uma mancha de óleo sobre a água, e lembrei-me pela primeira vez novamente deste avô, que eu havia condenado no final da história. Se fosse possível falar com os mortos, eu gostaria de conversar com ele, também com meu pai. Ou então, no momento apropriado, reescrever os textos, de outra forma.

Este avô tinha sido educado de forma social-democrata, ele era social-democrata, de uma forma totalmente não-intelectual. Sua mulher, quanto mais velha ficava, mais freqüentemente ia à igreja. Ele nunca foi junto. Dizia apenas, se você precisa disso, então vá. Nas férias eu ficava muitas vezes com o avô. Ele possuía volumes antigos de revistas social-democratas do começo do século. Com dez, doze, treze anos estas eram minhas principais leituras. Havia textos de Gorki, Romain Rolland, Barbusse, discussões e cartas de leitores. Uma discussão por exemplo sobre Nietzsche, entre operários social-democratas que haviam lido *Zaratustra*, prolongou-se por vários números.

Se agora leio meu texto sobre ele, fica evidente que foi escrito a partir da minha identificação com a nova ordem, que necessitava de ascese, de sacrifícios para funcionar. E este é o problema fundamental: os sacrifícios foram feitos, mas não valeram a pena. Apenas desperdiçaram-se vidas. Essas gerações foram enganadas quanto à sua vida, quanto à satisfação de seus desejos. Por um objetivo que foi uma ilusão. Na realidade escrevi esta história sobre o avô com a postura de um funcionário e por isso tenho agora a necessidade de falar com ele para pedir desculpas. Existe uma foto dos dois velhos, sentados com as mãos sobre os joelhos, gente que trabalhou duro. Ele era quieto e modesto, nunca disse "Heil Hitler", na rua ou em lugar algum. Era discreto, as pessoas na aldeia conheciam-no. Gostava de beber valeriana, o *schnaps* era muito caro. Sempre trazia uma garrafa consigo. Muitas vezes ia procurar cogumelos comigo. Os cogumelos eram um alimento importante, não custavam nada. Uma vez tivemos uma briga feroz. Procurávamos cogumelos perto de Augustusburg, sempre a pé. Em Augustusburg havia um teleférico até o castelo. Eu naturalmente estava interessado no teleférico, queria andar nele. Meu avô não tinha dinheiro, mas isso ele não confessou, apenas disse que seria pouco digno de um homem usar o teleférico. Ele fez disso um grande problema moral, e brigamos muito a esse respeito. Ele não tinha dinheiro e não queria confessá-lo, e fez disso um caso de honra.

Então fomos a pé. Levou muito tempo. Lembro-me de outra discussão quando meu avô afirmou que o camponês da encosta de cima tinha um "Männel" (homenzinho) e eu não acreditei. "Männel" é um diminutivo de "Mann" (homem), um duende, um espírito serviçal; meu avô tinha visto como ele escapava pela chaminé entre meia noite e uma hora. Não havia como fazê-lo mudar de idéia. O "Männel" era uma arma na concorrência entre os camponeses, ele enfeitiçava o gado do vizinho e aumentava a produção de leite dos próprios animais. Também o quinto livro de Moisés desempenhava um papel importante na região. Sabia-se de pessoas que tinham o quinto livro e que sabiam fazer bruxarias. Em Bräunsdorf uma camponesa foi surpreendida no curral de um vizinho, em suas mãos estava o livro agourento. Vacas enfeitiçadas dão leite ruim ou morrem.

Quais são suas primeiras lembranças?

A primeira é uma visita ao cemitério com minha avó. No cemitério existia um monumento aos mortos da Primeira Guerra, uma figura portentosa, uma mãe de pórfiro. Durante muitos anos esse monumento estava ligado a uma figura de mãe lilás, marcada pelo medo, medo talvez também da avó que me conduzia pelo cemitério.

A segunda lembrança: meus pais, e também eu, estávamos doentes. Os três estávamos deitados na cama. Uma enfermeira, provavelmente de alguma organização religiosa, vinha regularmente, e uma vez ela trouxe morangos. Estes morangos foram minha primeira experiência de felicidade.

Depois, em 1933, a prisão de meu pai, que aconteceu de forma geral como tinha anotado[3]. Eu tinha um quartinho meu, estava deitado na cama, era de manhã, bem cedo, cinco, seis horas. Vozes e ruídos ao lado. Jogaram livros no chão, limparam a biblioteca de literatura de esquerda. Vi pelo buraco da fechadura que batiam em meu pai. Usavam uniformes da SA*, minha mãe estava ao lado. Deitei-me de novo na cama e fechei os olhos. Depois eles apareceram na porta. Piscando, vi apenas a sombra dos dois homens um tanto corpulentos da SA e no meio, pequenina, a sombra de meu pai; fingi que estava dormindo, mesmo quando meu pai me chamou pelo nome. O motivo para esta prisão já tão cedo: meu pai não estava mais no SPD** mas no SAP***. Creio que Willy Brandt e que também Jacob Walcher eram ali as figuras dominantes. O pessoal do SAP era especialmente suspeito, não eram considerados comunistas, mas também não eram mais social-democratas. Após 1945 isso se repetiu. Eu sabia que meu pai possuía um revólver e que ele e alguns outros se preparavam para uma luta armada. Um dos seus companheiros era um professor, importante para mim, pois havia treinado comigo a escrever com a mão direita. Eu era canhoto e isto seria um problema na escola. Isto foi provavelmente

---

* SA: "Sturmabteilung", grupo de combate político e militar do Partido Nacional-Socialista.
** SPD: "Sozialdemokratische Partei Deutschlands", Partido Social-Democrata Alemão.
*** SAP: "Sozialistische Arbeiter Partei", Partido Socialista Operário.

antes de 1933, pois ele foi preso junto com meu pai. Não o vi mais depois. Ele me ensinou a escrever com a direita sem qualquer esforço, brincando, foi muito bonito. Tinha grande amor às crianças. Era um tipo mais frágil que meu pai, e bateram nele até confessar que meu pai possuía um revólver, enterrado na floresta. Depois da prisão minha mãe e um cunhado tinham ido até a floresta e enterrado o revolver, bem lubrificado e embrulhado. O professor sabia disso e confessou, mas não conhecia o local. Minha mãe também foi presa e trancada no porão da prefeitura por um tempo, pois não queria falar do revólver. No dia seguinte, após uma noite no porão, ela foi acareada com o professor. Ele se desculpou: "Eles bateram em mim, não agüentava mais, e confessei." Minha mãe foi obrigada a ir até a floresta com o cunhado, escoltada pela SA, e desenterrar a coisa. Preciso dizer ainda que todos se conheciam. Um dos homens da SA que prenderam meu pai era um antigo admirador que ela tinha desprezado.

No seu relato você também menciona uma visita ao campo de concentração.

Mais tarde visitamos meu pai no campo de concentração. Era uma paisagem estranhamente árida e no centro do planalto, o acampamento. Tivemos de falar com meu pai através do portão de malha de arame, ele parecia muito pequeno e frágil. Mostrei-lhe as minhas pinturas e desenhos, e também figurinhas de embalagens de cigarros. Minha mãe nem chegou a falar com ele. Ela disse que depois falei dormindo: "Pule a cerca!" Eu não podia entender porque ele não podia sair. Meu pai contou algumas histórias do campo. A primeira ação consistia em cortar os cabelos dos prisioneiros. Falavam em "corte rodoviário", diagonalmente pela cabeça para fotografá-los como se fossem criminosos. As fotos apareciam então na imprensa local, as caras dos criminosos de esquerda com legendas: "Estes são os bolcheviques que querem tirar o leite de seus filhos e tomar suas mulheres." Mais ou menos por aí. Durante a chamada, o comandante, um dirigente da SA, parou perto do meu pai. Meu pai tinha uma tez ligeiramente amarelada e cabelos pretos. O comandante perguntou: "Judeu?" Meu pai respondeu: "Não que eu saiba." "Então sua mãe foi comida por judeus." A mãe do meu pai era uma nacional-socialista apaixonada e idolatrava Hitler: ele não fumava e não comia carne e não tinha histórias com mulheres. Mais tarde houve uma nora que fumava, muito mais tarde. Não foi fácil para ela. "A mulher alemã não fuma", dizia um slogan nazista.

Quanto tempo seu pai ficou preso?
  Meu pai foi libertado depois de um ano, ou talvez nove meses. A condição era que não podia voltar para Eppendorf, devendo mudar-se para outro município. E por isso mudamos para a casa de seus pais em Bräunsdorf. Naturalmente ele com muita malícia contou o episódio da chamada para sua mãe. Minha avó ficou profundamente indignada e iniciou uma maratona de queixas por todas as instâncias até Chemnitz, e conseguiu de fato que este comandante fosse obrigado a pedir desculpas a ela, uma mãe alemã.
  Ela era uma mãe muito alemã pois tinha muitos filhos, principalmente homens. Um era surdo-mudo devido a uma difteria. Este filho era, além de meu pai, o único não-nazista da família. Ele pintava e pretendia sustentar sua família com a pintura, o que era uma tragédia pois para isto tinha que pintar "kitsch". Motivos para camponeses, pores-de-sol, navios ao pôr-do-sol, paisagens alpinas, monges bebendo. Interessante eram seus desenhos, isto é, o que não era destinado à venda. Ele viveu até o fim da produção em série de tais porcarias. Mas os desenhos eram o que importava. Era surdo-mudo mas podia comunicar-se por meio de sons. Mais tarde em Berlim visitava-me com freqüência. Um dono de galeria em Köpenick comprava-lhe mensalmente uma quantidade de pôr-de-sóis. Ele cobrava e depois vinha me ver. Uma vez, eu já morava em Pankow, ele tocou a campainha e disse "Ub Schei". Eu estava treinado

e já sabia que ele queria dizer "Ulbricht Scheiße". Os sons eram inteligíveis. Naturalmente ele também escrevia. Fumava como uma chaminé, tinha casos amorosos com outras jovens surdas-mudas, sua mulher também era surda-muda. Tinha uma amante em Chemnitz, outras em outras localidades. Contava seus casos e me mostrava fotos das mulheres. Mais tarde teve um problema circulatório na perna, que teve de ser amputada. Teve uma morte horrível. Ficou muito tempo no hospital sem poder comunicar-se. Finalmente amputaram a segunda perna, mas ele não morreu. Os médicos tinham esperado que seu coração parasse, mas ele tinha um coração muito forte, ficou deitado creio que por seis semanas, amputado das duas pernas e sem a possibilidade de falar com ninguém.

O que seu pai fez após ser posto em liberdade?
Depois de sair da prisão meu pai ficou desempregado, mas como tinha conhecimento dos processos administrativos e sabia lidar com as autoridades, passou a assessorar os camponeses que tinham algum problema legal, em troca de dinheiro ou alimento. Além disso ele estudou Direito por correspondência, o que permitiu que muito mais tarde, depois da guerra, se tornasse procurador em Mecklemburgo-Pomerânia-Anterior. Enfim, estava em casa. Lembro-me de ter tentado estudar junto com ele. Uma palavra, "testador" (Erblasser) sempre chamou a minha atenção. Só muito mais tarde percebi que o termo se referia à pessoa que deixava uma herança. Minha mãe trabalhava como costureira numa fábrica em Limbach, ia toda manhã de bicicleta e voltava à noite. Em 1936 ou já no fim de 1935, no início da construção das auto-estradas, deram na escola o seguinte tema para redação: "As estradas do Führer". Disseram que as melhores redações seriam premiadas. Em casa contei isso ao meu pai. "Não liga, para isso você não precisa receber um prêmio." Depois ele preparou o jantar. Comemos e de repente ele disse: "Vou ajudar você a fazer a redação." Uma das frases que ele

me ditou dizia: "É bom que o Führer construa estradas, assim meu pai, que ficou tanto tempo na berlinda, talvez encontre trabalho." Esta frase provocou em mim um choque de traição. Eu fui educado sabendo que lá fora estava o inimigo, os nazistas são o inimigo, todo o mundo exterior é inimigo. Em casa somos uma fortaleza, somos unidos. De repente estava ali essa contradição. A redação foi premiada, meu pai recebeu um emprego na auto-estrada. Mas meu pai ficou apenas meio ano ali, ele não agüentou o trabalho com a picareta.

Quais são suas lembranças de Eppendorf?
Em Eppendorf eu tinha um companheiro de folguedos, filho de um empresário. Sua fábrica ficava em frente a nossa casa e moramos de início em uma casa pertencente à fabrica.

Depois da prisão de meu pai, minha mãe ficou sem dinheiro, a comida ficou escassa, e o empresário ofereceu de eu poder comer todos os dias em sua casa. Naturalmente eu tinha fome, mas por outro lado era uma imensa humilhação ficar sentado ali à mesa e deixar-se alimentar. Disso resultou um potencial de ódio, a necessidade de vingança. Esse empresário era social-democrata, a boca livre era bem intencionada, mas para mim foi uma experiência ruim.

Enquanto meu pai esteve no campo de concentração, alguns amigos, filhos de funcionários, disseram que não podiam mais brincar comigo pois meu pai era um criminoso. Também essa experiência foi importante para muito do que viria depois. Fiquei sempre isolado, separado do mundo exterior por pelo menos um anteparo visual. Acabei achando alguns amigos, em Bräunsdorf existia um bando de crianças. Mas eu sempre tive dificuldades em ser aceito. Por exemplo, eu não sabia fazer um laço. As meninas zombavam de mim por isso. Para o bando eu era um maluco porque usava um lenço em vez dos dedos e disso resultaram histórias como a do ninho de andorinhas. A idéia era destruir um ninho em um curral, com pedradas. Para ser reconhecido atirei com especial violência e acertei. E depois vi os filhotes no chão. O camponês nos tocou para fora do curral. Esse camponês tinha dois filhos retardados que em seis anos de escola não tinham aprendido a ler e escrever. Rivalizavam pela propriedade e herança. Eles se batiam periodicamente, algumas vezes com foices. O velho intervinha com um bastão. O mais jovem atiçava o cachorro contra nós. Uma vez trancou-nos no pátio e soltou os cavalos. Os cavalos galoparam pelo pátio, nós de pé, espremidos contra as paredes, todas as portas fechadas. Batemos recordes na fuga do cachorro.

Quais foram as conseqüências do longo período de desemprego de seu pai?

Para mim foram boas porque conversávamos sobre tudo, ele tinha tempo o dia inteiro para mim. Meu pai tinha ambições literárias; existem textos dele. Fazia resumos de suas leituras, excertos, lia filosofia. A necessidade de saber tudo, conhecer tudo era muito forte nele, e eu seu único interlocutor.

Waren/Müritz, a partir de 1939

Fomos para o Meckemburgo pois meu pai tinha arrumado emprego lá. Ele sempre lia anúncios, ofertas de emprego. Em 1938 ele recebeu uma oferta de emprego de uma caixa regional de assistência médica em Waren. O trabalho consistia em verificar as necessidades nas propriedades dos latifundiários e cobrar as contribuições. Os latifundiários empregavam principalmente trabalhadores temporários, em geral poloneses. Ainda em 1938/39 as condições eram terríveis. Para os trabalhadores poloneses havia barracões. A maioria das famílias possuía um único recipiente para defecar, cozinhar e lavar-se.

Para nós da Saxônia, o Meckemburgo era como uma emigração. Éramos estrangeiros. Waren era uma pequena cidade de talvez 50.000 habitantes, uma estância climática para berlinenses. Eu estava completamente isolado, principalmente na escola. Estrangeiros eram espancados por princípio. Era preciso ser bastante rápido. Aprendi a correr.

A escola de Bräunsdorf tinha sido bem humana. O professor chefe de classe era ao mesmo tempo dirigente da Juventude Hitlerista. Esse era o único problema. Para ele eu era naturalmente o filho de um inimigo do Estado. Ele era até correto, mas eu percebia a tensão. Não nas crianças, pelo menos na escola de Bräunsdorf.

Uma vez ele recitou uma poesia sobre um professor. A última frase dizia "quando o professor faz uma cambalhota". Não dá para esquecer porque o professor caiu em seguida e não se levantou mais. Ficamos olhando por um tempo, mas ele não se levantava. Um médico foi chamado. O professor tinha uma doença, asma ou epilepsia. Algo muito em contradição com sua condição de dirigente da Juventude Hitlerista.

Os aborrecimentos começaram no Mecklemburgo. A escola foi uma experiência completamente diferente. Trinta ou mais crianças na classe. O caminho para a escola era perigoso, também a volta, pois alguns cidadãos meckemburgueses iam à caça de estrangeiros. No pátio os professores impediam as pancadarias maiores. Eu era o único estrangeiro da classe. Depois fui para a escola preparatória, mais barata que o ginásio. A escola tinha de ser paga. Nessa escola havia duas professoras das quais me lembro, duas solteironas, que também viviam juntas, duas dignas senhoras. Elas me emprestavam livros. Eu era um bom aluno e uma criança dócil; as duas velhas gostavam muito de mim. Elas se suicidaram em 1945 depois de terem sido estupradas pelos russos. Entraram juntas no lago.

Dessa escola fui para o ginásio. Devido às minhas boas notas recebi uma bolsa. Meus pais não teriam como pagar a escola. Naturalmente eu ficava muito exposto. Eu tinha que me comportar bem. E eu sempre tinha a sensação de que os professores sabiam que eu não pertencia a esse meio, o que provavelmente era verdade. Havia o professor responsável pela classe que algumas vezes aparecia de uniforme. Ele nos explicou o comunismo: "Comunismo é quando passamos por um açougue onde está pendurada uma lingüiça. Quebramos então a vitrine e levamos a lingüiça. Isso é comunismo." Alguns perguntaram pelos judeus, pois naturalmente havia judeus em Waren. De acordo com a definição de comunismo do professor eles tiveram suas vitrines quebradas na Noite dos Cristais. Depois ele nos explicou que agora se acabaria com os judeus e que como alemães nada deveríamos ter com judeus. A contradição permaneceu. Fotos no livro de história mostravam o assaltante dos correios Dschungachvili e o judeu Bronstein, que supostamente havia trabalhado em Berlim como engraxate.

Eu havia lido Freud e com isso adquiri a fama de ser um Casanova e era consultado sobre problemas sexuais. Eu mesmo, no entanto, não tinha a mínima experiência. Mas representei bem o Casanova.

Eu estava na Juventude Hitlerista, isso era inevitável. Um professor questionou minha mãe pelo fato de eu não estar na Juventude, ou melhor, na Juventude Popular. Ela falou: "Este é meu filho e quem decide sou eu", mas depois a bolsa ficou dependendo disso.

Estar na Juventude Hitlerista significava marchar, cantar. Tinha-se que saber como fazer uma fogueira, fazer ferver uma panela com água, e havia marchas com bagagem. O principal eram os jogos de campo, também o que mais atraía a maioria. Cada um tinha um tal de bastão da vida e o objetivo era tirar o bastão do adversário. Sem o bastão o adversário estava morto. O ponto alto dos jogos era a batalha pelos bastões. Eu tinha desenvolvido uma técnica simples: escolhia o adversário mais forte, que tomava rapidamente o meu bastão. Assim eu ficava de fora. Os mortos podiam assistir aos demais se baterem. Não me lembro de ter achado graça nessa brincadeira. Em casa a conversa era de oposição e na escola não podíamos contar o que se escutava e dizia em casa. Entretanto os rituais nazistas exerciam uma fascinação. O verso da canção que dizia: "Continuaremos marchando quando tudo cair em pedaços" me deixava arrepiado. Meu pai me ensinou ao mesmo tempo a Internacional: "...e sagrada é a última batalha." Isto combinava.

Um dos meus companheiros de classe era um nobre da Prússia Oriental, cuja família havia sido evacuada. Algumas vezes ele anotava para mim rimas religiosas: "Não pergunte por que a boca de Deus cala, se você aprender a silenciar, Deus lhe dirá por quê." Seu pai era oficial. Fomos bastante amigos durante seis anos. Uma vez ele veio até minha casa. Eu tinha justamente começado a desbobrir Rilke e li alguns poemas para ele. Rolou de rir, e eu ri com ele.

Como estava seu pai nessa época?
Em 1940 meu pai foi preso novamente por ter lido no seu local de trabalho, na caixa de assistência médica, no dia da assinatura do Pacto de não-agressão, um trecho do *Mein Kampf* (*Minha Luta*) onde Hitler falava do bolchevismo. Ele ficou duas semanas em prisão preventiva. Ele pôde desvencilhar-se, mas nossa casa foi novamente revistada e a biblioteca mais uma vez dizimada. Não assisti a essa prisão. Acho que ele foi preso no local de trabalho, na caixa de assistência médica.

O que os livros significavam para você quando jovem?
Meu pai tinha uma edição de luxo das memórias de Casanova, com picantes ilustrações coloridas. Essa era naturalmente uma das minhas leituras prediletas. Mas ele considerava isso prejudicial para mim ou pelo menos achava que era cedo demais. Trocou o Casanova com um colega por uma edição de Schiller, Hebbel e Körner. No lugar da estante onde ficava o Casanova, estavam agora Schiller, Hebbel e Körner. Li Schiller inteiro, pelo menos as peças, de Hebbel também todas as peças. A partir dessa época eu queria escrever peças. Eu já conhecia os clássicos e a escola não podia mais estragar minha relação com eles. Li nessa época muitos livros da Reclam, pois eram os mais baratos. Meu pai tinha muitos e comprava constantemente novos. Com doze, treze anos li os contos de Edgar Allan Poe. Também *As aventuras de Gordon Pym* estavam na estante mas meu pai retirou o livro devido às cenas de canibalismo. Por isso mesmo li o livro com especial entusiasmo. Foi uma impressão inesquecível, especialmente o fim não concluído, com a figura de neve.

Quais foram suas primeiras tentativas literárias próprias?
Comecei a escrever com dez anos, primeiro baladas. Fui influenciado por uma antologia de baladas alemãs da Reclam, por exemplo "Os hunos festejam em meio ao sangue. Abutres descem até o mangue." Os hunos me interessavam devido aos Nibelungos.

Depois comecei a escrever peças. Tudo isso foi confiscado, como tudo que era papel escrito, quando da busca em nossa casa depois da fuga de meu pai em 1951. O interesse por Rilke misteriosamente não produziu resultados. Eu gostava de ler Rilke, mais tarde também Stefan George, mas nunca tentei fazer algo. Talvez devido ao choque quando rimos de Rilke.

No Mecklemburgo meu pai mal tinha tempo para mim ou para livros. Mas havia um professor de alemão no ginásio que me emprestava livros. Durante a aula leu Trakl para nós: "Und nächtens stürzen sie aus roten Schauern/Des Sternenwinds gleich rasenden Mänaden". (E na noite eles despencavam de borrascas vermelhas/O vento das estrelas correndo feito manadas.) Uma vez tivemos um problema. Eu queria ler a *Sonata dos Fantasmas* de Strindberg e ele não queria emprestar-me esse livro. Mais tarde eu soube de um colega ao qual ele também emprestava livros, que ele havia prevenido o colega contra mim: "Fique atento com essa pessoa." Nessa época eu havia começado a ler livros sobre psicologia e psicanálise. Com quinze, dezesseis anos, também livros sobre hipnose. E este colega era meu melhor médium. Meu maior êxito como hipnotizador foi uma safadeza: gostei de uma menina pela qual ele estava apaixonado, com toda inocência, creio. Fiz que se separasse dela por meio da hipnose. O castigo veio em seguida. Eu paquerava a menina e depois fiquei sabendo que ela tinha dois irmãos e que esses irmãos eram aprendizes de ferreiro.

Durante a Guerra, 1944

Minha escola foi fechada. Isso aconteceu provavelmente no outono de 1944. Fomos todos convocados. Alguns como auxiliares nas baterias antiaéreas, outros para o serviço civil. Procuravam também pessoas para a SS*, primeiro como voluntários. O maior medo era esse, de ser convocado para a SS, não só eu, mas muitos tinham esse medo. Lembro-me muito remotamente do recrutamento. Ninguém queria ir. Éramos quinze. A classe inteira foi convocada, mas dispersadamente, nunca dois ou três iam juntos a algum lugar. Eu fui para o serviço civil do Reich. Antes do alistamento havia um treino, uma espécie de treino de guerrilha. Suprimi este episódio, não me lembro de mais nada. O treinamento foi em Waren, ainda no tempo da escola, uma preparação para o "Volkssturm"**. Aprendia-se a lidar com a munição antitanque, a atirar, mover-se no mato, etc. Eu não atirava bem, isso foi minha sorte. Eu via mal sem óculos. Já há anos eu não enxergava nada no quadro negro. Isto foi minha salvação no serviço do Reich. Esse serviço não tinha mais nada com trabalho. O mais importante era saber atirar. O instrutor era bastante jovem, uns vinte e cinco, um nazista idealista, um ho-

---

* SS: "Schutzstaffel", grupo de combate militar de elite do Partido Nacional-Socialista.
** "Volkssturm": grupos de combate criados por Hitler em fins de 1944 incluindo jovens e adultos de todas as idades.

mem íntegro. Ele nos dividia em homens e idiotas de acordo com os resultados dos tiros. Eu era idiota, e os idiotas não o interessavam. Os homens, ele maltratava. Para os idiotas o serviço era suportável. Também não durou muito, apenas algumas semanas. Então os russos alcançaram o Mecklemburgo e marchamos em direção ao Ocidente. Nossos instrutores preferiam ser presos pelos americanos, não pelos russos, e assim marchamos para Schwerin.

Não tivemos contato com o inimigo. Uma vez tivemos que esconder-nos no barranco, na beira da estrada, porque tanques soviéticos atravessavam a estrada. E uma vez houve um tiroteio. Isto foi depois da dissolução da tropa. O mais desagradável eram as esquadrilhas em vôo rasteiro. Durante a marcha para Schwerin roubei livros em uma aldeia abandonada. Enchemos nossos cantis nessa aldeia e entramos numa casa vazia. Tudo ainda estava lá, os móveis e a biblioteca. O antigo habitante, talvez o professor da aldeia, tinha lindas edições em papel bíblia, edições da editora Insel. Roubei um volume de Kant e um de Schopenhauer. Hoje infelizmente só tenho restos deles.

Lembro-me das minhas botas muito apertadas. Antes da marcha tivemos que pegar rapidamente botas novas, não houve tempo para provar, as minhas eram muito apertadas, eu vivia com bolhas nos pés.

Nossas armas eram velhas espingardas norueguesas, já não havia mais outras. Também os aviões não eram mais abastecidos com gasolina de aviação, mas com gasolina comum. Depois, mais ou menos na metade do caminho para Schwerin apareceu um mensageiro de bicicleta, parou rapidamente e continuou seu caminho. O nosso instrutor, soluçando como uma criança, percorreu a coluna e disse: "O Führer morreu."

Algumas horas mais tarde paramos numa grande propriedade rural, também abandonada, e o chefe, que mal tínhamos visto até então, fez um discurso. O Führer tinha morrido e o bando de traidores em torno de Dönitz havia capitulado. Ele não podia mais dar-nos ordens, mas quem fosse homem e alemão, colocar-se-ia ao seu lado e iria para a floresta para continuar a luta. Os outros poderiam ir para casa. Cinco ou seis "alemães" ficaram ao seu lado e passaram para o bosque mais próximo. Nosso grupo se dispersou, e continuamos sozinhos, bastante aliviados.

Não sei em que estado de espírito estive neste meio ano. É conhecida a descrição da batalha na *Cartucha de Parma*, de Stendhal, quando o herói vê seu ídolo Napoleão passar bem longe ao fundo, uma figura minúscula. O mais importante nestas situações é que não se percebe nada. Não me lembro de ter sentido medo. Só me lembro das botas. É como o estado de choque após um acidente. Um lugar assustador era antes o abrigo antiaéreo. Em Waren quase não caíram bombas. Ouvíamos somente as esquadrilhas de bombardeio a caminho de Berlim. Alarmes antiaéreos eram freqüentes, antes de sermos convocados passávamos muito tempo no porão. Nessa época já era evidente que a guerra estava perdida, evidente pelo menos para mim. Para muitos outros certamente não. Ainda existia o boato da arma milagrosa que o Führer tinha no bolso do colete. Muitos esperaram e acreditaram nisso até o fim. Eu, pelo contrário, fiquei contente quando chegou o fim. O que viria depois, sobre isso nem os mais velhos refletiam. A guerra foi um trilho sobre o qual eles andaram, marcharam. O que se podia fazer era esperar. Mas tudo era ainda bastante organizado, nesse campo de treinamento no mar Báltico havia comida e bebida suficiente.

Voltei a encontrar meu instrutor mais tarde, mas mais ninguém dessa época. Encontrei-o em Schwerin quando eu já estava livre. Os americanos tinham-no designado para varrer a rua. Eles designavam de preferência oficiais para os serviços mais sujos. Era o método americano, um ritual de humilhação. Portanto, agora ele era varredor de rua, cumprimentávamo-nos e ele dizia: "Já comecei a refletir se não fui um idiota."

O fim da guerra foi para mim, de repente, a possibilidade de mover-me de forma absolutamente livre. Andei a esmo pela região. Algumas vezes ouviam-se tiros, artilharia, tanques passavam ao longe pelos campos de trigo. Vi uma ponte bombardeada, um quadro que se fixou na minha memória. Em algum lugar peguei um trem. Ele ia em direção ao Oeste. Estava cheio de crianças, mulheres e soldados. Andou um trecho e parou novamente. Ouvimos gritaria e tiros. Depois alguns russos com fuzis-metralhadores pararam o trem à procura de soldados. Do outro lado havia um barranco bastante íngreme. Dois soldados disseram: "Nós vamos cair fora, você vem junto?" Desci com eles, barranco abaixo. Os russos atiraram atrás de nós. Andamos um pedaço, em todo lugar havia cavalos mortos e carros tombados, restos de um comboio de refugiados. Ao lado de um cavalo morto havia uma garrafa com um destilado de anis, o primeiro da minha vida. Peguei a garrafa e alguns metros adiante estava o primeiro americano e nos parou. Seu primeiro gesto foi tirar-me a garrafa. Nunca perdoei isso aos americanos.

Em seguida estávamos num pasto, um pasto para gado, prisioneiros de guerra dos americanos. Enfiaram-nos ali e lá passamos algum tempo. Vinha sempre mais gente, não havia nada para comer. Os americanos estavam muito agitados, muito nervosos, muito assustados. Ao anoitecer organizaram-nos em colunas e fomos tocados em direção a Schwerin, a cada cinco metros um americano fortemente armado. Se algum prisioneiro ia até a valeta da beira da estrada para urinar, os americanos atiravam imediatamente. Pernoitamos numa pista de aterrissagem. Dormimos bem. Notava-se o efeito da propaganda nos soldados americanos: os alemães eram bestas, perigosos animais de rapina.

No dia seguinte chegamos a uma aldeia perto de Schwerin, um grande terreno havia sido demarcado em torno de barracas, um enorme campo de prisioneiros. Dormimos nas barracas. Uma vez houve um ajuntamento na estrada em frente ao campo. Contaram que haviam aprisionado Himmler numa estrada. Mas ele teria mordido em tempo uma ampola de cianureto e teria morrido. Tais boatos eram muito apreciados.

Antes de ser feito prisioneiro eu havia conseguido em algum lugar uma lata com conserva de carne. Troquei a conserva, através da cerca, por um paletó cinza escuro, com riscas claras, estragado e rasgado. Esperei dois dias, depois fui até a sentinela, um americano corpulento e comecei a conversar com ele, perguntei de onde era. "Iowa". Se tinha família, era casado, tinha filhos. Ele tinha dois filhos e me mostrou as fotos. Eu disse: "Beautiful kids", ficamos os dois emocionados, ele pensando em seus filhos. "Beautiful family". Demo-nos as mãos e fui embora. Eu estava livre. Não havia necessidade de astúcia especial. Eu tinha dezesseis anos.

O "Cara de frango" do "Anúncio Fúnebre"[4] não é uma ficção. Só que não o matei. Na minha lembrança andou dias atrás de mim, com sua cara de frango, por uma região selvagem, plana. Tudo isso parece pouco provável, as distâncias não eram tão grandes. Eu podia tê-lo matado. Eu havia lido Nietzsche e principalmente Dostoiévski, *Raskolnikov*. O machado... No fundo não me lembro como me livrei dele.

Depois disso, fazendo um desvio em torno de Schwerin, cheguei a uma aldeia onde permaneci por algum tempo. Provavelmente algumas semanas. Alguns antigos prisioneiros dos campos de concentração haviam se estabelecido em barracas, entre eles um homossexual com o triângulo cor-de-rosa. O significado disso eu desconhecia então. Havia italianos, um romeno que vinha do circo e entendia muito de cavalos, e poloneses. Uma cigana leu minha mão e profetizou que eu iria para a Sibéria com um velho se fosse para o leste. Foi difícil livrar-me dela, ela queria ficar constantemente comigo. Os italianos matavam os bezerros que encontravam em torno da aldeia. Os camponeses vinham gritando com seus bastões, mas nada podiam fazer. Os outros estavam em maioria, era uma situação sem leis. Comíamos a carne dos bezerros diante das barracas. Depois dos bezerros foi a vez dos cavalos. Também tinham um sabor bom, era só assar a carne rapidamente. O romeno sabia disso.

Depois não tínhamos mais cavalos. Na aldeia já se havia estabelecido novamente uma certa ordem, existia uma administração. Havia portanto uma "crise de abastecimento". Depois ouvímos que numa barraca vizinha, ocupada por poloneses, se produzia bebida. Os poloneses haviam encontrado um galão com gasolina e fabricavam uma bebida marrom de efeito mortal. O mais importante para nós era que se tomássemos um gole com eles, recebíamos um pedaço de toucinho e de pão. Sujeitamo-nos a essa cerimônia por necessidade material. Lembro-me de que por alguma razão um polonês me deu um soco e que acordei cerca de doze horas depois ao lado de uma fossa de estrume. Provavelmente falei algo contra a bebida, não me lembro. Foi a primeira bebida alcoólica da minha vida. Éramos uma sociedade multicultural, a mais completa anarquia. Mas os italianos sabiam bem garantir a ordem. Eram excelentes em meio ao caos, enquanto nos alemães não se podia confiar.

Depois a prefeitura procurou voluntários, que receberam bicicletas, para trazer de uma aldeia vizinha batatas para os refugiados. Havia muitos refugiados. Um estoque maior de batatas tinha sido localizado, e estas deviam ser transportadas até a aldeia. Como não havia transporte, os voluntários receberam quatro bicicletas. Fui um deles. Não busquei as batatas, roubei a bicicleta "municipal" e fui com ela até a fronteira americano-russa, junto com dois outros que também queriam ir para casa. A fronteira ficava junto a um riozinho e quilômetros antes as pessoas já nos contavam que o horror começava depois das cancelas e da guarda de fronteira. No bosque vizinho estariam os primeiros cadáveres. Os homens ou eram mortos imediatamente ou eram deportados para a Sibéria, as mulheres eram estupradas.

Os americanos foram preguiçosos demais para erguer a cancela, tivemos que contorná-la com nossas bicicletas. Os russos ergueram cerimoniosamente a cancela deles, pegaram nossas bicicletas e perguntaram por relógios. Éramos três. "Uri?" foi a primeira pergunta. Não tínhamos nenhum. Depois fomos escoltados até uma casa atrás da floresta e levados ao porão. Ali já estavam outros condenados à morte à espera da sua execução. Ficamos lá três, quatro horas na expectativa de um destino incerto. Em seguida veio uma enorme panela com sopa de ervilhas e toucinho. Esperamos mais algumas horas. Nossa esperança era de que criminosos não são alimentados. Mais tarde fomos escoltados até uma estrada e marchamos novamente, mas não no passo. Andamos em direção ao leste contentes em ir para a Sibéria. Quase não havia soldados, ou só soldados que já se tinham tornado civis. Quando começou a escurecer, os russos disseram que poderíamos agora continuar sozinhos. Deveríamos apenas sair da estrada quando ficasse escuro porque aí atirava-se à vista. Recolhemo-nos durante a noite mais uma vez no barracão de alguma fazenda.

No dia seguinte cada um tomou seu caminho, eu continuei sozinho em direção a Waren. Durante a caminhada fui parado duas vezes. Uma vez um russo saiu da floresta e perguntou se eu era polonês. Pensei rapidamente o que era melhor, ser polonês ou não-polonês. Olhei para a floresta e vi arame farpado. Ficou evidente que estavam detendo os poloneses. Respondi: "Nix polski" e pude continuar. Depois outro saiu da floresta e esbravejou: "Papel". Pensei que ele quisesse ver um documento. Eu tinha comigo a identificação como salva-vidas, com uma foto, sobre cartão. Ele olhou e disse: "Nix, dawai". Ele queria papel para cigarros, isso eu só percebi mais tarde. Como alemão você pensa logo em um documento quando se fala em papel.

Cheguei a Waren vindo do sudoeste – uma região muito bonita, lagos e florestas. Eu estava no alto e olhava a cidade, este momento ficou gravado na minha lembrança. Tudo continuava de pé. Waren quase não foi bombardeada, só a fábrica de aviões. Minha mãe estava lá, meu irmão, e um oficial russo, alojado, um homem amável, cortês, falava alemão. Meu irmão era muito querido, eles gostavam de qualquer modo de crianças. Uma época caótica. Tudo girava em torno da aquisição de comida, e isto funcionava através dos russos. Minha mãe cozinhava para eles. No tempo dos estupros ela havia mudado para a casa de uma amiga cujo marido ainda estava no campo de concentração. Essa mulher vivia com um iugoslavo, não era titoísta, um homem da Ustacha, creio. Um gigante de um metro e noventa, um urso, amável. Ele falava russo e espantou os soldados russos. Ele abrigava todo um bando de mulheres na casa e mantinha os russos afastados delas.

Waren depois da Guerra, 1945-47

A época depois da guerra foi de bastante desordem, mas também muito intensa. Por exemplo, o palácio da dança em Waren. Lá havia dança toda noite. Dança sobre o vulcão, um misto de Juízo Final e Carnaval. Depois da guerra não começou propriamente nada de novo, só havia terminado algo. Não havia ainda novas esperanças. Tudo era muito movimentado, acontecia muito rapidamente. Uma noite no palácio da dança, precisei cagar com urgência, o banheiro estava inundado, fui, portanto, para os arbustos ao lado da casa. Eu mal tinha abaixado as calças quando apareceram dois russos com fuzis-metralhadores e queriam saber o que eu estava fazendo. Tentei explicar-lhes que eu queria cagar. Eles não acreditaram. Levantei rapidamente as calças, caí no chão e rolei barranco abaixo enquanto eles atiravam. Na privada a merda boiava, tão cheio estava o palácio.

Junto com um ex-professor do ginásio, social-democrata até 1933, e também primeiro diretor do ginásio no pós-guerra, fui encarregado de expurgar as bibliotecas do distrito, desnazificá-las. Eliminamos das bibliotecas, também das bibliotecas dos latifundiários, a literatura nazista. Essa atividade foi a base da minha própria biblioteca. Roubei como um corvo. Foi um período maravilhoso. Eu roubava livros, lia e de qualquer modo, aprendi muito.

Depois disso tornei-me empregado do conselho municipal. Meu pai era conselheiro suplente em Waren e era preciso ter uma ocupação. Assim tornei-me "funcionário". Eu não fazia nada, ficava sentado no escritório em companhia de um homem mais velho, responsável pela reforma agrária. Algumas vezes íamos visitar os camponeses. E os camponeses vinham com suas queixas e problemas até nosso escritório. Eu ficava ali, ouvia tudo e às vezes tomava notas.

Mais tarde este material foi aproveitado em *A Repatriada (Die Umsiedlerin)*.[5] Ocasionalmente eu tinha que ir até o sótão buscar documentos. No sótão estavam também os livros da biblioteca municipal e da biblioteca distrital. Não havia locais para abrigar os livros. Eu punha então de lado os que pretendia levar à noite. Uma edição de Nietzsche e livros de Ernst Jünger. Consegui completar minha biblioteca. Essa foi minha principal atividade como empregado.

Nessa época escrevi também uma novela que está extraviada, a história de um homem que volta do campo de concentração, sua família está dispersada, sua mulher tem um amante. O homem procura aquele que o colocou no campo de concentração. Não me lembro como terminou. Vejo uma imagem: uma mão que sai de um túmulo.

Como exatamente foi seu trabalho nessa repartição?

Eu ficava sentado numa mesa menor, e o funcionário responsável, o chefe do departamento, ocupava uma mesa do governo, os camponeses ficavam de pé, falando de seus problemas. O tom, a maneira como falavam, me interessava muito mais do que aquilo que diziam. Não me lembro de detalhes concretos pois tudo foi aproveitado no texto da *Repatriada*. E com isto foi apagado da minha memória.

Mas o processo é interessante: eu ficava sentado ali, tomando notas, mas sem interesse pelo assunto em si. Terminado o texto, toda a lembrança dos fatos se apagou. Com certeza tomei na ocasião também conhecimento dos conteúdos, mas não tenho mais lembrança disto. Em uma tradução de Cino, um poeta provençal, Ezra Pound descreve o processo: "Ravens, nights, allurements/And they are not/Having become the soul of song."

Essa época foi a base para pelo menos vinte anos do meu trabalho. O açougueiro de *A Batalha* (*Die Schlacht*)⁶ data desta época, de *Schlacht* de qualquer forma a maioria das cenas, *Trator* (*Traktor*)⁷ também. São também, em grande parte, textos onde fiz sempre novas tentativas de formulação. Por exemplo, a história do açougueiro. Houve uma tentativa de fazer do texto uma peça radiofônica, depois uma tentativa de prosa, poesia de diferentes formatos. Também mais ou menos ruins. A profissão "açougueiro" é, no entanto, literatura; era um padeiro que se suicidou no lago devido à sua colaboração aberta com os nazistas.⁸ A mulher tentou inutilmente salvá-lo. Houve muitos suicídios então. Somente em Waren cerca de quatrocentos.

Vi depois o homem que matou sua família após a morte de Hitler e Eva Braun⁹, e que depois não teve a coragem de matar-se. Andava pela cidade, o rosto cinzento, acompanhado de um pastor alemão. Uma das razões para os suicídios era o medo dos russos, depois os estupros, que eram orgias de vingança. Uma vizinha por exemplo foi estuprada por russos em nossa casa. O marido foi obrigado a olhar. Estuprou-se por uma semana. Eu ainda estava em Schwerin. O chefe de polícia de Waren, ou seu substituto, reuniu toda a sua família antes da chegada dos russos. Sua família, isto é, doze pessoas, três gerações. E depois disse: quem não é um Kuhrt – a família se chamava Kuhrt – pode ir embora. Uma jovem mulher com uma criança foi embora. Ele fuzilou os outros e depois se matou.

Durante o caminho de Schwerin para Waren ouvi outra história: três mulheres da nobreza, três gerações, avó, mãe e filha viviam sozinhas em seu castelo de vinte quartos e esperavam os russos. Os homens estavam mortos, dois tinham morrido na Rússia, e um tinha sido executado depois do 20 de Julho. Antes dos russos chegarem, passaram fugitivos da SS, de cuecas, com restos apenas dos uniformes. Um deles, um tenente croata, um "trabalhador imigrado" (*Gastarbeiter*) pediu uma roupa civil. As mulheres concordaram, com a condição de que ele as matasse. O croata não tinha mais armas. Achou um machado num barracão. As três mulheres espalharam-se pelos seus vinte quartos e ele matou uma por uma com o machado. Em seguida ele pôs o terno e seguiu seu caminho.

Os comboios de repatriados desempenharam um papel importante como tema. Um verdadeiro movimento de massas. Antes da minha convocação, pessoas da Prússia Oriental, da Polônia, moraram conosco, por dias e semanas. A travessia do Vístula[10], coberto de gelo, que ocorre na peça, data desta época. Lembro-me de como chegaram. Em frente a nossa casa havia um conjunto de barracões e eles acamparam lá até prosseguir. Corriam as histórias mais incríveis sobre os acontecimentos no comboio. Decisões por exemplo entre o porco e a avó morta. O que levar para a próxima cidade, a avó morta ou o porco, algo tinha que ser sacrificado, os dois juntos eram pesados demais.

Qual é sua relação hoje com a Repatriada?

É minha peça mais querida. É a história com mais conteúdo; é também a mais viva. É sempre assim, no início existe nas peças uma inocência que você não encontra de novo. Ou talvez pouco antes de morrer, de outra maneira.

Como foi seu convívio com os russos em Waren?

Quando voltei a Waren. os estupros haviam cessado, com exceção de casos isolados. Houve um incidente com o substituto de meu pai, um gorducho do Mecklemburgo. Um russo tinha-lhe roubado o relógio, um relógio de pulseira, e ele cometeu o erro de queixar-se ao comandante militar. Tínhamos reuniões periódicas com o comandante, uma vez por semana, distribuição de ordens para os funcionários. Isso era ligado a imensas bebedeiras, sempre cem gramas de vodca e cada um pronunciava um brinde. Voltavam para casa de quatro. A política russa era tornar os alemães dóceis pela bebida. Esse pobre coitado tinha uma úlcera e não podia beber. Quase foi fuzilado algumas vezes por não beber. Em todo caso, roubaram-lhe o relógio e ele se queixou ao comandante. O comandante chamou seus soldados. O homem devia identificar quem lhe havia roubado o relógio. Ele achou o soldado, apontou para ele, e o comandante fuzilou o soldado na hora.

Uma vez fui convocado ao NKWD*, uma vila em Müritz, realmente fantasmagórica. A casa ficava um pouco mais ao fundo do parque e o portão estava quebrado. Junto ao portão havia uma sentinela que não se mexeu. Entrei, o corredor estava escuro, um corredor comprido e eu estava até os tornozelos na água, luz em algum lugar, caminhei pela água, abri a porta e lá estava um oficial amável que disse: "Por favor sente-se, Sr. Müller." Como vai a escola? Que fazer alunos no intervalo? Que alunos contam no intervalo? Precisa luvas de boxe? Precisa? Nós podemos fazer. Que falam camaradas no intervalo? Contei-lhe que no intervalo camaradas falavam de meninas. Ele não se interessou e fui dispensado.

Havia um oficial responsável pela cultura, um judeu – os oficiais responsáveis pela cultura eram em geral judeus – que costumava convidar os alunos. Oferecia chá e bolo e falava de cultura. Conheci-o antes mesmo da escola começar. Passeava pela cidade e gostava de conversar com os meninos. Estávamos parados diante da casa. Ele chegou, apresentou-se e falou de arte e literatura alemã, sabia Heine de cor. Sua frase preferida era "A arte alemã é uma arte de sonho." Um dia houve uma festa de despedida com chá e bolo, ele tinha de voltar à União Soviética. Isto é, para o campo de trabalhos forçados. Nós apenas ficamos espantados por ele estar chorando. Naturalmente ele não falou do campo. Ficamos sabendo disso mais tarde. Apenas ficamos espantados por ele estar chorando. Para nós ele não era força de ocupação. O poder não chora.

---

* NKWD: abreviação russa de Comissariado Popular para Assuntos Internos.

A relação com os russos era marcada pelo medo, não tanto para mim pois eu pertencia aos vencedores, se bem que estes também estavam ameaçados. Meu pai uma vez teve um problema: um caso com uma intérprete. Ela lhe confessou que havia sido designada pelo NKWD para espioná-lo. Existia sempre essa inquietação.

Devido à função do meu pai eu tinha relativamente pouco contato com a população. Os funcionários permaneciam isolados. É muito difícil para mim imaginar o que cidadãos "normais" pensavam na época sobre a situação. Era como estar sob uma campânula de vidro. As pessoas não falavam com os funcionários sobre aquilo que pensavam. Na Saxônia, em Frankenberg, já era diferente. As pessoas em Waren não falavam sobre a situação. Isto tem algo a ver com o Mecklemburgo, as pessoas de lá são muito fechadas. No Mecklemburgo há "espiões" nas moradias, espelhos nas janelas como os espelhos retrovisores dos automóveis, para ver quem passa ou entra.

Mecklemburgo é o norte do norte da Alemanha. Nos longos invernos acontecem suicídios pavorosos. As pessoas se matavam com armas destinadas a matar porcos ou se enforcavam nos currais. Depressões negras, muita bebida e pouca imaginação. Bismarck disse do Mecklemburgo: "O Mecklemburgo é como um velho saco de farinha, quando se bate nele sempre sai mais alguma coisa."

Os saxões são diferentes. Tinham canções secretas, por exemplo para a melodia "Irmãos para o sol, para a liberdade' (Brüder zur Sonne, zur Freiheit): "Irmãos gastem seu dinheiro com bebida,/ comprem seu tabaco no Kousum/ roubem lenha no mato/ e matem logo o Pieck*". Na Saxônia existia uma forte tradição social-democrata.

Você já freqüentava o teatro naquela época?
A única peça de teatro que vi então, aliás a primeira da minha vida, foi uma encenação de *Guilherme Tell* na hospedaria,

---

* Wilhelm Pieck (18/6-1960), líder do KPD (1945) e do SED (1946). Presidente da RDA (1949-1960).

a mesma onde depois se realizaram as danças. Um *Guilherme Tell* sem cavalo. Fiquei decepcionado pois esperava ver o cavalo. Uma encenação feita por um grupo itinerante. A peça seguinte que vi foi em Chemnitz, *Tristão*, acho que em 1947 ou 1948, depois uma encenação amadora de *Dourado Corre o Aço* (*Golden fließt der Stahl*), de Karl Grünberg, falada em dialeto da Saxônia. A próxima foi já em Berlim, *Mãe Coragem*, no intervalo, nada. Eu mesmo encenei em Frankenberg, na escola, *A Jarra Quebrada*. Não foi com certeza uma obra-prima.

Você se lembra dos livros que leu na época?

Como criança li muito Tolstoi, também Gorki, e, pouco antes de ser convocado, *Raskonilkov*, de Dostoiévski, que foi a primeira impressão realmente forte, e, naturalmente Nietzsche. Depois passei a ler o que saía publicado, por exemplo Cholokov, Maiakóvski. *O Rio de Ferro* de Serafimovitch, de Fadeiev *Os Dezenove*, grandes livros que caíram no esquecimento. Entre minhas presas como saneador de bibliotecas estava Soergel, *Encantado pelo Expressionismo*, um achado. Depois da guerra, até a reforma monetária, podia-se obter todas as revistas disponíveis nas zonas de ocupação, todas as novidades. Meu pai tinha então condições de pagar isto, informação era um questão de dinheiro. Uma descoberta da América foi o primeiro Faulkner, que li em 1947: *Pylon*. Ou Hans Henny Jahnn. Essas impressões foram depois ofuscadas durante anos por Brecht.

Volta para a Saxônia, Frankenberg, 1947-1951

Mudamos para a Saxônia porque meu pai se tornou prefeito de Frankenberg. Voltei então para o ginásio. Tínhamos um bom professor de alemão que me abastecia de literatura. Ele chegou a me oferecer dinheiro para debutar como escritor. Ele achava que eu deveria escrever primeiro uma novela, seria o melhor início, e ele me adiantaria dinheiro se eu escrevesse uma novela. De mim ele só conhecia as redações. E com as redações houve até aborrecimentos. Um dos temas era uma frase de Schiller: "Procure alcançar sempre o todo, e se você mesmo não pode sê-lo, associe-se a um todo como colaborador." Eu tinha acabado de ler Anouilh. Lá existia uma frase contra o populacho, que come lingüiça e gera filhos, enquanto a elite, que podemos somente imaginar com um buraco na têmpora, e assim por diante. Citei isso na redação e escrevi que a frase de Schiller entretempo tinha o cheiro das câmaras de gás. Para meu professor, foi um grande problema. Como produção literária ele teria de me dar um dez, mas como redação um cinco. Chegou a falar com meu pai sobre como deveriam lidar comigo na escola, minha relação com a disciplina escolar. Além disso eu ia sempre para a escola com um lenço vermelho, e em geral chegava atrasado. E eu fumava nos intervalos. Por outro lado: lembro-me de um texto de Jorge Amado, um trecho de *Jubiabá* que ele havia lido para nós. O herói era um negro, ele se masturba porque está só, "sua mão era a mulher". O professor leu esse texto para nós, extraordinário para um professor alemão.

Portanto, lembranças agradáveis da escola?

O único pesadelo era a matemática, porque eu não havia feito nada durante dois anos. Não fiz lição, nada. Consegui ainda obter um três ou um quatro. A matemática não me interessava; os objetos não me interessavam, só o método. Tive dificuldades em geografia porque dormi com a filha do professor. Durante o exame de conclusão de curso ("Abitur") me fez as perguntas mais difíceis.

Quais foram suas primeiras tentativas como escritor?

Houve um concurso para peças radiofônicas e eu tinha escrito e enviado uma. Passava-se em 1948, numa empresa nacionalizada, e girava em torno do desmascaramento de um contador que sabota em prol do inimigo de classe, adulterando a contabilidade. No fim ele é descoberto e desmorona. Muito dramático. Eu tinha acabado de ler Bruckner. Bruckner tem esses diálogos rápidos, diretos e rápidos como tiros de metralhadora. Era fácil de imitar. O título, muito patético, era: "A aurora dissolve os monstros". Fui convidado para a cerimônia final. O premiado foi Kubsch. Ele recebeu o prêmio para uma peça que falava dos que regressavam à pátria, foi uma das primeiras peças encenadas após a guerra. Fui louvado como um talento para escrever peças radiofônicas. Quando voltei para casa o chefe da Liga Cultural de Frankenberg veio me procurar. A minha modesta fama tinha chegado até ele e perguntou-me se eu não queria filiar-me à Liga. Eu queria e ele recomendou que eu participasse de um curso para escritores que se realizava em 1949 em Radebeul, perto de Dresden, em um castelo que até 1989 foi a escola regional da FDJ *.

---

* FDJ: "Freie Deutsche Jugend" (Juventude Alemã Livre), organização oficial de jovens na RDA.

Nesse curso encontrei Wolfgang Kohlhaase, Martin Pohl, mais tarde aluno de Brecht e mais tarde ainda prisioneiro em Bautzen. Os alunos de Brecht tiveram em geral um destino difícil. Pertenciam ao grupo Helmut Hauptmann, Alfred Klein, um germanista, Frank Vogel, mais tarde diretor da DEFA*. Boris Djacenko era um dos palestrantes, ele falou sobre realismo socialista. Eu não o conhecia, ele não me conhecia, entrou na sala, olhou em volta, foi até mim, estendeu a mão e começou a falar. Nunca nos tínhamos visto. Outro palestrante foi Hans Mayer. Lembro-me de Klaus Gysi. Ele falou sobre realismo e um jovem participante petulante perguntou-lhe se *Mãe Coragem* era uma obra realista. Gysi disse "não" sem hesitar. Era uma peça que defendia uma tese, não podia, portanto, ser realista. Assim ele saiu do apuro. A luta contra Brecht começou nesta época. Brecht era formalista, decadente, um trânsfuga. Hans Mayer perguntou: "Quem conhece *Ulisses*?" Eu e mais alguns se manifestaram. Hans Mayer comentou que era surpreendente como a cultura estava se espalhando pelas camadas mais baixas da população.

Hermlin também estava lá. Um dos participantes perguntou sobre o livro de André Gide sobre sua viagem à União Soviética. Era considerado anticomunista, até que com razão. Hermlin disse apenas: "Gide é uma pessoa perversa. Ele foi convidado pela União Soviética e escreveu um livro difamador." Para mim o mais importante foi que perdi a voz por um, dois dias, não pude articular uma palavra, a voz desapareceu por dois dias, talvez uma reação ao curso. Depois, o encontro com Mäde, mais tarde diretor da DEFA até o fim da RDA; ele dormia na cama acima da minha, dormíamos em beliches. Mäde tinha feito um aprendizado de cabelereiro e fora convocado compulsoriamente para trabalhar em Oderbruch. Lá estava ocorrendo um grande programa agrário. Tratava-se de trabalho com a enxada e, como homem inteligente, Mäde decidiu tornar-se artista. Mäde estava totalmente fascinado por Kuba (Kurt

---

* DEFA: "Deutsche Film-Aktiengesellschaft", a produtora de filmes da RDA.

Barthel). De Kuba havia um poema, "O Poema do Ser Humano". Em algum lugar dizia: "O tempo traz uma estrela vermelha no cabelo, a lógica manca, a dialética sorri", e assim por diante. Mäde recitava isso toda noite. Isso me deixava enervado e citei Baudelaire na tradução de Hausenstein: "Die Fliegen summten auf dem halbverwesten Bauch/aus dem die schwarzen Bataillone schritten/ von Larven wie ein Trunk der fließt aus einem Schlauch/ Entlang den Lebensfetzen." (As moscas zumbiam na barriga putrefata/ da qual saíam marchando negros batalhões/ larvas saindo como um líquido do cano/ ao longo dos restos de vida.)

Mäde ficava sempre muito irritado, também Hans-Georg Stengel. Ele escreveu um pasquim para a despedida, uma rima para cada um, duas linhas. Sobre mim escreveu: "Inverno, outono, primavera ou verão/ um símbolo do burguês em extinção." Quando encontrei Mäde novamente em 1957 ou 1958, era então diretor no Teatro Maxim Gorki e designado para a primeira encenação berlinense de *O Achatador de Salários*, e recitou o primeiro verso do poema de Baudelaire, ele ainda o sabia de cor.

Antes da peça sobre o contador traidor eu havia escrito outra, livremente adaptada de Sartre, sobre um comandante de um campo de concentração que encontra no além uma judia que havia mandado matar no campo. E os dois se apaixonam. Depois um drama sobre regressantes no estilo de Georg Kaiser. Um homem volta da guerra. Antes da guerra ele tinha um boteco. Agora ele volta, sua mulher tem um caso com o garçom, o garçom se chama Napoleão. Uma cópia de Bruckner, sobre a doença da juventude após a Segunda Guerra Mundial. O mal cita Ernst Jünger, o bem quer construir o socialismo, mas o mal arrasta o bem para o abismo.

Minha primeiríssima peça de fato tratou de um episódio traumático em torno de uma gravidez. Tentei organizar em Waren, esta pequena cidade do Mecklemburgo, um aborto. Naturalmente este foi um empreendimento destinado ao fracasso. Escrevi então uma peça sobre um jovem, que ainda freqüenta a escola, engravida uma mulher, e para que o pai não fique sabendo, ele o mata e o esquarteja no porão. Grandes monólogos quando o filho esquarteja o pai no porão...

Onde você adquiriu sua experiência por exemplo para essa peça sobre o contador?
Antes desse curso intermediado pela Liga Cultural trabalhei em Frankenberg por quatro semanas, ou até mais, em uma empresa, para conhecer o meio e adquirir experiência para essa peça do contador, *A Alvorada (Morgendämmerung)*. Não havia nada a fazer a não ser desenferrujar tornos, o que era bastante trabalhoso e cretino. Havia uma porção de tornos que tinham de ser desenferrujados. Passei oito horas por dia raspando ferrugem. Depois houve uma festa pela Revolução de Outubro e tive que discursar diante dos mal humorados operários. Senti muito claramente que não estavam interessados. Estavam parados à minha frente, me encaravam e escutavam. Enquanto eu falava eles não precisavam trabalhar. Uma situação clássica. Eu estava lá, um jovem comunista – eu me sentia como comunista – e ficava aborrecendo as pessoas.

Que significa isso: "como jovem comunista?"
Eu nunca pude dizer "sou comunista". Era um papel. No fundo não significava nada para mim. Eu disse e afirmei muitas vezes que podia me identificar com essa violência, com esse terror, porque era um terror contrário ao anterior. Mas isto talvez seja uma construção. No fundo passei por isto intocado.

Como você chegou a trabalhar na biblioteca?
Depois de terminada a escola existia o perigo de ser convocado para a Wismut*. Quem podia ficar de pé sobre as duas pernas, tinha que ir para a Wismut. Wismut era mineração de urânio, portanto a base para a bomba soviética. Havia uma espécie de seleção. Eu não

---

* Wismut AG: empresa da RDA responsável pela mineração de urânio.

estava apto para trabalhar nas minas, mas podia ser usado no trabalho de superfície. Para escapar da Wismut arrumei rapidamente, através do meu pai, que era prefeito, um emprego na biblioteca municipal.

Nessa época você já estava informado sobre o stalinismo?

Eu estava informado sobre o comunismo na União Soviética, principalmente pelo meu pai. Em 1944 li o primeiro livro sobre os campos de trabalhos forçados, sobre os Gulags, um livro publicado pela editora Nibelungos, que pertencia ao partido nazista. O livro tinha um prefácio de Goebbels e foi escrito por um ex-comunista ou social-democrata, o título era *O Socialismo Traído*. O autor chamava-se Albrecht[11]. Era uma descrição exata do sistema dos campos de trabalhos forçados da GPU*. Eu também sabia sobre Trotski, os expurgos e os processos. Isso eu pude aceitar, o que me interessava era a tragédia. No mundo burguês só existem dramas. No Ocidente, o que me interessava era o cinema, a literatura eu já conhecia. Íamos a Berlim Ocidental apenas para ir ao cinema e comprar cigarros.

*Você acompanhou os acontecimentos por ocasião da unificação forçada do SPD e do KPD**?*

Entrei no SPD ainda em Waren antes da unificação com o KPD. Meu pai era presidente distrital do SPD e contra a unificação. Falava contra nas reuniões. Também Grotewohl era originalmente contra. Havia um catálogo de exigências do SPD, o KPD estava mais preocupado com votos. O SPD tinha mais votos e era mais forte que o KPD, por isso devia desaparecer. Grotewohl já tinha caído, mas os camaradas na província ainda mantinham seu catálogo de condições, o caminho do correio era longo.

Meu pai foi chamado ao NKWD. Aí seu destino foi selado. Lá estava um major soviético que disse: "Camarada Müller, você contra unificação?" Meu pai respondeu: "Não, não sou contra a unificação,

---

* GPU: abreviação russa para Polícia Secreta do Estado.
** KPD: "Kommunistische Partei Deutschlands", Partido Comunista da Alemanha.

mas..." O major: "Você contra unificação. Amanhã reunião, você falar a favor de unificação." Meu pai: "Eu não falar por unificação."

Aí entrou um tenente com uma pasta e o major mostrou a meu pai um papel com o testemunho do motorista de meu pai e de sua secretária. Eles tinham deposto que ele e seu vice tinham organizado um grupo de resistência fascista e armazenado armas num porão da cidade velha. O major disse: "Você falar por unificação, eu esquecer papel." Meu pai disse: "Eu falar por unificação." O major disse então: "Você não falar por unificação, você falar *com entusiasmo* por unificação." Então a arte entrou em cena.

Como era seu trabalho político?

Depois da fusão do KPD e do SPD recebi uma função, tornei-me responsável pela área de literatura. Ou seja, eu devia vender brochuras que ninguém queria comprar. Em geral eu mesmo as comprava e depois jogava fora. Tive também que dar uma palestra. Na época ainda havia discussões abertas no partido, e o tema era: "Existe um imperialismo vermelho?" Dez anos depois formular tal pergunta seria inconcebível. Mas era então um tema oficial de discussão. Naturalmente era preciso provar que não existia um imperialismo vermelho. De qualquer forma, a pergunta existia. Não sei se isto foi importante para mim, essa filiação ao SED*, o engajamento político em geral. Não, tão simples não foi. Naturalmente eu refleti sobre essa questão, mas existe aí um núcleo que ficou intocado. Esse núcleo ficou intocado pelo nazismo e também pela época depois. Eu podia por exemplo falar horas sobre o "imperialismo vermelho". Não era algo existencial. O que era esse núcleo eu não sei. Talvez a literatura, um espaço ao mesmo tempo livre e cego, totalmente intocado de tudo que é político, de tudo que se passava fora. Meu assunto era a descrição.

---

* SED: "Sozialstische Einheitspartei Deutschlands", Partido Socialista Unificado da Alemanha, nome oficial do partido no poder na RDA, oriundo da fusão do KPD e do SPD.

Como era seu trabalho na biblioteca?

Havia uma quota de literatura progressista que devia ser emprestada. Os leitores eram principalmente senhoras idosas, os jovens não liam em geral nada. Havia prêmios para os empréstimos, não para mim, mas para um ex-professor. Ele recebia prêmios se emprestasse o máximo de literatura progressista. Bredel, Becher, Cholokov, Gorki. Mas esses, ninguém queria ler. As senhoras idosas perguntavam sempre por Ganghofer. O bibliotecário tinha um tal de "armário proibido" onde guardava Ganghofer e Rudolf Herzog, a velha cúpula. As senhoras recebiam Ganghofer e Herzog, mas somente se levassem também Marchwitza, Bredel ou Cholokov. Esses livros voltavam sempre limpinhos, e Ganghofer ficava cada vez mais sujo. Minha principal atividade era limpar o Ganghofer, para deixá-lo em condições para o próximo empréstimo, e assim cumprir a quota de literatura progressista. Ao lado disso eu lia, em Frankenberg existia uma boa livraria. Minha mãe conta que o livreiro trabalhava para o BND* ou para Gehlen. Era, de qualquer modo, bem informado e providenciava tudo que era novo e interessante. Meu pai tinha contato com o escritório do SPD para o Leste. Era sem dúvida uma contravenção, de acordo com as leis da época. Um dos seus amigos do SPD estava ligado ao "Grupo de Luta contra Atos Desumanos", uma organização de propaganda do Ocidente, envolvida na guerra fria, e que havia promovido atos de sabotagem. Em Frankenberg por exemplo, estavam surgindo, exatamente como no tempo do nazismo, estes livrinhos. Na época do nazismo traziam na capa um título como "Clausewitz" ou "Schiller" e o conteúdo eram textos comunistas. Mais antigamente ainda existiam livretos com fotos de Hitler, cinqüenta fotos com seus gestos grandiloqüentes. Folheados rapidamente davam movimento às figuras; vi-os em Bräunsdorf, depois nunca mais. Esses meios, por exemplo *1984* de Orwell encadernado dentro da *Origem da Famí-*

---

* BND: Sigla de Bundesnachrichtendienst, serviço de informações da RFA.

lia de Friedrich Engels, eram também usados pela enorme máquina de propaganda movida contra a Zona de Ocupação Soviética, e mais tarde contra a RDA.

Porque seu pai foi em 1951, depois de um tempo relativamente curto, para o Ocidente?

Isto é para mim uma grande interrogação. Por exemplo, quase não tomei conhecimento das pressões que meu pai sofreu por parte dos russos quando ocupou a prefeitura, pressões de que minha mãe se recorda muito bem. Provavelmente ele não me falou desses problemas. Minha mãe conta, por exemplo, que os russos vieram tirá-lo de uma partida de futebol para interrogá-lo e ameaçá-lo. Não me lembro de nada. Também era um problema que eu estava muito mais de acordo, muito mais do que meu pai, com o que estava acontecendo, por exemplo com as desapropriações. Eu achava isso correto. Eu me identificava muito mais com isso do que meu pai. Como prefeito ele recebia constantemente a visita das esposas chorosas de pequenos empresários, também de empresários maiores. Havia muita indústria em Frankenberg. Os empresários mandavam sua esposas para chorar junto ao prefeito.

Lembro-me de seu discurso de posse. Foi uma grande festa popular num restaurante, eu estava no meio da multidão, e lá na frente meu pai discursava como prefeito. Alguém atrás de mim falou: "Ele sabe falar alemão", mais tarde cheguei à conclusão: este era seu ponto fraco, ele sabia falar alemão corretamente, não falava como um gorila. Eles perceberam, esse podemos dobrar se quisermos. Comunistas não sabiam alemão. Eram analfabetos, eram proletários. Lembro-me da mulher de um fabricante de cigarros que veio falar com ele, não sei quantas vezes. Era sempre sobre desapropriação. Ela vinha e sempre pedia alguma coisa, e ele procurava fazer acordos com os funcionários soviéticos. Eu não tinha nenhum interesse por essa situação. Eu era já por princípio a favor de toda desapropriação. Eu seria a favor até da desapropriação do coveiro.

A minha posição era vingativa, de um sectarismo de esquerda. O que sucedia de burrices e coisas ridículas, isso não era importante para mim. Era menos importante do que o fato de que a violência era dirigida contra pessoas que eu não suportava, contra as quais eu talvez também nutrisse preconceitos. Existia também uma relação com a humilhação sofrida durante a infância, a boca livre na mesa do empresário. Acho que sou realmente uma pessoa muito vingativa. Talvez por isso meu pai não falou comigo, de forma mais detalhada, sobre muitos assuntos que o torturavam. Na época eu falava com meu pai sobre assuntos além da política, sobre literatura e filosofia. Não recordo nada, por exemplo, sobre mortos vítimas de tortura no porão de um edifício ocupado pelos russos, que meu pai deveria, como prefeito, esconder. Meu irmão lembra disso perfeitamente. Tenho que desconfiar de mim nesses assuntos.

Também a fuga de meus pais é algo que passou quase em branco. Segundo me lembro, meu pai não me contou que ia para Berlim para não mais voltar. Minha mãe, creio, contou-me isso quando ele já havia ido. Se tento lembrar-me do meu estado de espírito de então, devo dizer que nada me abalava. As coisas eram interessantes como experiência, tudo era experiência. Não me lembro que algo me tenha chocado em particular. A fuga, primeiro do meu pai, mais tarde da minha mãe com meu irmão, também não me surpreendeu. Eu sabia que existiam problemas, mas não sabia nada de concreto. Eu sabia, por exemplo, que pouco antes da fuga o conselheiro responsável pela construção de uma Casa da Cultura – cada lugarejo tinha que ter uma casa da cultura – tinha, aparentemente, economizado no cimento. Seja como for, o teto caiu, o estuque ruiu durante um evento, e naturalmente o prefeito foi responsabilizado pois o arquiteto já estava no Ocidente. Lembro-me nitidamente desse homem por uma outra razão. Tinha uma mulher loira de pernas muito longas, um objeto muito desejado, e nessa casa vi também pela primeira vez um pênis de couro pendurado na parede.

Eu sabia que no partido corria um processo contra meu pai. A acusação era titoísmo, mas no fundo delineava-se um processo devido ao problema da Casa de Cultura, e isto significava crime contra a Economia. Um de seus amigos, que eu conhecia de festas realizadas em nossa casa, por ser a mais espaçosa – também um antigo social-democrata como meu pai – já se havia distanciado dele. Era evidente que algo ia mal. Meu pai só não anunciou o dia da fuga. Fiquei sabendo da fuga só alguns dias depois, pela minha mãe. Soubemos então que meu pai estava em Berlim Ocidental, isolado em um hospital como portador de uma infeção bacteriana: tifo. Provavelmente precisavam de tempo para desvendar sua biografia política. Fui até lá, mas mais porque queria ir a Berlim. Eu queria sair de Frankenberg e esta era uma boa oportunidade. Eu não tinha a autorização de permanência necessária para Berlim. Primeiro morei com meu colega de escola Herbert Richter que tinha um quarto mobiliado junto à estação da rua Varsóvia. Meu pai estava no hospital de Charlottenburg, onde o visitei no isolamento. Só nos vimos através de divisões de vidro. Recordo que não pudemos comunicar-nos e que ele chamou a enfermeira. Entre nós havia vidros duplos. Ele chamou a enfermeira, ela veio, sacudiu a cabeça e foi embora. Despedimo-nos com gestos. Dali, por intermédio de um artista gráfico que também havia morado em Frankenberg, meu pai foi para Reutlingen. Ele não foi reconhecido como refugiado político.

Eu fiquei em Berlim Oriental. Não cheguei a saber da fuga de minha mãe de Frankenberg. Enquanto estive em Berlim ela mudou de Frankenberg para Bräunsdorf, a aldeia do meu pai. Os parentes de meu pai viviam lá. Ela se registrou nessa aldeia porque achou que seria mais fácil fugir de lá do que de Frankenberg, onde era conhecida e estava sendo vigiada. De Bräunsdorf ela saiu alguns meses mais tarde com meu irmão. Nessa época eu sabia muito pouco sobre o que eles faziam em Reutlingen. Meu pai trabalhava como funcionário em Tübingen. Eu só escrevia em último caso. Eles, ao contrário, tinham o constante receio de que eu me perdesse na podridão da cidade. Só os vi novamente pouco antes de 1961, antes da construção do muro. Visitei-os em Reutlingen. Curiosamente vieram ao meu encontro duas pessoas desconhecidas, um senhor um pouco mais idoso e mais gordo, que tinha sido meu pai mas que repentinamente nada mais tinha a ver comigo. A única lembrança é esta, a estranheza. Os conhecidos dos meus pais supuseram naturalmente que eu tinha vindo para ficar. Houve necessidade de longas explicações para justificar porque eu não pretendia ficar no Ocidente, explicações assumidas por meu pai. Ele nunca tentou convencer-me a ficar.

Meu irmão, agora um jovem adulto, não me era tão estranho. Havíamos mantido anteriormente uma relação estreita, muito boa, e isto não tinha mudado. Minha visita foi para ele o impulso decisivo para sua volta à RDA. Ele voltou para morar comigo e minha mulher em Lehnitz. Fomos buscá-lo na estação em Friedrichtrasse mas não o encontramos. Ele tinha desaparecido. Procurei por uma hora na estação e depois voltei. Quatro horas depois ele estava diante da nossa porta e contou que havia se escondido ao ver o primeiro policial. Ele havia ouvido na escola tanto coisa horrível sobre os policiais orientais, que entrou em pânico quando viu o primeiro uniforme. Escondeu-se embaixo de uma escada numa das plataformas. Seu objetivo era eu e não a RDA. O Ocidente tinha permanecido estranho para ele. Era filho de fugitivos, o equivalente ao que hoje são os refugiados. Além disso era canhoto. Apanhava sempre que usava a mão esquerda na escola, e apanhava mais por ser um fugitivo, um fugitivo canhoto. A mudança foi difícil porque ele era menor de idade. Era necessária a aquiescência dos pais. Que finalmente concordaram. Foi difícil para ele encontrar seu rumo na RDA.

Meus pais visitaram-me duas vezes após a construção do muro. Durante essas visitas havia sempre pequenas discordâncias entre meus pais. Meu pai era cético em relação ao que acontecia na RDA, minha mãe sempre se considerava à esquerda dele. Ele era o social-democrata de direita, ela era a esquerdista. Ela voltou à RDA no começo dos anos oitenta, após a morte do meu pai, por causa dos filhos. Ela teve enormes dificuldades de adaptação na RDA, dificuldades que perduram até hoje.

A recordação parece difícil para você.
É talvez o resultado de um excesso de experiência, experiências que são tão chocantes que a assimilação se torna difícil. Desenvolvemos então mecanismos de supressão. Quando meu pai saiu do campo de concentração ele foi para mim, de certo modo, um não-morto.

Quem foi esse colega de escola Herbert Richter que você menciona?
Herbert Richter foi um amigo do tempo de escola em Frankenberg. Ele tinha interesse por tudo que me interessava na época, psicanálise, todas as possíveis escolas da psicologia. Ele era meio parecido com Kafka, o mesmo penteado, e tinha também um problema kafkaniano com o pai. O pai tinha descoberto que Herbert tinha medo de aranhas; assim, para fazer dele um homem, obrigou-o sempre que aparecia uma aranha, a pegá-la e levá-la para fora do quarto. Essas medidas pedagógicas selaram seu destino. Seu destino foi a psiquiatria. Creio que se tornou um psiquiatra muito bom. Verifiquei que no trato com pacientes – ele que era muito tímido, quieto e reprimido – ficava à vontade e senhor da situação, uma outra pessoa.

Durante os primeiros anos em Berlim houve um longo intervalo sem que nos tivéssemos visto. Em Berlim ele trabalhou primeiro na Charité*. Aproveitei muitas das histórias de seu consultório. Por exemplo a história de um funcionário do Ministério – naturalmente ele não mencionou nomes – que durante a guerra civil espanhola havia estado do lado vermelho. Ele não conseguia adaptar-se a sua função, ao seu cargo na RDA. Estava como paciente na Charité e repetia sempre: "Dêem-me uma espingarda e mostrem-me um inimigo."[12] Depois perdemos esse paciente de vista.

---

* Grande complexo hospitalar em Berlim Oriental.

Em 1961 quando aconteceu o episódio da *Repatriada* e fui excluído da Associação dos Escritores, encontrei Richter novamente, isto é, ele quis falar comigo. Foi muito compreensivo, mas percebi que era como se estivesse do outro lado de uma trincheira, algo tinha acontecido. Anos mais tarde quando Katja Lange-Müller estava de serviço na psiquiatria ele perguntou "O Heiner é comunista?", uma pergunta estranha depois de uma relação tão longa.

Separamo-nos também devido a um episódio que me deixou envergonhado. Eu estava cheio de dívidas, não tinha dinheiro, e para minha mulher Inge Natal era uma festa sagrada, algo que ela trazia da infância. Para mim não significava nada, mas no Natal era obrigatório comer um ganso. Tentei arranjar dinheiro para comprar um ganso. Minhas tentativas fracassaram todas e o último do qual me lembrei foi Herbert Richter. Ele me deu o dinheiro apesar do pouco que tinha. Médicos ganhavam mal. Não expliquei para que precisava do dinheiro. Encontrei-o alguns dias depois, por acaso, quando tínhamos acabado de comprar o ganso na Straußbergerplatz. Ele me telefonou para dizer que achava isso um tanto assustador pois ele já não tinha condições de comprar um ganso.

Agora, alguns anos depois de seu suicídio, uma revista escreveu sobre as ligações de Herbert Richter com a Stasi.

Não posso dizer nada, porque não sei de nada sobre isso. Talvez tivesse sido difícil para ele, como psiquiatra, manter-se fora disso, e se estamos convencidos de que o comunismo é a única possibilidade de salvar a humanidade, existe somente a famosa sucessão de argumentos. Li outro dia um documento do Comitê Central sobre Kuba (Kurt Barthel). Kuba desenvolveu um programa agrícola, houve discussões, e foi feita uma ata sobre essas discussões. É uma história brutal como arrasaram Kuba. O relator foi Kurella. Espantosa foi a veemência com que Kuba se defendeu, uma veemência de que eu nunca seria capaz, por falta de fé. Ele tinha fé, e por isso não podia entender por que subitamente atiravam nele. Ele revidou sem êxito, mas revidou. Para mim nunca foi um problema ser tratado injustamente. Eu sempre soube que não existe justiça, nem de um lado nem de outro, portanto nunca pude me indignar. Para Herbert Richter era o contrário.

Os primeiros anos em Berlim, a partir de 1951

Estive em Berlim pela primeira vez imediatamente após o fim da guerra. Viajei com um dos primeiros trens de Waren para a Saxônia. A viagem era feita com freqüentes interrupções. Se me lembro bem fui até Schwerin, de Schwerin para Wittenberg passando por Berlim. Minha primeira impressão de Berlim foi a estação ferroviária, a Anhalterbahnhof, em 1946. O velho edifício estava parcialmente de pé. Viajei para Berlim no vagão de carvão, comigo estava um ex-professor do ginásio de Waren; ele era de Berlim e voltava também pela primeira vez depois da guerra. Com esse professor desamparado em cima do vagão de carvão, deveríamos ter aprendido francês, isto se não tivéssemos sido convocados após duas aulas. Durante essas duas aulas ele nos entreteve com histórias sobre o espírito da cavalaria na Primeira Guerra. Agora eu cuidava dele para que não caísse do vagão. O professor me fez uma longa preleção de como minha fisionomia prenunciava um gênio matemático. Consegui, de qualquer forma, mantê-lo em cima do monte de carvão. Creio que pernoitei na moradia desse professor em Berlim.

Os trens partiam com intervalos muito longos, fiquei dois, três dias em Wilmersdorf.

Lá conheci um escritor: chamava-se Müller-Osten, uma estranha figura gelatinosa que martelava o teclado da máquina. A grande estação ferroviária destruída pelas bombas, e Müller-Osten sentado diante de sua velha máquina de escrever, isto foi Berlim para mim. A segunda vez fui a Berlim em 1950 fazer um curso, desta vez em Bad Saarow, perto de Berlim, no lago Scharmützel. Meu segundo curso depois daquele em Radebeul.

Quais foram seus primeiros contatos?
Além de escrever eu tentava ganhar dinheiro ou conseguir trabalho. Eu sabia o que queria fazer mas isto não interessava a ninguém. Conheci pessoas nas redações, por exemplo Hanna-Heide K. Ela tinha os seios mais bonitos de Berlim. Pelo menos no meu ambiente da época. Estive uma vez com ela no seu quarto no Hotel Adlon, pelo menos o que tinha sobrado do Adlon, admirando seus seios. Mas não passou disso. Brecht também tinha um quarto nesse hotel. Depois conversamos noites inteiras com ela. Era um produtora de kitsch e escrevia romances com títulos como *Procurando uma Pátria* e também poesia neste estilo. Por exemplo: estou batendo na máquina/ escrevo para quê/ Escrevo para a Coréia/ estou sentada na máquina de costura, e assim por diante. Minhas primeiras impressões da cidade grande: na Saxônia eu estava acostumado, quando via uma garota, a tentar uma conversa. Fiz isso na estação Friedrichstraße. Tentei falar com uma moça que me agradou e ela disse: "Meu senhor, o senhor está no barco errado." Isso também foi Berlim.

Ainda em Frankenberg eu tinha enviado textos para redações e editoras berlinenses. Para a *Ulenspiegel*, então uma das melhores revistas, e para a editora Aufbau. A única coisa impressa foi uma reportagem sobre os sorábios, uma encomenda. Lembro-me de uma anotação de Hermlin sobre uma das poesias, "Relato do Início": "Isto é demasiado Brecht!" O ponto de exclamação é de Hermlin. Conheci Dieter Noll, então redator da revista *Aufbau*. Bebemos juntos muitas vezes e discutimos Deus e o mundo. Ele acreditava cegamente no regime, no partido. No entanto quando tinha bebido o suficiente, o tema principal era o "Kilometerstein", a "Marca Quilométrica". Esse "Kilometerstein" era uma coleção de canções de rua, canções de andarilhos. A canção predileta de Noll dizia: "Nos penhascos apeninos/ o sol branqueia os ossos dos meninos" e isto era o núcleo da pessoa, este tipo de literatura. Foi dela que surgiu seu primeiro romance *As aventuras de Werner Holt*, um best-seller. Mais tarde, em 1951, tivemos uma discussão mais séria no Conselho Central da FDJ, onde ele me desmascarou como decadente e formalista.

A partir de 1951 você trabalhou na Sonntag?

Foi Eduard Zak quem me levou para a *Sonntag*. Zak era um homem interessante, um austríaco, muito culto, descontraído, tinha traduzido Lautréaumont, que li então pela primeira vez, na tradução de Zak. Alguns trechos eu já conhecia de revistas. Zak conhecia bem o surrealismo e o expressionismo. Era redator na *Zeit*, responsável pela crítica literária. A *Zeit* era minha fonte de renda. Eu escrevia resenhas. As resenhas não significavam nada para mim, mas não é possível fazer isso por muito tempo sem que isso leve a nada. Acabei então me tornando uma espécie de referência. O tom era irrefutável. Críticas severas, grandes elogios. Aproveitaram-se bem de mim. Se algo devesse ser violentamente criticado eu devia (ou podia) fazê-lo. Zak era uma pessoa amável. A *Sonntag* era a revista semanal da Liga Cultural e provavelmente o cantinho mais liberal de então. Também sob o teto da Aufbau. O editor chefe era Max Schröder. Ele tinha voltado da emigração americana e era um fumante inveterado que fumou até morrer. Sua única bagagem, segundo seu motorista, foram duas enormes caixas, uma cheia de Camel e outra cheia de Chesterfield.

Eu escrevia resenhas e fiz muitos inimigos. Eu resenhava poesia, antologias e essas eram em geral intragáveis: "Camas brancas e vermelhas ruindo sob o amor/ Soleiras no eco dos jovens sentimentos...". Era o que havia de melhor. No baixo da escala eram textos como: "Ode a Karl Marx": "Como Goethe, Shakespeare e Ésquilo/ ele constrói com mármore um castelo senhorial/ onde o mais nobre festeja sem triunfo." Era a poesia oficial de então.

Você ia muito a Berlim Ocidental?

Quando eu tinha dinheiro eu ia para o Ocidente principalmente para ir ao cinema ou comprar livros. Mas em geral eu não tinha dinheiro. Naquela época eu morava sozinho. Minha mulher de então morava num pensionato de enfermeiras, ela trabalhava na Charité como enfermeira. Meu quarto era pequeno demais, ela não podia morar comigo. Eu tinha herdado o quarto de um ator homossexual que amava Herbert Richter, e que estava internado num sanatório para tuberculosos. Ele era comunista e sofria muito com sua homossexualidade, não era próprio de um comunista ser homossexual, mas não havia como mudar isto.

Como foi seu encontro com Brecht?

A primeira coisa que vi de Brecht em Berlim foi *Mãe Coragem*. Em 1949 ou 1951. Quando trabalhei nessa comissão de desnazificação em Waren, eu tinha me apropriado também de Soergel, volumes enormes. O último volume trazia como epígrafe "A noite em que o Führer nos convocou". O título do primeiro volume era *Fascinado pelo Expressionismo*, uma leitura obrigatória, minha primeira fonte de informações. Depois li obras surrealistas, literatura americana, Hemingway, Faulkner, eu conhecia tudo isso antes do meu encontro com a obra de Brecht. A primeira peça de Brecht que li foi *Coragem*. Depois de Sartre e Anouilh a peça me pareceu seca e cinzenta. Depois li na revista *Dramaturgische Blätter*, *Os Cabeças Redondas e os Cabeças Pontudas* que me pareceu mais interessante. A encenação de *Coragem* em Berlim não me causou ainda uma impressão muito forte. A mudança foi no entanto muito rápida e a partir de então eu não tive outro objetivo do que fazer parte e trabalhar no Berliner Ensemble. Graças a Deus isso não deu certo. O "graças a Deus" foi naturalmente um sentimento que veio mais tarde. Estive duas vezes com Brecht, uma vez em sua casa em Weißensee. Não falamos, ele não tinha tempo ou ia sair. Hoje me parece espantoso que simplesmente fui até lá, mas quando somos tão jovens, somos também impertinentes. Creio que foi em 1951. A segunda vez procurei-o no Berliner Ensemble e mostrei-lhe poemas. Ele folheou os textos e disse: "Muito interessante, e do que o senhor vive?" Eu esperava por essa pergunta e já tinha a resposta pronta: "Pensei que houvesse uma possibilidade de trabalhar aqui no Berliner Ensemble." Brecht deu então a fatídica resposta: "Procure a Rülicke." Fui falar com Käthe Rülicke. Rülicke era sua secretária. Ela antipatizou comigo na hora, e vice-versa. Ela distribuía as tarefas. Havia três vagas para alunos. Brecht era membro da Academia e participava, nessa condição, de dois departamentos, Literatura e Artes Cênicas. Tinha direito a três alunos e havia quatro concorrentes. O Berliner Ensemble era naquele tempo uma ilha, uma ilha muito controvertida. Assim por exemplo, alunos do Instituto de Teatro em Leipzig foram reprovados apenas por terem assistido a encenações do Berliner Ensemble. Brecht era o anticristo. O teatro só lhe tinha sido cedido por exigência dos russos. Ele era muito suspeito. Helene Weigel afirmou categoricamente que uma vez um trem de Leipzig foi descarrilado ou pelo menos detido porque estudantes queriam comparecer a uma encenação do Berliner Ensemble, um verdadeiro veneno. Os outros três concorrentes a alunos eram Martin Pohl, Horst Bienek e Heinz Kahlau. Recebi da Rülicke a incumbência de escrever a fábula *O Carrilhão do Kremlin*. Uma obra prima inenarrável onde Lenin incumbe um relojoeiro de reprogramar o carrilhão do Kremlin para que tocasse a "Internacional". O relojoeiro consegue cumprir a tarefa e ouve-se a "Internacional". Stalin também aparece na fábula. Existia o projeto de encenar a história. Brecht tinha que fazer às vezes algo para os funcionários – pequenos presentes que garantem amizades. *O Carrilhão* era um desses presentes. Ernst Busch prontificou-se para encenar a peça. Ernst Kahler fazia o papel de Stalin. Eu fui incapaz de escrever a fábula e, portanto, fui reprovado. Eu já sabia disso antes de receber a notícia oficialmente. Encontrei Heinz Kahlau na rua e perguntei-lhe "o que você está fazendo". Ele disse: "Racionalizo o Lear." Ficou claro para mim que ele havia ganho. Os outros dois também foram aceitos. Depois disso escrevi uma peça que enviei ao Berliner Ensemble. Falei depois com Palitzsch, Monk e creio também que com Hubalek, sobre a peça, no restaurante do Deutsches Theater onde o grupo ensaiava. Disseram que no Berliner Ensemble naturalmente só os melhores tinham um lugar, e eu, infelizmente, não pertencia aos melhores.

Essa peça tinha surgido de uma forma misteriosa: existia então um Departamento de Literatura, o departamento responsável pela censura no Ministério da Cultura. Um manuscrito meu tinha ficado largado por lá, provavelmente um texto que eu havia escrito em 1951 para um concurso de contos do Conselho Central da FDJ. O dirigente desse departamento era um homem de nome Vilmos Korn, membro do Partido Nacional-Democrata. Ele vinha do grupo de Strasser no partido nazista. Não conheço sua biografia, mas ele conhecia muitas histórias interessantes, anedotas e informações do tempo do nazismo. Provavelmente Vilmos tinha lido o manuscrito. Não se tratava de publicar o texto, isso era impensável. Mas ele tinha descoberto uma vocação que podia ser explorada e sugeriu que escrevêssemos uma peça, uma peça proletária, festiva e consagradora, com coros operários e grupos de dança, destinada à inauguração do espaço Werner Seelenbinder. Werner Seelenbinder era um atleta comunista que havia se recusado a fazer a saudação nazista na Olimpíada de 1936. Na proposta de Korn o que me interessava era o dinheiro. Também suas histórias me interessavam. Por exemplo a história da comissão especial de Himmler. Durante os últimos anos da guerra essa comissão percorreu as prisões recrutando comunistas condenados à morte para uma unidade especial da SS – eram em geral comunistas que correspondiam aos ideais racistas: olhos azuis, ombros largos. Alguns se apresentaram, de modo que comunistas condenados à morte foram depois liquidados pelos russos como membros da SS. Korn conhecia um sobrevivente que também contou como funcionava o processo: um treinamento rápido em Praga, duas semanas, e depois, ao invés da execução, a frente de batalha na Rússia – uma espécie de pelotão de condenados de honra. O último comando depois do treinamento: "Agora fodam à vontade."

Não conseguimos chegar a um acordo sobre a peça, mas como eu tinha gasto tanto tempo com um assunto que não me interessava, eu não queria ter feito isso à toa. Uma peça tendo um esportista como herói ja é questionável por princípio, com um boxeador isso ainda é possível. Talvez porque isso seja mais comercial e nos Estados Unidos ligado à Máfia. Brecht não escreveu uma peça sobre boxeadores, mas um bom poema sobre boxeadores. Escrevi a peça tomando como modelo a *Mãe* de Brecht. Por isso também a mãe de Seelenbinder desempenhou um papel importante. Foi uma cópia de Brecht. Brecht era fácil de imitar. Recebi o manuscrito de volta do Arquivo Brecht há um ano. Ouvi falar do manuscrito por meio de uma germanista americana que tinha encontrado a peça no arquivo. Se não, nunca teria sabido do manuscrito. A única coisa interessante no texto são três entreatos, em versos brancos[13]. Foi em torno dessa peça que girou a conversa.

O que interessava a você em Brecht aos vinte e dois anos?

Em Brecht interessou-me um aspecto mostrado, por exemplo, no prólogo de *Antígona*. Esse aspecto gravou-se na minha memória. Começa com *Fatzer*, e pode ser também reconhecido no poema "Falladah". O tom reaparece no "Aufbaulied": "Keiner plagt sich gerne, doch wir wissen/ Grau ist's immer, wenn ein Morgen naht." (Ninguém se tortura com prazer/ mas é sempre cinzento quando se aproxima a manhã). Ou nos textos contra Hitler. Hitler era o inimigo sonhado por Brecht. Portanto o Brecht gótico. Não o

Brecht clássico, antes o chinês. O prólogo da *Antígona* foi escrito em versos com rima alternada. E aí está o melhor de Brecht, quando Brecht se torna alemão. É também melhor quando está zangado. A famosa amabilidade é música de entretenimento.

Como era sua vida em Berlim nessa época?
Era uma vida nômade. O problema principal era que eu não tinha uma renda, nem moradia e nem permissão para ficar em Berlim. Para receber a permissão para morar ou estabelecer-se em Berlim era necessário ter trabalho em Berlim. Para obter trabalho era preciso ter a permissão de moradia. Era o infernal círculo burocrático. O quarto mobiliado de Herbert Richter, onde morei primeiro, era muito pequeno e não servia ao longo do tempo, houve também atritos com a dona da pensão. O lugar onde eu morava era interessante, ponte de Varsóvia(Warschauerbrücke), rua Varsóvia, Ostkreuz. Existia lá uma figura lendária, um tal de Gladow, do bando Gladow.

Falava-se muito dele nos bares. Era um tema permanente na região porque o bando desenvolvia aqui a maior parte de suas atividades e também porque aqui se travou a última grande batalha com a polícia. Gladow foi também o primeiro condenado à morte executado na RDA; segundo recordo, Gladow tinha dezenove anos. Uma história muito cruel. Erich Loest escreveu mais tarde um livro volumoso, com o título muito engraçado de *O Marco Ocidental Continua Caindo*, que continha material muito bom sobre Gladow. Ninguém mais ousa pôr o livro à venda hoje em dia, creio que só por causa do título. O fato é que não dispunham mais de um carrasco qualificado para a execução e assim a guilhotina atingiu o ombro de Gladow. Em condições normais ou na Idade Média isto teria resultado no perdão do condenado, pelo menos na suspensão da execução. Mas os princípios religiosos já tinham sido esquecidos e era, há tempo, necessário dar um exemplo. Esse foi um antecedente não-ideológico para outros acontecimentos, onde o Estado achou necessário mostrar força, de forma a evitar maus exemplos, evitar que fossem imitados, pois o combate contra a polícia era popular, a polícia era identificada com as forças de ocupação.

Assim o caso teve uma conotação política, apesar do grupo de Gladow não ter de modo nenhum um programa político; eles agiam simplesmente de acordo com modelos americanos.

A melhor fonte de informações sobre a situação na Alemanha foram para mim sempre os bares. É uma forma de conhecer uma cidade por dentro e não como turista. Bar é o contrário de turismo. Pelo menos os botecos de Prenzlauer Berg, Friedrichshain e Lichtenberg.

Também fazia parte da política da RDA acabar com esses locais. Eles foram sendo aos poucos uniformizados e transformados em confeitarias, locais controláveis, não mais proletários. Os grandes projetos arquitetônicos do SED acabaram com a Berlim proletária. Foi uma tentativa de restaurar a Berlim guilhermínica, mas em "plástico". Esse era um projeto predileto de Honecker, e de não sei quem mais. Um exemplo é o bairro Nikolai e todo o centro da cidade. O objetivo era eliminar a época de 1933 a 1945. Ela não podia ter existido, só a velha Berlim de antes. E assim também foi liquidado o ambiente proletário. O proletariado e a juventude eram os principais inimigos.

Eu freqüentava obrigatoriamente os bares naquele tempo. Eu só tinha um sofá para pernoitar, nada mais, e dependia dos bares. Podia-se também pernoitar no Mitropa. Era relativamente simples. O Mitropa na estação Friedrichstraße ficava aberto vinte e quatro horas. Era necessário ter dinheiro para uma cerveja, podia-se trazer um pãozinho. Depois da cerveja ou durante a cerveja dormia-se, a cabeça apoiada na mesa. Às duas horas era final de expediente e a próxima turma só chegava às quatro, e então puxava nossas cadeiras. Acordávamos, era necessário ter dinheiro para mais uma cerveja, e aí podíamos continuar a dormir. Para mim foi muito importante. Nos bares conhecem-se as pessoas de maneira muito diferente. Essa era o ventre de Berlim. Mais tarde eu ia muito ao

Café Nord. Foi essa a época em que colhi mais material. O Café Nord era um local noturno, um local de danças, esquina das ruas Schönhauser e Wiechert, aberto a noite toda. O lugar existe ainda, entretempo foi embonecado, discoteca com porteiro. Foi realmente uma bela época, consegui muito material. Os fracassados apareciam nestes lugares. Foi ali que ouvi a história do combatente de Stalingrado, que está mais ou menos ao pé da letra em *Germânia*[14]. Não acrescentei nada. O combatente de Stalingrado chegava já bêbado, o dono não lhe dava mais bebida, ele sentava-se junto comigo. Eu pedia algo e ele começava a contar a história. Também o episódio com o secretário de Estado que ele reencontra mais tarde na RDA é dele. O secretário tinha servido sob suas ordens em Stalingrado e ainda sabia se arrastar como em combate. Ao pé da letra: "Você ainda sabe se arrastar, Willy, seu porco velho?" Não é possível inventar isso, pelo menos eu não seria capaz.

A história do vendedor de crânios não é do Café Nord. Outra pessoa me contou essa história, mas não me lembro quem. Na época foi construída uma estrada, uma rodovia entre Berlim e Rostock e foi necessário demolir também cemitérios. Os encarregados disso eram o pessoal das fundações e seu trabalho está descrito nesse texto. Com muita bebida no estômago, eles tinham que aplainar cemitérios, algumas vezes mudar os mortos de local. O vendedor de crânios é uma invenção. Mas naturalmente os operários faziam comércio de crânios. Havia mercado para crânios, estudantes de medicina que queriam um crânio em casa para motivar-se para o estudo. Também se fazia dinheiro com esqueletos. É interessante como minhas leituras tinham uma afinidade com estas situações, por exemplo, o toque de recolher no final de *The Waste Land (A Terra Devastada)*, de T. S. Eliot: "Hurry up please, it's time". No caso de Eliot, o fundamento era religioso: a chamada para o Juízo Final. A manhã cinzenta quando os bares fecham. Os bares são o paraíso de onde se pode expulsar o tempo. E quando se vai para casa começa o Juízo Final. Em *Germânia* pude usar o motivo também politicamente: a interrupção da citação de Virgílio sobre a Idade do Ouro pelo dono do local que anuncia o toque de recolher.

Quais são suas lembranças do segundo curso para escritores em Bad Saarow, perto de Berlim?

Os promotores eram a Liga Cultural e a Associação dos Escritores. Em primeiro lugar esse curso em Bad Saarow significava boa alimentação, o resto era secundário.

Não sei mais como entrei nisso. Como em Radebeul houve novamente palestras de pessoas importantes, Klaus Gysi pertencia ao grupo, também Stephan Hermlin, Johannes R. Becher. Perguntamos a Becher se era possível aprender algo de Brecht. Foi muito antes do meu contato com o Berliner Ensemble. Ele respondeu: "Não, de modo nenhum. Brecht é um grande dramaturgo, um poeta notável, mas isto é um beco sem saída, não há como continuar." Era muito importante para ele e para a política cultural da RDA que este não fosse um ponto de partida. Klaus Gysi era sempre o mais habilidoso. Em Bad Saarow alguém perguntou sua opinião sobre o texto de Becher para o hino nacional. Uma pergunta perigosa, pois esse é um texto idiota, como a maioria dos hinos nacionais. Gysi disse: "O que vocês querem? Se Becher não tivesse escrito o texto então Koplowitz o teria escrito." Jan Koplowitz era um semi-proletário pouco prendado da Boêmia que escrevia reportagens e poemas ruins sobre o incentivo à produção. Foi muito cínico da parte de Gysi, pois Koplowitz pertencia à literatura oficial. Brecht também tinha escrito um texto para o hino, mas o texto foi reprovado. "Hino para Crianças". O texto de Brecht era demasiadamente sensato. É compreensível. Conheci Koplowitz na Masurenallee, no rádio. A emissora de rádio da zona soviética ainda ficava neste endereço e Koplowitz trabalhava lá. Tentou ajudar-me a publicar alguma coisa. Era muito solidário. Lembro-me vagamente do seu escritório na Masurenallee, onde ele estava sentado tentando convencer-me de alguma coisa. Visitei-o também em sua casa. Ele tinha uma mulher bonita de aspecto exótico.

Quem participou do curso?

Gente como Erich Loest, Günter Kunert, Horst Bienek, Martin Pohl. Um grupo fechado era o pessoal da Turíngia, eles ocupavam os cumes do partido. Armin Müller, Walter Stranka, Günter Deike, Harry Thürk. Nós, Kunert, Bienek e Loest éramos antes a oposição decadente. Alguns dos turíngeos como Walter Stranka já haviam estado em Radebeul. Stranka entretempo tinha evoluído. Em Radebeul um poema dele dizia: "E a serpente da luxúria se desenrola das cisternas." Em Bad Saarow ele já tinha atingido o nível que o tornaria famoso: "Quem é sempre o primeiro/ é Fritz o tratorista."

Você se lembra de mais detalhes sobre esse evento?

Principalmente de um drama que aconteceu durante o curso. Em Bad Saarow havia duas mulheres. Lembro-me da mais nova, a mais atraente. Toda a atenção se concentrava sobre ela. Mais tarde verificou-se que estava grávida, não de um dos participantes do curso, mas sim de um escritor e funcionário destacado a quem devia o lugar nesse curso. O primeiro a ter um caso com ela acho que foi Erich Loest, depois Kunert, depois Manfred Künne, um autor de Leipzig que havia escrito um romance sobre a borracha. Künne foi depois substituído por um dos turíngeos, um poeta do partido. Este último tinha valores morais, aos quais fazia juz. Loest, Kunert e Künne montaram então um tribunal secreto e combinaram com a mulher que ela deveria relatar detalhadamente cada uma de suas transas com os turíngeos. Foi o que ela fez. Coisa de adolescentes. Próprio do ambiente desses aquartelamentos. A mulher falou depois da sentença do tribunal ao turíngeo com o qual dormia no momento. O grupo dos turíngeos tornou o caso público e exigiu um processo em nome da moral comunista. Para esse processo vieram altas personalidades de Berlim. O processo foi para mim uma incrível paródia dos processos políticos. Os três culpados, Loest, Kunert e Künne deviam justificar-se diante dos participantes reunidos e dos altos funcionários de Berlim. Perguntei a alguém do Ministério da Cultura: "O que vocês pretendem com essa besteira?" E ele respondeu: "Nós, Heiner, nós que procedemos da burguesia, temos que ser especialmente servis." Lembro-me que os acusados deviam, bem ao estilo soviético, retrabalhando suas biografias e narrando sua vida, descobrir onde haviam descaminhado. A forma soviética de psicanálise. Foi fantasmagórico. Os três estavam ali, de cabeça baixa, Kunert falava muito baixinho, contou sua vida com voz quebrada. Fiquei abalado. Loest foi mais forte, para Künne foi rotina. Dois funcionários na primeira fila controlavam o processo de autocrítica. Foi elaborada uma imensa ata sobre o caso. Foi Kunert quem nos salvou. Na casa ao lado funcionava um curso para vendedoras da HO*, com numerosas participantes jovens e bonitas, e Kunert noivou de forma bem tradicional com a diretora do curso. Com esse gesto a moral estava restabelecida. Ela era a menos atraente, um tipo gordo, autoritário, mas talvez ele realmente gostasse dela. Enfim, ele estava noivo e nós tivemos livre acesso a esse curso onde se realizavam noitadas festivas. Finalmente, numa dessas noites de bebedeira, saqueamos o porão do curso onde havia enormes estoques de salsichas e presunto.

    O nosso curso consistia principalmente de palestras. Curioso era o uso da palavra "decadente". Kunert, Loest e eu éramos decadentes. Bienek também era decadente. Decadência era uma categoria moral. Tudo que não andava na linha ou não concordava com a linha do partido era decadente. Um dramaturgo do Mecklemburgo, estúpido mas amável, me disse: "Sabe, eu também já fui decadente, mas um oficial soviético me rebobinou." Fiquei interessado em saber como foi essa rebobinação, mas não foi possível obter informações. Havia um sujeito que tinha o aspecto que correspondia ao que se imaginava ter o jovem professor Unrat. Ele possuía um estoque de

---

* HO: "Handels Organisation", organização da RDA que controlava lojas, lojas de departamentos, bares e restaurantes.

piadas sobre donas de pensão. Seu verso preferido: "Frau Wirtin hat auch einen Inder/ der trieb es nur mit kleine Kinder/ doch noch im ärgsten Lustgekeuche/ behielt er seinen Turban auf/ So streng sind dort die Bräuche" (A dona da pensão tinha um hindu/ que mandava ver com criancinhas/ e que mesmo no meio do maior prazer/ mantinha o turbante na cabeça/ tão severos são lá os costumes). Era seu poema preferido e recitava-o em todas as ocasiões possíveis. Mas o que ele publicava não era decadente. E ele publicava muito, pois era um poeta famoso. A Rádio Moscou divulgava ocasionalmente seus poemas em programas transmitidos em alemão. Um de seus poemas, interessante apenas em contraposição aos seus versos sobre as donas de pensão, foi a "Ode a Karl Marx". "Como Goethe, Schiller e Ésquilo/ ele constrói de mármore um maravilhoso castelo". Interessante a abrangência de sua obra. Seu nome era Walter Forberg.

É só neste sentido que a história da colega grávida é interessante, grávida de um escritor e funcionário importante. Na época esse era um assunto muito explosivo. Podia-se cair no partido como num combate eleitoral americano. "Trabalhar para o inimigo, isso pode acontecer, mas moralmente..." era o que se dizia no jargão do partido. O tema foi descrito de forma clássica no conto *O Pólipo*, de Gladkow, onde um carreirista sobe até o cume do partido e leva comunistas honestos, portanto ingênuos, até a beira do suicídio. Ele é pego porque estupra sua secretária, de outro modo não havia como chegar até ele. Esse foi também um problema, mais tarde, quando da discussão em torno da *Repatriada*. Em um dos trechos do texto, Flint, o secretário do partido, fala de seus sonhos: "Houve um Papa que o permitiu, todos com todas de maio até agosto." Contaram-me depois que Alfred Kurella havia interpretado esse trecho como uma alusão a certos rituais em internatos do partido, onde se sinalizava com sapatos diante das portas quem dormia com quem. Esse ritual datava da época mais remota do partido. Depois da tomada do poder na RDA não se colocavam mais sapatos diante da porta, a vida corria entre quatro paredes. Em um sistema baseado na administração da carência, onde o poder não é definido pelo dinheiro, o poder significa o contrário de liberdade. Os primeiros prisioneiros do sistema são os dirigentes, a camada no poder é a oprimida.

Kurella havia engravidado uma cantora de um coro da Alemanha Ocidental que se havia apresentado no Festival da Wartburg, em Eisenach. A cantora escreveu ao Politburo pedindo uma pensão alimentar. Eu não gostaria de ter estado na pele de Kurella.

Você ganhava sua vida com o jornalismo?

Nos primeiros anos em Berlim toda a minha atividade jornalística passava pela minha relação com Eduard Zak, que era redator do caderno de literatura na *Sonntag*. Zak era casado com Annemarie Auer. Annemarie Auer era secretária da seção Literatura na Academia. Alguém me disse: "Se você quer fazer teatro" – o que eu sempre quis – "então fale com ela." Fui falar com Annemarie e ela perguntou: "O que você quer? Dramaturgia ou direção?" A conversa terminou aí. Eu não estava interessado nessa especialização, nessa divisão de tarefas, mas no teatro como um todo. A inexistência dessa divisão era justamente uma característica do Berliner Ensemble. Os dirigentes escreviam e também encenavam. A *Sonntag* estava abrigada na editora Aufbau, que precisava constantemente de redatores fixos para escrever textos para as capas e orelhas dos seus livros. O trabalho era bem pago. O problema era que eu tinha enormes dificuldades em escrever esses textos, porque queria fazer algo bem diferente. Ganhar dinheiro comia todo meu tempo. Eu gastava um tempo inteiramente desproporcional para escrever esses textos ou fazer a resenha de um livro que não me interessava. A relação entre o esforço desprendido e o objeto era totalmente desmedida. Toda a energia que eu gostaria de usar para escrever um drama era gasta com resenhas de livros ruins. Não existiam tantos livros bons e daí o tom agressivo, e também às vezes arrogante, das minhas resenhas. Algumas pessoas descobriram isso bem antes de mim e assim souberam instrumentalizar-me, usar-me para seus próprios fins. A direção da redação da *Sonntag* era composta por Heinz Zöger e Gustav Just; havia um terceiro diretor, do qual não me lembro. Em determinadas situações político-culturais eu funcionava como uma bomba tática. Dizer que a redação era um grupo de oposição dentro do partido, seria dizer demais. Isso só se definiu mais tarde com Janka e Harich. Tornou-se então evidente que eles tinham planejado algo. Mas isso não era perceptível na redação. Creio que a redação era muito dependente de Becher. Becher era o Papa. Eduard Zak uma vez incumbiu-me de resenhar um livro de Käthe Miethe, *Das Fischland*. Käthe Miethe era uma senhora idosa que escrevia literatura patriótica, a rainha de Ahrenshoop. Ahrenshoop era o domicílio da Liga Cultural, uma colônia de artistas com praia de nudistas. Também Becher tinha uma casinha lá e queria reinar em Ahrenshoop. Mas Käthe Miethe era a grande velha dama de Ahrenshoop. Justamente lá no Mecklemburgo muitas das antigas estruturas se mantinham, isso até hoje. Eu não sabia nada sobre essa situação. Eu apenas li o livro, era literatura do "Blut und Boden"*. Fabriquei uma resenha terrível[17] e fiquei espantado diante das cartas indignadas dos leitores de Ahrenshoop. Só muito mais tarde e por meio de uma outra incumbência, fiquei sabendo o que havia por de trás disso. Pediram-me um trabalho sobre Ehm Welk. Ehm morava em Doberan. Fomos até lá, minha segunda mulher Inge e eu, e notei que ele estava muito reservado, muito frio. Welk devia receber o Prêmio Nacional e o texto devia servir de propaganda. Tentamos conversar e percebi que ele não queria falar comigo. Perguntei-lhe o que estava acontecendo e ele contou a história de Käthe Miethe. Käthe Miethe tinha sido uma velha amiga de Welk; entretempo ela morrera durante uma derradeira bebedeira

---

* Literatura regional camponesa, encorajada pelos nazistas na medida em que idealizava a pátria, o camponês; literalmente: "sangue e terra".

de vodca. Ela era uma grande bebedora, também isso faz parte do Mecklemburgo. Welk tinha ficado indignado com meu artigo na *Sonntag*. Ele pediu informações a Willy Bredel em Schwerin sobre quem seria esse Müller, e Bredel informou-se em Berlim, de onde veio a notícia de que era "uma criatura de Becher". Eu tinha visto Becher uma única vez como palestrante em Bad Saarow. A resenha sobre Käthe Miethe era, portanto, uma encomenda de Becher...

A *Sonntag* era na época a única publicação onde havia debates acalorados. Aqui se tentava fazer política cultural, influenciá-la, e não só representar.

Houve conflitos entre você e a redação?

Na minha relação com a *Sonntag* houve duas crises. Uma vez escrevi sobre *O Canto Geral* de Pablo Neruda. Nessa ocasião conheci o grande tradutor de Neruda, Erich Ahrendt, que era uma pessoa extraordinária; uma criança entre lobos, com um amor profundo e contagiante pelas artes plásticas de todos os tempos e todas as regiões. Eu havia inserido no texto sobre Neruda uma citação de Brecht sobre a relação entre os aspectos ou energias racionais e emocionais em um texto. Sua tese era que, se os aspectos racionais estão corretos, também os emocionais têm maior força. Se isso é verdade, é outra conversa. Acrescentei que a legitimidade dessa tese podia ser verificada nas forças e nas fraquezas da poesia de Johannes R. Becher. Escrevi isso na ocasião com toda ingenuidade. No dia seguinte, depois do texto publicado, cheguei à redação. Ninguém olhou para mim, todos passavam por mim, ninguém me cumprimentou, só uma secretária mais velha e maternal murmurou: "Venha cá, Sr. Müller", e levou-me até seu escritório. "Aconteceu uma coisa horrível. O chefe telefonou. Está furioso. Ele quer falar com o senhor. Telefone logo para ele e marque um encontro." Telefonei e a data da execução foi marcada. Foi fixado o dia para uma conversa com Becher. O encontro não se realizou porque Becher teve que lutar pela paz em Munique. Evidente que isso era mais urgente. Com isso o encontro não aconteceu e o assunto foi esquecido. Mas eu senti a dependência da redação em relação a Becher. O próximo conflito, um clássico conflito de dissidência, foi mais tarde um texto que eu havia assinado só com minhas iniciais. Foi o relato de uma discussão com um germanista de Moscou, Samarin, e com Constantin Fedin.[18] A discussão girava em torno da relação entre literatura e estudo da literatura na União Soviética. Depois da morte de Stalin os russos falavam de forma mais liberal sobre política cultural. Aproveitei a oportunidade para criticar nossa política cultural, o que evidentemente também atendia ao interesse da redação, senão não teria sido impresso com destaque. Havia muitas dessas tarefas, determinadas pelo "novo curso". Cheguei à redação, e novamente olhares fugidios. Wolfgang Joho estava sentado em seu escritório, a porta aberta, datilografando furiosamente. Combinamos encontrar-nos à tarde e ele me mostrou um artigo, uma réplica, em que a redação se distanciava do relato obsceno do colaborador H. M. O nome completo não foi citado. A partir daí a situação na *Sonntag* tornou-se difícil, mas não havia inimizade entre mim e Joho. "Alguém tinha de escrever o artigo", disse ele, "tinha de ser feito, eu estava lá naquele momento e aí escrevi-o rapidamente."

Eu tinha caído em um contexto político que eu não entendia. Eu escrevia sobre liberalidade, e pessoas que queriam impor mais liberalidade na RDA me criticavam para poder continuar com seus preparativos. Eu não sabia nada sobre tudo isso. Gustav Just era uma figura sombria, antipática, que eu via passar às vezes rapidamente pelos escritórios. O redator-chefe era um figura estranha, angulosa. Não tinha contato com ele. Era apenas um fornecedor. Não senti a polêmica contra meu texto de forma dramática. Era uma maneira de nos tornarmos conhecidos. Depois, as resenhas na *Sonntag* apareceram somente com as iniciais H. M. Foi um rebaixamento. Passei a resenhar literatura edificante de comunistas americanos ou ainda poesia patriótica servo-croata.

Publiquei alguns textos com pseudônimo, também porque sentia como empecilho o nome tão comum de Müller. A primeira resenha num jornal alemão ocidental sobre *Filoctetes* terminou obrigatoriamente com a frase: "O homem chama-se Müller, atentem para esse nome." O professor de alemão de Frankenberg que queria me adiantar dinheiro para escrever uma novela, disse-me uma vez, e realmente senti o golpe: "Poetas de verdade têm nomes como Hölderlin, Grillparzer, Strittmatter."

No intervalo fiz coisas que me eram antes estranhas. Coisas que vinham através de conhecidos. Por exemplo, Paul Dessau veio e disse: "Lenin faz anos. Escreva um texto para mim." Eu tinha dívidas com Paul Dessau, portanto escrevi um texto sobre Lenin. Ainda fico de cabelo em pé quando penso nesse texto. Eu achava que se o texto fosse composto por Paul Dessau ele não seria compreensível. Foi uma imprudência. O texto foi impresso no *Neues Deutschland.*

Que conflitos eram esses com organizações governamentais?

Tratava-se por exemplo de regulamentos em relação à linguagem. Um exemplar da revista *Junge Kunst* (Arte Jovem) foi retirado das bancas e confiscado devido a um texto de Gerhard Scholz, um germanista e especialista em literaturas alemã e nórdica. O artigo falava do reflexo da Revolução de Outubro na literatura islandesa. Lá estava a palavra "Transformações de Outubro". Por causa dessa palavra, uma variação em relação à forma usual, o exemplar foi confiscado. Devia escrever-se "A Grande Revolução Socialista de Outubro". E por que Scholz escreveu de repente "Transformações de Outubro"? Atrás disso devia haver uma concepção. Uma plataforma. Talvez a biografia de Scholz fornecesse o primeiro indício suspeito.

Scholz tinha passado a época do nazismo na Suécia, conhecia Brecht, também Willy Brandt, talvez Wehner e tinha, como primeiro diretor da Casa de Goethe, em Weimar, queimado a última peça de roupa remanescente de Goethe, um roupão comido pelas traças, em um auto-da-fé perante os estudantes, enquanto discursava sobre uma nova relação com herança cultural. Pouco depois uma delegação de germanistas de Moscou quis ver o famoso roupão e denunciou Scholz ao Comitê Central em Berlim como trotskista. Na época havia também constantes medidas de censura contra Brecht. O livro experimental, *A Alma Boa de Setsuan* foi suspenso pelo Departamento de Literatura. Os textos apareciam primeiro na Suhrkamp e depois na Aufbau. O texto tinha sido publicado pela Suhrkamp mas não podia aparecer na Aufbau. A justificativa era que Setsuan ficava na República Popular da China, e os chineses poderiam considerar a peça ofensiva. Por isso Brecht escreveu uma introdução: "A província de Setsuan representa todos os locais onde seres humanos são explorados. A província de Setsuan já não faz parte desses locais." Uma afirmação audaciosa, mas agora o texto podia ser impresso. Ou o volume sobre Hofmeister. Na edição da Aufbau faltam quatro ou cinco linhas. Nos "Textos para Exercício" existe um trecho de Hesíodo na tradução de Schadewaldt. Nas quatro ou cinco linhas de Hesíodo que foram omitidas, fala-se de nudez: "O jovem seguia nu o arado, nu deve ser o semeador..." Isso não podia ser impresso. O argumento do Departamento de Literatura era que isso podia provocar reações por parte das recém-criadas LPG*. Iriam todos andar pelados pelo campo. O verdadeiro motivo era provavelmente a luta de Becher pela moral, isso é, sua luta pelo poder em Ahrenshoop. Becher tinha ouvido que em Ahrenshoop pessoas andavam nuas pela rua, não apenas nadavam nuas. Logo que Becher ouviu isso ele se mandou com um carro oficial para Ahrenshoop, pronto para combater a decadência moral. Na rua da aldeia veio ao seu encontro uma tropa de nudistas, à frente seu protegido Alexander Abusch. Esses eram os bastidores. Becher era uma figura doentia. Talvez também uma figura trágica, mas em algum lugar a tragédia termina e começa a comédia.

Também o último caderno das *Experiências*, "Os dias da Comuna" apareceu com grande atraso na Aufbau. Duas réplicas

---

* LPG: "Landwirtschaftliche Produktionsgenossenschaft", Cooperativa de Produção Agrária.

causaram desagrado: "A comuna não tem nada a temer a não ser a si mesma..." e "O cérebro da população trabalha à plena luz." Isto ocorreu já depois da morte de Brecht, sob a responsabilidade do Ministério da Cultura.

Depois você também trabalhou para a Neue Deutsche Literatur (NDL)*, *a revista da Associação dos Escritores.*

Isso era só um ganha-pão. Tentei introduzir algumas vezes literatura mas isso foi impedido pelos redatores. O redator-chefe era Weißkopf, ele queria ensinar-me a escrever prosa. Tenho ainda alguns textos com correções dele no estilo Biedermeier de prosa. Naquela época apresentei a "Liebesgeschichte"[19] ("História de Amor"), sem êxito, apesar de ser um texto relativamente simples. Ou então "Bericht vom Anfang" ("Relato do Começo"), recusado em todos os lugares com o argumento de que faltava o papel de liderança do partido.[20] Podia-se na verdade dizer que o papel do partido foi excessivamente romantizado. Acredito que se tratava principalmente de evitar sucessores para Brecht. Esse era o padrão. Um dos redatores mais estúpidos da NDL era Henryk Keisch. Ele fazia alterações, as alterações mais imbecis possíveis, até em poesia, pedantismos ridículos. Era insuportável. Uma vez ele recusou um texto de Claus e Vera Küchenmeister. Eles tinham retrabalhado um texto da alta Idade Média a cargo do Berliner Ensemble. Apresentaram esse texto à *Neue Deutsche Literatur* e Keisch recusou o texto por falta de qualidade literária. Brecht gritou com Keisch no telefone e ele então imprimiu o texto.

Trabalhei durante algum tempo na Associação dos Escritores. Um bom germanista, Heinz Nahke, pertencente à escola de Gerhard Scholz, tinha recebido de Eduard Claudius, secretário da Associação, a incumbência de criar um departamento científico. Era uma medida para dar trabalho aos autores. Manfred Bieler era

---

* NDL: Neue Deutsche Literatur, Nova Literatura Alemã.

responsável pela poesia, eu pelo teatro, um terceiro pela prosa. Recebíamos quatrocentos marcos por mês, um bom dinheiro na época. Teoricamente devíamos estar sempre presentes. Mais tarde fui repreendido devido a minha falta de disciplina. Bieler já tinha estudado na RDA, ele era mais habilidoso, chegava sempre às 11, 11:30 e escrevia no livro de ponto 8:10. Quando eu chegava às 13:30 eu marcava 13:30, um erro grave. Em 1961 isso fez parte do material apresentado contra mim. Na época, 1956, eu tinha acabado de escrever *O Achatador de Salários*. No corredor do outro lado era a redação da *Neue Deutsche Literatur*, o futuro dramaturgo Claus Hammel era também redator da revista. Eles tinham justamente concluído um caderno sobre a "Classe operária e os movimentos operários na Literatura Alemã" e precisavam algo de novo. Tinham muito material do século XIX e do primeiro decênio deste século, mas faltava uma contribuição nova. E foi isto que eu lhes dei com *O Achatador de Salários*, este texto foi imediatamente para a tipografia. Claus mal teve tempo de ler o texto, senão talvez não tivesse sido impresso. Foi uma sorte. E aí começaram os murmúrios na redação: "Pode-se publicar algo assim?" E Claus Hammel pediu: "Você não pode acrescentar algo?" Escrevi então uma introdução.[21] Nós dois achamos que isso era uma espécie de seguro, mas foi um bumerangue, pelo menos no seu efeito de longo prazo sobre o Departamento de Cultura do SED. Faltava a "franca tomada de partido"; em um parecer, como eu soube mais tarde, o veredito foi "trotskismo". No fundo era sempre a luta contra Brecht e suas conseqüências.

Sua mudança para Berlim teve razões pessoais?
Foi também uma fuga diante da gravidez de minha amiga de Frankenberg. Sempre olhei a gravidez como o furto da liberdade. Brecht: "Até Baal teme as crianças". Crianças causam dependência e facilitam a chantagem.

Na época eu morava em Hohen-Neuendorf na casa de Wilm Weinstock. Eu tinha conhecido uma garota, não me lembro como nem quando, passeamos pelas florestas de pinheiros de Hohen-Neuendorf. Tarde da noite fomos para Berlim. Acompanhei-a até a estação Friedrichstraße, ela continuou para casa e fiquei sentado num banco da estação, sonhando. De repente ouço uma voz, e diante de mim está minha amiga de Frankenberg, grávida. Ela disse que teríamos de partir imediatamente para Kleinmachnow e casar. Tudo estava preparado. Uma tia e um tio dela moravam em Kleinmachnow. Em seguida houve o casamento em Kleinmachnow, eu estava casado. Ela trabalhava na Charité e morava na residência das enfermeiras. Eu tinha um quarto mobiliado em Pankow, onde ela me visitava às vezes. Mas ela trabalhava à noite, era uma ligação frágil. A criança nasceu em Frankenberg, onde vivia a mãe dela. Estive presente ao nascimento.

Em Pankow recebi a visita de outra mulher. Minha mulher chegou do turno da noite, a outra ainda estava na minha cama. Eu já me tinha levantado e ela disse: "Agora vou fazer o café da manhã." No dia seguinte minha mulher entrou com o pedido de divórcio. Para a juíza que presidiu a audiência eu era um criminoso, porque antes ela tinha conduzido um processo de divórcio em que eu tinha sido a causa da separação. Nesse caso o marido tinha sido a parte queixosa. Minha mulher se apresentou muito bem, vestida de preto, pálida e bonita. Tomamos um café num bar do tribunal. Depois de meio ano casamos de novo. Depois veio o segundo divórcio, e este foi muito cruel. Eu tinha conhecido Inge. Minha mulher e a criança estavam na Alemanha Ocidental com meus pais. Eu sabia que na volta eu teria de dizer-lhe: "Terminou." A conversa aconteceu no parque de Pankow.

Tínhamos ido passear com a criança.

O que foram estes primeiros anos em Berlim para você?

Foi um tempo de espera e de preparação. Antes ou pouco depois de falar com Brecht eu tinha enviado um texto dramático ao Deutsches Theater, a Ihring, o dramaturgista-chefe do Deutsches Theater. O texto nunca mais apareceu, também não houve nenhuma reação a ele. Era um drama sobre pessoas que voltam à pátria, com comboio de gente deslocada, desertores e refugiados.

O que aconteceu depois da publicação de O Achatador de Salários?
Wekwerth queria *O Achatador* para o Berliner Ensemble. Brecht já estava morto. Os demais estrangularam essa iniciativa, em especial Palitzsch. Palitzsch explicou-me mais tarde que isso tinha acontecido porque achavam que eu era um funcionário, e de um funcionário nada poderia vir de sensato. Pensaram isso porque eu havia trabalhado na Associação dos Escritores. Wekwerth só sugeriu uma melhoria, ele queria que as detenções fossem mostradas abertamente, achava que a Stasi devia ser popularizada. Todas as prisões deveriam ocorrer no palco. Um ano mais tarde a peça foi oferecida pela editora ao Deutsches Theater, e Kipphardt recusou-a. Essa foi mais tarde sua única autocrítica. Quando foi despedido afirmou: "O único erro que cometi foi recusar essa peça." Em seguida ele foi para o Ocidente.

Essa era a experiência recorrente, tudo o que eu considerava sério ou bom era recusado. Meu problema principal era sempre dinheiro. As resenhas tomavam muito tempo e eram mal pagas. Eu não conseguia fazer isso rapidamente. Era um pesadelo. Significava também sufocar meu próprio trabalho. Antes de terminar, o dinheiro já estava gasto. Ou então eu corrigia traduções. Por exemplo um romance de Trifonov. Não me lembro mais do que tratava. Alguns dos textos rejeitados apareceram na *Sonntag*, "Das Volk ist in Bewegung"[22] ou trabalhos ocasionais, como a "Cruz de Ferro"[23] na *Neue Deutsche Literatur*.

Você na época se declarou claramente favorável à jovem RDA.
Essa tomada de partido pela RDA estava ligada a Brecht, Brecht legitimava essa tomada de posição pela RDA. Era muito importante. Como Brecht estava lá, tínhamos que permanecer lá. Era uma razão para aceitar fundamentalmente o regime. Uma prova

da superioridade do sistema era a literatura melhor, Brecht, Seghers, Cholokov, Maiakóvski. Nunca pensei em sair de lá. Não se tratava talvez de saber se o socialismo podia ou não vencer na RDA, isto é uma consideração mais prática ou política. Brecht era o exemplo de que se podia ser comunista e artista – e isso sem ou com o sistema, contra o sistema ou apesar do sistema. Brecht era uma posição européia diante da posição nacional. E naturalmente uma ditadura é, para um dramaturgo, mais colorida que uma democracia. Shakespeare é impensável numa democracia. A RDA era, nesta fase, uma monarquia bem equilibrada. Kounellis, meu cenógrafo em 1990 na encenação de *Mauser*, formulou isso muito bem, como camponês grego que era: "Quanto mais Estado, mais drama. Quanto menos Estado, mais comédia". Essa pressão da experiência era também significativa para Brecht. A permanência na RDA era antes de mais nada a permanência em um material. É como na arquitetura, também a arquitetura tem mais a ver com o Estado do que a pintura, e o drama tem mais a ver com o Estado do que outros gêneros literários. Existe também uma relação com o poder, uma fascinação pelo poder, o atrito com o poder, participar do poder, talvez também submeter-se ao poder para poder participar dele. E o que aconteceu no decorrer dos anos com meus textos partiu menos de mim, é antes um reflexo do esvaziamento do poder. Finalmente havia aí somente um vácuo e os textos reagiram a este vácuo. É então a procura de um poder com o qual ainda podemos entrar em atrito. Além de Brecht não havia praticamente autores na RDA que tivessem importância para mim.

Um rival um pouco mais sério era Hacks. Peter Hacks veio para a RDA somente por causa de Brecht. Conheci-o apenas em 1957, creio que por intermédio de Kipphardt, Kipphardt conhecia Hacks, que tinha lido *O Achatador de Salários*. Manfred Bieler, eu conhecia bem devido ao trabalho na Associação dos Escritores. Era o melhor copo de Berlim, originalmente um amigo de Hermann Kant, com quem havia estudado. Bieler contou que havia estado muitas vezes com Bobrowski e que havia tentado falar sobre mim. Para Bobrowski eu era um racionalista e não pertencia à família.

Mais alguma coisa sobre o fascínio do poder.
Tive durante decênios um problema com uniformes, com polícia, era algo que vinha da infância, medo, e é preciso, de alguma forma, lidar com o medo. Isto era válido também para o contato com funcionários – não que sentisse medo, mas para mim eles eram sempre polícia, e este é um terreno em que precisamos mover-nos com cuidado. Desde a prisão do meu pai pelos nazistas – então de forma inconsciente – existia um sentimento de culpa, pois pensávamos sempre de forma diferente do que devia ser pensado. Eu era sempre diferente e sempre tinha algo a esconder.

Você conheceu Klaus Gysi já muito cedo?
Ele pertencia à Associação Cultural e era um exceção, uma pessoa divertida, inteligente. Quando mais tarde, como ministro da Cultura, recusava uma permissão de viagem porque a peça que eu queria ver era proibida na RDA, eu podia escrever-lhe e então a permissão às vezes vinha. Ele liquidava tudo com leveza. Antes que o nomeassem ministro da Cultura, não tinham outro, houve uma conversa com Stoph. Gysi disse: "Eu gosto de pular a cerca, não dá para ser ministro." Stoph garantiu-lhe expressamente que ele poderia continuar pulando a cerca. Enquanto foi ministro nunca leu, por princípio, nenhum manuscrito da RDA, somente romances policiais de Desch. Junto com o eventual palhaço do Comitê Central responsável pela música, costumava assistir aos filmes proibidos, por exemplo, *O Último Tango em Paris*. Naturalmente concluíram: não podemos exigir que a população veja isso. Ou em 1975, no caso da encenação "postergada" por quinze anos da *Repatriada* na Volksbühne, quando Gysi, então embaixador em Roma, disse: "Veja, Heiner, sempre falei que era muito cedo na época. Uma excelente peça." Nunca tive contato com ele profissionalmente, ele

nunca foi encarregado de convencer-me a fazer algo. Só tive contatos pessoais com Gysi quando ele já não tinha nenhum cargo.

O que você soube, na época, sobre as discussões internas no SED?
As discussões internas no SED só me interessavam na medida em que se referiam à arte ou à literatura. Existiu um debate famoso contra o formalismo, aberto por Jdanov. No quinto plenário do Comitê Central do SED em 1951, Brecht foi desmascarado como decadente, "desligado do povo", por causa da *Mãe*. Grotesco. A única defesa no debate partiu de Helene Weigel, ela citou Brecht, que tinha insistido que a *Mãe* tinha a estrutura das canções populares e era baseada na tradição dessas canções. Isso mostra que mesmo Brecht não podia defender-se abertamente.

Ruth Berghaus era coreógrafa no Berliner Ensemble e foi desenvolvido um programa para fábricas, também com a participação de grupos leigos – Berghaus tinha ensaiado para esse fim um balé no estilo Palucca. Ruth Berghaus foi influenciada por Palucca, que era rejeitada, pois decadente, formalista, distante do povo, como na época do nazismo, ao qual Palucca mal havia sobrevivido. Isso era válido também para a tradição da Bauhaus e similares. Brecht disse: "Senhora Berghaus, a senhora não é mais forte que a União Soviética", ele sempre se ateve a esta fórmula, não ser mais forte que a União Soviética. Brecht tentou mostrar por exemplo, de forma quase melancólica, que também havia aprendido de Stanislavski. De qualquer forma uma defesa proteladora. Ele tinha muito a perder.

Você prestou uma colaboração poética ativa aos Jogos Mundiais de 1951...
Eu estava como sempre sem dinheiro e tinha ouvido dos colegas escritores de Bad Saarow que era possível ganhar um bom dinheiro no Conselho Central da FDJ. Existia uma Comissão de Cultura dirigida por Kuba (Kurt Barthel), para preparar os Jogos Mundiais e existia uma comissão de Tradução que deveria preparar

para os jogos, com rapidez, um livro de canções, a comissão encomendava traduções de canções em quantidade. Quando cheguei, Horst Bienek e Harald Kootz, então um poeta muito reconhecido, já estavam trabalhando. Era de Kootz o primeiro hino em homenagem ao MAS (Maschinenausleih-Stationen*), publicado pelo Aufbau: "M das heißt mutiges Meistern des Morgen/ A das heiß Arbeit und Aufbau für alle/ S das heißt Sieg solidarischer Sichler" (M para corajoso domínio das manhãs/ A para trabalho e reconstrução para todos/ S para vitória dos solidários manejadores da foice). Um cínico de sucesso, germanista, muito inteligente, muito culto, Stefan George, servia-lhe de modelo. Horst Bienek foi influenciado por Apollinaire, Aragon e Éluard. Ele escrevia coisas malucas, com grandes metáforas, um surrealismo meio florido. Mas agora devíamos somente traduzir. Ao grupo juntaram-se ainda Martin Pohl e Franz Fühmann. Fühmann tinha sido justamente libertado como prisioneiro de guerra e suava de tanto entusiasmo em se reafirmar como um novo homem. Ele tinha sido revirado como nos processos políticos, de acordo com o esquema: desmontar e montar de novo... Eu cheguei um pouco tarde e só sobraram canções populares polonesas e hinos a Stalin. Hinos sobre Stalin existiam aos montes vindos de todas as partes do mundo, havia rascunhos de traduções, considerando a definição da métrica e a melodia. E 300 a 350 marcos por hino. Produzi hinos em série. Era relativamente fácil porque o conteúdo era quase sempre o mesmo: "Rosa das Manhãs" ou "Lírios de Raio", de acordo com a população, a raça ou a região. Existiam também alguns hinos a Mao Tse-Tung. Fiz ainda canções populares polonesas, era preciso trabalhar rapidamente, Fühmann fez o resto. Traduzi algumas canções junto com Kuba. Tínhamos também um consumo razoável de bebida. Depois de uma briga sobre um poema seu, Kuba concluiu de pronto que eu era decadente. Kuba escrevia sem parar, sentado de forma curio-

---

* MAS: Departamento de Empréstimo de Equipamentos.

samente dobrada, principalmente à noite no Comitê Central. Ele tinha escrito uma canção para dançar: "Dance sempre, dance sempre, dance Maria." Havia um refrão: "Quero parir uma criancinha, parir, parir." Kuba leu a canção para nós e eu arrisquei uma observação no sentido de que o refrão soava muito a coisa do campo. Ele respondeu aos gritos: "Você é decadente, você é perverso, você é arrogante." Esse ataque não resultou no fim de nossa eventual colaboração, mas depois disso ele me mandava comprar "atravessados", isto é, cigarros do mercado negro, com seu motorista e o carro oficial. O motorista era um rapaz esperto, conhecia todos os locais noturnos, o submundo de Berlim. Saíamos às sete da noite, com muito dinheiro, e percorríamos os locais. "Você é mesmo decadente, meu rapaz, eu empresto meu motorista e você vai comprar cigarros no mercado negro." Kuba precisava de cigarros para escrever, e não gostava dos cigarros da RDA. Assim conheci muito da vida noturna de Berlim. Uma prostituta estrábica se apaixonou por mim, quase uma tragédia. Fiquei conhecendo também a mulher de Kuba, ela nos acompanhava de vez em quando porque o motorista dormia com ela. Kuba sabia disso. Lembro-me de Führmann porque ele tinha o entusiasmo de um convertido. Escrevia muito bem, uma figura totalmente angustiada.

E assim concluímos o caderno. Devem existir ainda exemplares dele.

O Comitê Central havia organizado um concurso de contos para os Jogos, sem determinar um tema. Ninguém tinha concorrido, ou só tinham aparecido porcarias, e o assunto passou a ser uma questão de prestígio. Os contos tinham de aparecer e assim fecharam Bienek, Kootz, Pohl e a mim uma noite num quarto com a incumbência de escrever cada um um conto. Pohl recebeu o prêmio por um conto sobre um membro da FDJ assassinado em Colônia e cujo sangue tinha escorrido da catedral para a rua. O conto era bem escrito. O membro da FDJ podia ser um missionário no Quênia, que não faria diferença. Era indiferente para Pohl. Mais tarde ele se tornou aluno de Brecht. Meu conto foi "A Lenda do grande vendedor de Caixões", que só recebi de volta agora, proveniente do espólio de Weinstock. Não é porém a versão original, essa foi extraviada.[24] Dieter Noll fazia parte do júri, e por causa desse conto ele me classificou como grande inimigo da classe operária, ele achava que isso era Kafka, uma imitação, decadente, formalista. Fora isso não recordo mais nada sobre esses jogos. Só que eu estava apaixonado por uma garota, uma beldade de cabelos negros. Ela era a secretária de Honecker e isto me havia escapado. Persegui-a até o internato onde ela morava, seis garotas num quarto, deitei-me imediatamente na cama com ela e ela me pôs para fora. Em seguida veio o zelador. Muitos anos depois encontrei-a novamente, quando procurei Honecker por causa da expulsão de Ginka Tcholakova. Ela estava na ante-sala, ainda era bonita.

Nessa época você já estava saindo do partido. Como foi isso?

Naquela época eu morava em Hohen-Neundorf com o Wilm Weinstock. Eu tinha conhecido Weinstock no Comitê Central da FDJ. Tinha sido amigo de Kuba até que aconteceu uma briga enorme entre os dois. Só ouvimos uma gritaria e depois correu o boato que Weinstock havia pendurado Kuba pelos braços, da janela do sexto andar, e que segurou Kuba até ele se calar, o que de fato aconteceu. Weinstock nunca andava com carteira de identidade. Na RDA, uma façanha, e ele passava por todos os porteiros, no trem havia controles constantes, em todos os trechos entre Berlim e o interior, ele não tinha carteira de identidade mas conseguia passar por todos os controles. Ele também nunca pagou aluguel. Recebi em sua casa uma carta de Frankenberg procurando-me para a troca de documentos. O ritual de costume. Viajei para Frankenberg e lá estavam pequenos funcionários que não tinham perguntas especiais a fazer. Não me lembro, de qualquer modo. Deixei com eles minha caderneta do partido antiga, mas eu não tinha fotos para uma carteira nova. Eu devia mandar as fotos. Depois morei por algum tempo na casa de um ator em Köpenick, enquanto ele fazia uma tournée com a esposa. Sobrevivi por duas semanas com mondamin, o único conteúdo do refrigerador, eu também não tinha dinheiro para as fotos. Depois esqueci as fotos e, no fundo, achei isso bom. Não me apresentei mais. Eu não tinha endereço certo e assim cancelaram minha condição de membro por não poder ser localizado. Mais tarde, em 1954, Inge procurou informações junto a um órgão do partido sobre minha situação. Inge era bastante fiel ao partido. Informaram que eu tinha sido eliminado por falta de fidelidade ao partido. Fiquei feliz em estar livre. Em situações de conflito sempre era melhor não pertencer ao partido.

Naquela época havia discussões muito duras nos estudos germânicos na RDA. O que você tem a dizer sobre isso?
Uma pessoa importante para mim foi Heinz Nahke, um germanista da escola de Gerhard Scholz, esse também um homem importante, totalmente desconhecido no Ocidente, um dos melhores germanistas, não só da RDA. Ele foi o primeiro dirigente do Arquivo Goethe-Schiller de Weimar no pós-guerra. Naquela época, nos anos cinqüenta, começava – um reflexo do desenvolvimento na União Soviética – a luta entre a germanística tradicional e a tentativa marxista de modificar a germanística. Os marxistas foram os perdedores. Scholz relatou certa vez uma discussão com Brecht na Suécia, sobre a política depois de Hitler, depois da guerra. Brecht era contra a política da Frente Popular, pensava em criar exemplos radicais: celas revolucionárias no vale do Ruhr, na Silésia, recorrer ao terror, e construir novas estruturas a partir daí. Essa discussão aconteceu muito cedo, fim dos anos trinta, mas era característica das diferentes posições na luta antifascista e também para a atitude de Brecht, que por sua vez, influenciou Scholz. E assim, como já nessa época, o conceito da Frente Popular na RDA, no âmbito da cultura, incluía naturalmente a aliança com o pessoal burguês, tradicional, conservador, das universidades. Não era permitido criticá-los. Os estudantes marxistas que não seguiam essa regra ti-

nham dificuldades. Por esse motivo também a carreira de Nahke foi interrompida, ele era aluno de Scholz e tinha criticado Korff, um monumento da germanística. Da escola de Scholz vieram bons trabalhos sobre a época do "Sturm und Drang", com ênfase sobre esta época e não sobre Weimar. Livros como os de Thalheim e de Braemer, tudo que era bom e importante na germanística da RDA. Os burgueses gozavam de reconhecimento, eles não precisavam mudar, o que faziam era museu, e esta era a política oficial de cultura. Nos anos setenta foram substituídos por cientistas do partido que continuaram com a mesma germanística conservadora. O marxismo foi desagregado gradativamente pelo Estado, pelo partido, o discurso revolucionário foi sufocado pelo discurso estatal. Os marxistas eram perigosos. O subversivo em Brecht era seu marxismo. Os presos políticos não podiam ler Marx. Esse processo na RDA foi um reflexo do processo na União Soviética, Stanislavski contra Mayerhold ou Maiakóvski, a esquerda foi destruída e com ela a vanguarda. Em 1948 quando Brecht veio da Suíça para a Zona de Ocupação Soviética, ele teve uma discussão com estudantes em Leipzig. Brecht tinha proibido de forma expressa a presença de jornalistas, Hans Mayer já estava lá, também Bloch. Leipzig era uma fortaleza. Durante a discussão perguntaram a Brecht qual era seu programa, o que ele pretendia na Zona de Ocupação Soviética e ele respondeu: "O que este país precisa são vinte anos de demolição ideológica" e ele, Brecht, necessitava ou queria "um teatro para a criação científica de escândalos", somente com escândalos pode-se demolir ideologias. Isso era claramente contra a política stalinista. Stalin pretendia a neutralização da Alemanha, pensava na Frente Popular, Frente Nacional, todas as camadas deviam aliar-se, no fundo uma comunidade popular. Ulbricht* foi o primeiro a formular esta idéia, denominava-se comunidade humana socialista, não mais luta de classes, não existiam mais classes, e isto até as últimas ramificações da política cultural, daí o cerceamento a Eisler e Dessau, o combate à vanguarda,

---

* Walter Ulbricht (1893-1973), a partir de 1950 secretário-geral do SED, a partir de 1960 presidente da RDA.

ao moderno. Só a tradição, a ética burguesa, o conceito burguês de arte eram tolerados.

Com Heinz Nahke você teve contato mais tarde na Associação dos Escritores...
Heinz Nahke criou mais tarde, na Associação dos Escritores, o assim chamado Departamento Científico, uma tentativa de intervir de outra forma na política cultural. Cada colaborador era responsável por um determinado gênero, eu pelo drama; esse conceito de gênero era ainda algo de sagrado para Scholz.

Em questões de detalhe Scholz também polemizava com Brecht, por exemplo contra a reescritura de Hofmeister, que de qualquer modo tinha sido condenada oficialmente, porém de forma totalmente desqualificada. As objeções de Scholz partiam de outro ângulo. Seu argumento contra o trabalho sobre Hofmeister é que Brecht havia eliminado em Lenz os elementos plebeus progressistas, contidos na figura do mestre-de-escola Venceslau, uma figura dona de um potencial iluminista, reflexo da Revolução Francesa; Brecht, como grande simplificador, teria simplesmente cortado isso e enfatizado, ao invés, a representação da lamentável situação alemã, o problema da vassalagem, a castração de Hofmeister. As diferenciações, as nuances, eram eliminadas. As reescrituras de Brecht foram sempre muito marcadas por problemas políticos do momento, *Coriolano* também é um exemplo. Foi uma tentativa de trazer ao palco o problema de Stalin, ainda que associada a uma redução de Shakespeare.

O que sucedeu a Scholz?
Scholz lecionou mais tarde na Universidade Humboldt como uma espécie de elemento exótico. Seus seminários eram famosos e caóticos, ele não conseguia terminar as frases porque na primeira sentença principal já formulava a quarta sentença subordinada. Era muito interessante esta ânsia de associação. Eu mesmo assisti a um seminário

dele sobre a "Ode à Alegria" de Schiller onde, com um imenso esforço, usando fontes e citações que iam da Idade Média até não sei onde, ele demonstrava que essa ode era um panfleto ateísta. Esse procedimento estava naturalmente em desacordo com o entendimento tradicional. Diversas posições misturavam-se, mas a tradição burguesa continuou intocável, era a posição oficial, a posição do partido. Mesmo Hans Mayer não conseguiu opor-se, era um formulador melhor que Scholz, elegante, escrevia melhor nos cadernos literários, era menos diferenciado que Scholz. Mayer era importante para Brecht como defensor de suas posições e era sempre convidado quando se tratava de uma encenação, de alguma batalha. Houve por exemplo uma polêmica interna muito forte contra *O Círculo de Giz Caucasiano*. Kurella compareceu à encenação, contou Nahke, e estava sentado ao seu lado. Kurella disse: "Isso pretende ser arte? Essa é a posição dos racistas sul-africanos: 'As máquinas devem ser entregues àqueles que sabem lidar com elas, os vales àqueles que sabem cuidar deles para que tragam fruto. Não aos negros, que não sabem usar as máquinas'." É grotesco mas atrás disso está o medo da emancipação. No *Neues Deutschland* nunca apareceu uma crítica sobre o *Círculo de Giz*, somente em *Theater der Zeit* e em outros jornais. A polêmica mais forte vinha sempre de Erpenbeck, eram os emigrantes de Moscou, o conceito regredia até *Das Wort* (*A Palavra*), à guerra de Lukács contra o expressionismo, contra Brecht, contra a modernidade. Em Bloch esse conflito transformou-se diretamente em política. A oposição que então foi desmantelada foi a oposição de esquerda. Pertenciam a ela Zwerenz, Loest, Ralf Schröder e outros que tinham ido para o Ocidente, alguns para a prisão. Um outro conflito típico nesse contexto foi a dicussão interna sobre os uniformes da NVA*, que se assemelhavam, no seu corte, aos uniformes nazistas da *Wehrmacht*. Brecht e também alguns outros escreveram cartas de protesto a Stoph. Responderam que era preciso conquistar todas as

---

* NVA: "Nationale Volksarmee", Exército Popular Nacional (da RDA).

camadas sociais, especialmente as burguesas, e por isso era necessário dar ênfase aos aspectos nacionais. Existia a ilusão de que seria possível conquistar as camadas burguesas, até mesmo os antigos nazistas, e para isso foi também fundado o NDPD*. No entanto isso era improvável já de início. O fracasso se deu no âmbito econômico. O consenso da maioria era o anticomunismo. O Departamento Científico da Associação dos Escritores foi inventado por Nahke e por Claudius, este convenceu Nahke a criar esse departamento. Como jovem, Eduard Claudius tinha tido relações com a Liga dos Escritores Proletários Revolucionários e participado da guerra civil espanhola; sobre essa participação escreveu um livro, *Grüne Oliven und Nackte Berge* (*Azeitonas Verdes e Montanhas Nuas*). Mais tarde escreveu o romance sobre Garbe *Menschen an Unserer Seite* (*Homens do Nosso Lado*). Claudius tinha uma posição bem à "esquerda", se é que isso existia e, nunca foi, sob esse aspecto, um escritor oficial. Nahke tinha pois criado e imposto essa estrutura, o Departamento Científico, e nós organizávamos eventos e criávamos seções. Na seção de Dramaturgia realizavam-se discussões sobre Brecht, convidávamos membros do Berliner Ensemble. Estávamos agindo na beira do permitido, e realmente depois de um, dois anos o departamento foi dissolvido.

Depois Nahke criou a revista da FDJ *Junge Kunst* (*Arte Jovem*) uma tentativa de continuar com a tradição de esquerda, também com a tradição plebéia, proletária, uma tentativa de criar um órgão de combate aos órgãos oficiais. A *NDL* por exemplo tinha uma linha tipo Frente Popular, um conceito geral de literatura, sem falar de política, a política era discutida apenas como ideologia, nada de prático. *Sinn und Form* (*Sentido e Forma*) era a publicação nobre, muito boa no início, mas orientada de forma totalmente elitista. Não existia um órgão, uma plataforma para escritores jo-

---

* NDPD: "National-Demokratische Partei Deutschlands", Partido Nacional-Democrata da Alemanha (RDA).

vens, daí o título escolhido por Nahke. No primeiro ou segundo caderno publicamos por exemplo os *Katzgraben Notate* de Brecht, um texto muito importante na época, o primeiro texto concreto sobre trabalho com material atual em teatro, por muitos anos o único. Também essa iniciativa foi sempre mais atacada e se extingüiu.

Mais tarde Nahke foi para a *Forum* como redator-chefe adjunto. A *Forum* era a única entre as revistas semanais onde no fim dos anos cinqüenta havia debates abertos. Foi publicada por exemplo uma entrevista com o físico nuclear Thiessen que havia colaborado com a bomba soviética. Ele já tinha trabalhado na bomba com os nazistas. Os russos simplesmente levaram alguns físicos para Dubna, perto de Moscou. Eles trabalharam na bomba soviética, Ardenne fez parte do grupo, da mesma forma que Wernher von Braun e outros trabalharam para os americanos. Essas entrevistas no fundo eram coisas muito subversivas. Thiessen dizia que todas as organizações e aparelhos têm a tendência de conservar suas estruturas, isto é, repelem tudo que é criativo. A criatividade aparece no início como algo confuso, porque não pode ser incluída nas categorias existentes e nem ser compreendida dentro dessas categorias. A criatividade foge ao controle, e por isso estruturas e instituições tendem a repelir e liquidar a criatividade, e justamente por esse motivo, assim a posição de Thiessen, deve dar-se atenção especial aos malucos. O objetivo era a formação, uma tentativa de abrir as universidades, escolas superiores, pois em todas essas instituições vigorava este princípio negativo de seleção que apontava os melhores, porque não havia como enquadrá-los, eles não podiam ser controlados. Eram temas importantes na época. Havia sempre discussões e telefonemas irados, mas pudemos continuar por um tempo. Um colaborador constante foi Rudolf Bahro, que conheci por meio de Nahke, Bahro já escrevia na *Junge Kunst*. Um episódio característico para a época é que mais tarde escrevi na *Forum*, a pedido de Nahke, uma crítica sobre o Ministério da Formação Popular, citando nominalmente o ministro. É verdade que o ministro já estava na berlinda, mas eu não sabia. Nahke talvez soubesse, mas de qualquer modo foi a primeira vez na história da RDA que um ministro foi criticado e mencionado nominalmente num órgão oficial. De repente isto foi possível. Depois Ulbricht impôs, contra a vontade da maioria no Politburo, o assim chamado Comunicado da Juventude, uma espécie de revolução cultural na RDA, algo que provavelmente não foi notado no Ocidente. Na discussão no Politburo isso foi considerado como um "golpe de Estado interno" por parte de Ulbricht. O objetivo era criar novos quadros, lutar contra o envelhecimento do partido e dos aparelhos. Ulbricht conseguiu se impor, mas o projeto fracassou novamente porque tinha liberado forças que fugiram do controle. E depois veio o contra-golpe, também de Ulbricht, por exemplo contra Henselmann, o presidente da Academia de Arquitetura. Numa entrevista perguntaram a Henselmann o que seria importante para a formação dos estudantes de arquitetura e ele disse: "O mais importante é o contato, desde logo, com as pessoas que constróem as coisas e com as pessoas que nelas vão morar." Os estudantes deviam ir até os canteiros e falar com os operários. Depois disso ele foi chamado ao Comitê Central e Ulbricht deu-lhe uma chacoalhada, o que ele estava pensando, estudantes devem estudar e operários devem trabalhar. Foi a reação a esse movimento de tentar sair da linha, e a estratégia ficou sendo: nada de contato entre intelectuais e trabalhadores, as camadas sociais ou classes devem ser separadas.

Mais tarde todas essas pequenas tentativas de subversão foram suprimidas. A Hungria em 1956 já foi o fim. Nada disso poder ser superestimado. Bahro era então, é claro, um camisa azul da FDJ, mas apesar disso existiam dissidências, resultado de uma idéia ilusória a respeito da situação real. Algumas vezes mesmo os dogmáticos do partido sabiam melhor qual era a situação real. A grande qualidade de Ulbricht foi nunca ter agido de forma popular ou querer parecer um populista. Ele estava ciente de governar um país de inimigos, Honecker já não tinha consciência disso. Alguns desses impulsos críticos penetraram mais tarde a cultura. A grande época de Biermann, por exemplo, foram os anos sessenta, ele foi inicialmente assistente no Berliner Ensemble, conheci-o muito bem, freqüentava nossa casa e sempre escrevia relatos muito bonitos sobre as encenações. Os anos sessenta foram sua melhor época. O BAT* foi uma criação de Biermann, mesmo não sendo somente dele. Em 1961 foi encenada uma peça de Biermann, *Berliner Brautgang* (*Namoro Berlinense*), uma peça positiva sobre a construção do muro, sobre a salvação de uma jovem ameaçada pelo lodo capitalista, a construção do muro salva a jovem do lodo. Manfred Krug escreveu um roteiro para um filme usando a mesma história, mas Biermann foi mais poético. A peça foi proibida. Até mesmo o apoio à construção do muro, quando formulada de forma inteligente, era tabu.

---

* BAT: "Berliner Arbeitertheater", Teatro dos Trabalhadores de Berlim.

O 17 de Junho de 1953

Vivi o 17 de Junho apenas como observador. Sei que tudo aconteceu de forma muito surpreendente. Na ocasião eu morava em Pankow e tinha ouvido no rádio: greve, Avenida Stalin, passeatas. Eu queria ver o que estava acontecendo, fui até o bonde, o bonde não estava funcionando, fui até o metrô, o metrô também não estava funcionando. Stephan Hermlin estava saindo da estação de metrô, fumando seu cachimbo. Foi o único conhecido importante que vi na rua. (Devo ter visto um fantasma. Hermlin disse que na época estava em Budapeste). Fui a pé até o centro, até a Leipzigerstraße, diante do prédio do ministério havia um grupo de pessoas, funcionários, um eu conhecia. Percebi que as pessoas estavam agradavelmente excitadas. Andei então em direção à Alexanderplatz, ali o ambiente já era turbulento, quiosques queimando, via-se o que Brecht descreveu tão bem: formavam-se aglomerados de pessoas e deles se destacavam oradores. Um processo quase biológico. Para Brecht eram rostos de justiceiros, rostos magros, fanáticos, "gritos de Barbicha* fora! Russos fora!". Depois vieram os jovens de Berlim Ocidental, meias listradas, blusões, era a moda jovem de então, grandes grupos de bicicleta, intrometendo-se nos acontecimentos. Eu estava ali na Alexanderplatz, ouvindo um dos oradores que lutava pela liberdade e de repente um senhor mais velho parou ao meu

---

* Walter Ulbricht era conhecido por sua barbicha.

lado e disse: "Um louco, não?" Parecia simpático. "Venha comigo", disse. Parecia que ele queria ridicularizar o orador, procurava um aliado. Fui com ele até a multidão e depois procurei outro caminho. A conseqüência foi que algumas semanas depois recebi em casa, em Pankow, a visita de um agente da segurança. Mostrou sua identificação e perguntou pelo engenheiro que morava no andar de cima. Perguntei porquê, eu não conhecia o sujeito. E ele: "Mas você esteve na Alex no dia 17 de junho." Achei essa associação demais. O homem foi embora e nada mais aconteceu.

Depois fui até a Potsdamerplatz. Esse foi o principal campo de batalha. Aí apareceram também os tanques, muita coisa também queimava, a Columbia-Haus. Quando se está no meio dos acontecimentos, só se vê segmentos. Foi simplesmente interessante, um espetáculo. Eu nunca tinha visto algo assim. Como uma multidão reage diante de tanques, como ela se espalha depois. O 17 de Junho foi para mim uma surpresa. Algumas associações chamaram a minha atenção. Antes existia algo como um Novo Curso, também na *Sonntag*, todo o aparelho de propaganda era questionado. Meu artigo crítico sobre os programas de rádio na RDA, que escrevi a pedido da redação, já não foi impresso. O vento tinha virado novamente. Quando os tanques apareceram notou-se claramente que os russos hesitavam, em realidade eles não queriam nada com isso, estavam simplesmente ali, e se aconteceu algo, foi um acidente. Tenho absoluta certeza disso, os russos não tinham ordens determinadas, Ulbricht tinha proibido a polícia da RDA de atirar, e os russos também não agiram com prazer. Não se pode falar de brutalidade. Houve apenas uma tentativa de apaziguar, o terror só veio depois, as prisões, os processos, mas o acontecimento em si teve antes um aspecto clínico. É possível que tenha sido diferente no interior. Eu mesmo não tinha esperanças, tampouco esperanças perdidas, fui um simples observador, nada mais. Em relação a Ulbricht por exemplo, eu não tinha idéias nem positivas nem negativas. Para nós todos Ulbicht era uma figura esquisita. Era odiado por muitos.

Pessoas que o conheciam melhor temiam-no. O estranho no 17 de Junho foi que a supressão do levante ocorreu tão sem atritos. Foi também porque o 17 de Junho aconteceu durante as férias semestrais, os estudantes não podiam participar, não estavam lá. Esse foi um ponto importante, creio. Em Berlim o ponto de partida foi a Avenida Stalin, os operários da construção. Existe um bom estudo sobre o assunto. Antes da guerra o sindicato dos operários da construção era o que abrigava o maior número de comunistas, e portanto, depois da guerra, era o sindicato com as maiores baixas em seus quadros. No pós-guerra ninguém era tão necessário como operários de construção, os russos enviaram tudo que havia sido nazista para a construção – exceção feita àqueles que segundo as categorias deles eram criminosos de guerra – oficiais, chefes-de-escola, professores, empregados, funcionários. Todos viraram operários da construção, isto é, recebiam a melhor alimentação, pagamento adicional por serviço pesado, seus filhos eram filhos de operários e portanto privilegiados no acesso aos estudos.

Antes do 17 de Junho aconteceu algo estranho. A greve dos "Hucker". "Hucker" eram aqueles que carregavam os tijolos andaimes acima. Isso foi depois mecanizado, os "Hucker" tiveram perda salarial, entraram em greve, e em conseqüência as novas exigências de produtividade foram retiradas ainda antes do 17 de Junho. O levante veio depois da retirada dessas exigências. Com certeza houve intromissão do Ocidente, não de forma tão decisiva como Stefan Heym relata em seu livro, mas certamente houve alguma coisa. Heym conhecia a CIA.

A descrição que Hermlin faz de Ulbricht é muito boa. Hermlin era ligado à DEFA, onde de início tudo era muito liberal. Primeiro estavam por lá os russos, os oficiais responsáveis pela cultura, depois semi-intelectuais do partido. Hermlin compareceu uma vez a uma reunião da DEFA e lá estava um indivíduo de barbicha, que Hermlin não conhecia e que de repente começou a falar; o ambiente ficou gelado. Hermlin descreve muito bem a intervenção de Ulbricht. Ulbricht era frio como o gelo. Muito boa é também a descrição de Gadamer. Numa entrevista com Gadamer, conduzida por Sebastian Kleinschmidt em *Sinn und Form*, Gadamer descreve Ulbricht, que ele conhecia, como um covarde. O fato de ser um covarde tornava Ulbricht adequado para a ditadura. Ele tinha conhecido o medo em Moscou. Stalin não gostava dele. Ulbricht sabia que não era estimado. Se necessário, ele também beijava crianças. Uma figura sinistra. Era o correspondente oriental de Adenauer.

Sua idéia de tornar a RDA autônoma era cretina, mas foi sua melhor idéia. Verbalmente era inteiramente devotado aos soviéticos, mentiroso como todo político bem-sucedido. Em Ahrenshoop encontrei Jan Koplowitz, um escritor da RDA, e ele contou que havia encontrado Ulbricht e que este havia perguntado: "Então camarada Koplowitz, o que você anda escrevendo?" Koplowitz ainda havia participado da Liga dos Escritores Proletários Revolucionários e respondeu: "Quero escrever um livro sobre o 17 de Junho." Ulbricht explicou-lhe então como deveria escrever o livro: "Olha, presta atenção, isso você precisa escrever assim. Havia aí um funcionário que fez besteira, e teve de voltar à produção, à base. E agora ele tem mãozinhas macias, o poder deixa as mãos macias, ele não pode trabalhar e agora ele atiça o povo." Portanto, uma explicação para o 17 de Junho da perspectiva de um funcionário que foi despedido, é degradado, não tem mais condições para o trabalho físico e agora atiça os outros a sublevar-se, para não precisar trabalhar. A história verdadeira é que Ulbricht, Honecker e um terceiro foram chamados a Moscou, e ali confrontados com a tese de Beria de desistir da RDA. Portanto eleições livres e fim da experiência. Eles concordaram, foram obrigados a concordar, voltaram para Berlim e aí aconteceu o 17 de Junho. O 17 de Junho ajudou-os, permitiu sua sobrevivência. Mas houve outro problema, Ulbricht pediu a intervenção dos russos, que não queriam intervir. Os russos disseram: "Esse problema é vosso." Ulbricht só conseguiu a intervenção russa através de Moscou. Foi, penso eu, o momento crítico na história da RDA, o 17 de Junho foi a última oportunidade para uma nova política, para uma outra história da RDA, uma oportunidade perdida por medo da população e também por medo do todo poderoso adversário ocidental. Mas é possível que também isso seja uma ilusão.

Você se lembra da morte de Stalin?
    A morte de Stalin não teve um maior significado para mim. Em 1952/53 eu não tinha consciência de toda a dimensão do stalinismo. Teoricamente eu deveria conhecer o problema pois tinha lido grande parte da literatura pertinente, de Koestler até o livro de Albrecht sobre os Gulags. Mas naturalmente suprime-se isto ou não se apreende em toda sua dimensão ou não se guarda na memória. Como justificativa ou ajuda para suprimir o problema havia a guerra fria, o esmagamento do Terceiro Mundo, posto em marcha pela Revolução de Outubro, por parte do Primeiro Mundo capitalista.

O *Achatador de Salários*

Sua primeira moradia fixa foi com Inge, sua segunda mulher...
Sim, ela morava num conjunto que tinha sido construído para oficiais da SS do campo de concentração de Sachsenhausen; depois da guerra moravam ali funcionários. Eram casas muito sólidas, de tijolo refratário, muito confortáveis, construídas por prisioneiros. Antes de nosso casamento Inge foi casada com o diretor econômico do palácio de Friedrichstadt, que antes disso fora diretor do circo Busch. No conjunto moravam o procurador-geral do Estado, a viúva de Friedrich Wolf e muitos outros.

Como você conheceu Inge?
Conheci Inge no grupo de trabalho dos jovens autores, na Associação dos Escritores. Líamos nossos textos uns para os outros e depois discutíamos. Nossas relações começaram quando fomos a um bar na Zetkinstraße, ela vestia uma blusa verde, listrada, o último botão dessa bela e cara blusa estava aberto, ela falou de sua casa, e eu soube que ela pertencia aos "dez mil de cima", e lembro-me do momento em que minha cobiça proletária em relação às camadas superiores foi despertada. A casa de Inge foi minha primeira moradia fixa. Seu marido morava conosco, mas em outro andar. Mesmo assim foi traumático. No começo, como funcionário, tentou ex-

pulsar-me da casa com o auxílio da Stasi. Não conseguiu. Foram lutas e tanto, em surdina.

O que Inge fazia quando você a conheceu?
Inge escrevia livros infantis – um livro infantil já tinha sido publicado – escrevia também rimas, versos para crianças, programas para crianças, peças ou às vezes um programa para o palácio de Friedrichstadt. Cometi o grande erro de dar minha opinião sobre seu trabalho. Eu era jovem e arrogante. Inge começou então sua grande luta para provar-me que também podia escrever de outro modo. Só raramente ela me mostrava alguma coisa. Fomos juntos ao grande canteiro de obras da "Schwarze Pumpe"*, foram quatorze dias, três semanas, coletando material para uma peça radiofônica, *Die Korrektur*[26] (*A Correção*). Foi uma encomenda para a rádio. Inge fotografou, falamos com muita gente, Inge sabia falar com as pessoas. Preparamos uma grande quantidade de material. Escrevi então a peça e como ela tinha participado dos preparativos, bem mais do que eu, eu não precisava de muito material, coloquei seu nome como co-autora. Hacks me disse então que isso tinha sido um erro grave, e ele estava certo, eu não devia ter feito isso, não correspondia aos fatos. E por outro lado: o que é um autor? Assim nossa relação sofreu uma ruptura. Também no *Achatador* citei o nome de Inge como co-autora. Ela havia trabalhado na empresa Siemens-Plania, onde se passava a peça, ainda no tempo da administração russa, trabalhos de remoção, e havia trabalhado provavelmente mais do que eu na peça. Eu nunca vi o local, também não senti necessidade. O ambiente não me interessava.

Deixando de lado esses assuntos, como era a vida de vocês então?
Em Lehnitz havia muito lugar, recebíamos muitas visitas. Djacenko tinha uma casa no lago, também um barco, íamos muito

---

* "Schwarze Pumpe" (Bomba Negra), complexo industrial e de mineração de carvão na Saxônia.

lá. Conheci Djacenko como autor quando resenhei um volume de novelas para a *NDL*.[27]

Nessa época você encontrou também Peter Hacks...
    Inge e eu estivemos muitas vezes com Hacks e ele conosco. Hacks já era então um dramaturgo bem estabelecido. Tinha traduzido para o Berliner Ensemble, junto com sua mulher, *Playboy of the Western World*, de Synge. Brecht tinha-lhe dado vez por outra alguns sábios conselhos. Um ele seguiu com sua peça *Der Müller von Sanssouci* (*O Moleiro de Sanssouci*). A idéia foi de Brecht. Mais tarde eu mesmo fiz uso dela.[28] Hacks sentia-se como uma espécie de *Praeceptor Germaniae*. Ele tinha lido *O Achatador* e achava que era uma grande peça. Era no entanto, como dizia, apenas um pouco positivista. Eu não sabia o que é positivista e procurei no dicionário de estrangeirismos. Depois acrescentei à peça três cenas muito ruins. Mais tarde risquei-as novamente. Hacks falava e pensava com categorias pré-formuladas provenientes da universidade. Eu nunca tive uma linguagem dessas, eu tinha que produzir minha própria terminologia. Disso resultaram equívocos desde o início, mas Hacks foi sempre muito correto. Por exemplo na discussão em torno da *Repatriada* na Associação dos Escritores em 1961, Hacks foi, ao lado de Hans Bunge, que no entanto não era membro da Associação, o único com uma posição solidária. Ele foi o único que não votou pela minha exclusão. Hacks foi também o único que falou algo de positivo sobre a peça na assembléia. Foi preciso mesmo segurá-lo para impedir que falasse ainda mais coisas positivas. Isto parou de repente quando não se dizia mais: "Müller, o mais conhecido depois de Hacks"... mas: "Müller, ao lado de Hacks...". Primeiro foi isso. Depois o nome de Hacks desapareceu por completo. Desde então existe inimizade. Mais nitidamente depois da minha reescritura de *Macbeth*. Foi aí que ele incentivou a polêmica de Harich na *Sinn und Form* – pelo menos é o que afirmou Harich.

Você escreveu O Achatador *em 1956, sua primeira peça importante, em colaboração com Inge.*

Escrevi a peça sozinho e somente na escrivaninha. Existia um material muito bom que Rülicke havia juntado para Brecht. Ela tinha gravado entrevistas com Hans Garbe, esse herói operário da RDA, o protótipo vivo do personagem principal, porque Brecht pretendia escrever sobre Garbe. O primeiro impulso foi uma história sobre Garbe lida no jornal, depois um livro medíocre, *Heróis do Trabalho*. Foram as primeiras fontes. Depois veio o livro de Claudius, *Menschen an Unserer Seite* (Homens do Nosso Lado), que, no entanto, não li. O ensejo real foi que numa reunião do partido o tema foi recomendado aos escritores. O fragmento de Brecht eu só conhecia de ouvir falar. Meus conhecimentos sobre o ambiente operário datavam dos primórdios da indústria na RDA, da época de Frankenberg, quando desenferrujei tornos. Eu não tinha dificuldades em descrever operários, eu conhecia a linguagem deles. Era o mundo em que cresci.

Se quisermos, uma encomenda do partido.

Até hoje não me desagrada receber incumbências. Dependi também muitos anos de trabalhos emcomendados. Também *Der Bau* (*A Construção*) foi uma encomenda, antes *Korrektur* (*A Correção*) e depois *Klettwitzer Bericht*[29] (*Relatório de Klettwitz*), ainda uma encomenda, uma obra terrível, devido às circunstâncias. Fui enviado para Klettwitz porque lá havia caído uma ponte rolante, uma grande catástrofe. A irradiação da peça *A Correção* havia sido proibida e eu precisava de dinheiro. O pessoal da rádio tinha simpatia por mim: "Você vai para Klettwitz e recebe mais uma prestação." Fui para Klettwitz com o dinheiro da primeira prestação no bolso e ouvi então histórias sinistras sobre relações escusas, sabotagem, Stasi, e tudo o mais. Não era mais possível escrever algo realista sobre o caso. Era sem esperança. Então fiz um hino, algo completamente abstrato. Foi o primeiro texto citado com elogios na revista partidária *Einheit* (*Unidade*), porque eu me achava a caminho do realismo socialista.

A estréia de O Achatador *foi em Leipzig em 1958.*

Não estive presente à estréia, só mais tarde no Teatro Maxim Gorki. Hans Mayer viu a encenação, como mencionou na carta de congratulações que me mandou por ocasião da minha exclusão da Associação dos Escritores. Ele escreveu que viu a peça naquela ocasião e que tinha falado sobre ela em uma palestra em Varsóvia. *O Achatador* foi para ele o primeiro exemplo de dialética aberta depois de Brecht, e indo além de Brecht. O pessoal do teatro em Berlim achava *O Achatador* curto demais para uma apresentação e queria encená-la junto com *A Correção*. Primeiro a encenação foi proibida. O problema era *A Correção*, *O Achatador* já havia sido digerido devido à encenação em Leipzig. Durante as férias teatrais reescrevi *A Correção*. A correção de *A Correção* é interessante apenas como documento. Escrevi a primeira versão de *A Correção* como peça radiofônica, com dinheiro da rádio. A transmissão foi proibida pelo Comitê do Rádio. Depois a gravação foi tocada para o pessoal do carvão na "Schwarze Pumpe." Foi um funcionário do Ministério da Construção, um homem muito simpático, que organizou isso. Foi tocada numa barraca para testar a opinião do pessoal da obra sobre a peça. A discussão que se seguiu resultou no protocolo depois publicada pelo Rotbuch.[30] Mais tarde houve uma discussão, em uma brigada, onde um operário perguntou: "É filme ou é vida?" E eu respondi: "Não é vida, é filme." Então ele disse: "Então quero dizer algo. Nós temos às vezes uma linguagem forte, mas isso aí não se deve trazer a público." Assim os burocratas tinham novamente um argumento. O ponto final foi "estilo duro". Isso também não era permitido.

E depois a encenação. O ensaio geral foi o fim. O partido tinha decretado a proibição. Eles compareciam sempre aos últimos ensaios, o mais tardar ao ensaio geral, e então decidiam se a peça podia ser ou não encenada. Na circusncrição do SED em Berlim havia um idiota fora do comum. O Teatro Maxim Gorki era um teatro municipal e por isso Berlim era responsável e não o Ministério da Cultura. Esse indivíduo já tinha dificuldades com a própria leitura, dizia ele: "Antes de sermos f..., bom vocês já sabem, vamos-nos prevenir." Ele não podia pronunciar a palavra "fodidos". Na *Correção* havia realmente frases medonhas, por exemplo que não existia segurança de trabalho na Wismut, que galerias estavam sendo inundadas. Não entendi isso. Eu fui totalmente ingênuo. E eu conhecia a situação. Conheci pessoas que trabalharam na Wismut. Não houve a encenação.

Formalmente como era o procedimento?
    Havia sempre duas possibilidades, "recomendação" ou "instrução", isto é, proibição. Quando havia recomendação de não-encenação, a responsabilidade era do superintendente do teatro. Para a maioria dos superintendentes a recomendação era suficiente. Besson por exemplo, da Volksbühne, nunca reagiu às recomendações. No caso de *A Batalha* (*Schlacht*), em 1975, *Camponeses* (*Bauern*), em 1978, havia a recomendação de não encenar as peças, e Besson assumiu a responsabilidade. Em 1973 com *Cimento* (*Zement*) no Berliner Ensemble foi a mesma coisa, mas Berghaus encenou a peça. Essa "recomendação" existia quase sempre. Na era Besson na Volksbühne a única "instrução" foi em relação a *Comédia de Mulheres* (*Weiberkomödie*), uma peça totalmente inofensiva.
    No teatro pediram-me de joelhos, o diretor, o superintendente, que reescrevesse *A Correção* e foi o que fiz. E depois foi feito um acordo, houve uma assim chamada encenação experimental, uma encenação fechada para funcionários e convidados. No intervalo encontrei Kipphardt, então dramaturgista-chefe do Deutsches Theater, ele se divertia, disse que tinha acabado de encontrar o camarada Drommer da Divisão Cultural e este teria dito: "Então, camarada Kipphardt, o que acha? Agora vamos fazer sempre assim." Depois da encenação houve uma discussão mais ampla com funcionários e convidados. Tínhamos cooptado Gerhart Eisler, tido como grande propagandista, para essa discussão – o dramaturgista-chefe era Wolfram. Antes tivemos um en-

contro com Eisler, almoçamos com ele, bebemos e Eisler tinha concordado que era preciso impor essa encenação. Depois veio a discussão. Eisler levantou-se e falou contra a encenação. Tinha novamente acontecido algo. A relação de Gerhart Eisler com Ulbricht era difícil. Ulbricht odiava Eisler. O pano de fundo era uma história de corrupção durante a República de Weimar que tinha envolvido Thälmann*. Thälmann tinha conseguido para um companheiro que havia saído da prisão o lugar de caixa na "Liga dos Combatentes Vermelhos", e este havia, seguindo um velho hábito, avançado no dinheiro, logo antes de uma eleição onde Thälmann era o principal candidato do KPD. Os intelectuais da direção do partido, principalmente Gerhart Eisler, tinham exigido tornar público o escândalo, pois isso revelaria a força do partido, mas Ulbricht foi naturalmente a favor da não-divulgação, do encobrimento do escândalo. Ulbricht procurou apoio em Moscou. Gerhart Eisler foi o mais forte, como os intelectuais em geral, e a história transpareceu. Esses os bastidores.

Nessa reunião quase todos os funcionários falaram contra a encenação: um retrato errado do mundo operário, distorção da realidade socialista, o de sempre. Era sempre a mesma ladainha, sem qualquer diferenciação. A única interrupção partiu de Hans Garbe, que entretempo eu conhecera nos ensaios. Quando compareceu às provas Garbe já estava desenraizado, tinha sido transformado em uma figura pública, ele mesmo descreveu muito bem o que sucedia quando lhe diziam: "Agora você precisa falar. Nós passamos para você o que você deve falar." Então ele ficava lá em cima, devia fazer um discurso, ele não sabia discursar, tornava-se cada vez mais estranho para si próprio, uma figura pública com a qual não podia identificar-se. Tinha cedido sua identidade ao Estado, tinha sido estatizado, nacionalizado. Por isso também não ficou perturbado quando atribuí a ele um passado nazista que ele não teve. Garbe gostava de contar uma história: Brecht foi para Buckow, onde queria escre-

---

* Ernst Thälmann (1896-1944), líder do KPD de 1925 a 1933, candidato à presidência, executado a mando de Hitler em 1944.

ver, levando uma máquina Remington; durante um controle, a polícia lhe confiscara a máquina porque Brecht não podia provar sua procedência. Brecht, desamparado e calculista, telefonou então para Garbe, o operário tão cheio de méritos. Devido a suas relações com os altos funcionários do governo, Garbe conseguiu que a máquina fosse devolvida a Brecht. Garbe tinha muito orgulho disso. Uma outra história: Garbe sofria de reumatismo, Brecht também e Brecht disse: "Tenho um ungüento para aplicar, vamos pedir a Rülicke para nos massagear." Brecht simplesmente tirou a roupa e deixou massagear-se pela Rülicke. Garbe disse com todo seu sotaque berlinense: "Eu também devia tirar a roupa, mas não pude". Garbe, então, levantou-se durante a discussão após o ensaio e disse: "Companheiros, devo dizer, foi muito pior." E passou a contar histórias terríveis. Como ele quase foi morto, não só pelos seus colegas de trabalho mas pelo próprio secretário do partido devido a sua atividade política, como o partido havia perturbado seu trabalho e muitas coisas mais, diante de tudo isso a peça era inofensiva. Os funcionários, constrangidos, ignoraram a interrupção.

Estava decidido: a peça não seria encenada. O diretor da encenação, Mäde, disse mais tarde que nunca me tinha visto tão pálido como durante esse debate. O problema provavelmente me tinha atingido mais profundamente do que mais tarde a campanha contra a *Repatriada*. Os intelectuais não tiveram nenhuma oportunidade. Kipphart nada disse, nem os outros. Os "tanques" tinham desfilado já no início, por exemplo a conselheira municipal para Cultura, uma valquíria. A encenação foi proibida pela direção da circunscrição. Depois o Comitê Central suspendeu a proibição e a peça pôde ser encenada. E de repente a peça tornou-se uma grande obra do realismo socialista. Não sei que lutas de poder ocorreram nos bastidores. Que havia problemas, tornou-se evidente pela formulação usada pelo *Neues Deutschland*, lá estava escrito: "Será que *O Achatador/ Correção* são obras do realismo socialista? São sim senhor!" Aparentemente um grupo tinha vencido o outro. Tratava-se de lutas econômico-políticas que eu desconhecia. E essas lutas muitas vezes eram travadas no campo da cultura.

De repente a peça tornou-se até digna de prêmios...
A previsão era de que deveríamos receber o prêmio da FDGB*, isso era pelo menos 10.000 marcos a mais do que o prêmio Heinrich Mann. Mas não recebemos o prêmio pois logo em seguida Ulbricht abriu a luta contra o assim chamado "teatro didático-pedagógico", cujo nome já era um feito. Ulbricht devia ter assessores realmente ruins. A polêmica de Ulbricht contra o teatro didático-pedagógico dirigia-se novamente contra a sucessão de Brecht. Em oposição a uma representação plena, generosa, roliça do ser humano, esse teatro didático pedagógico seria seco, abstrato, distante dos trabalhadores, aquém da realidade, e assim por diante. Como exemplo positivo era contraposta por exemplo a peça de Pavel Kohout *Um Tal Amor*. *O Achatador/Correção* era teatro didático-pedagógico e por isso foi-lhe negado o prêmio da FDGB. Recebemos apenas o prêmio Heinrich Mann – um gesto da Academia de Artes contra esta posição – mas eram 10.000 marcos a menos.

Vamos falar mais uma vez sobre suas pesquisas para Correção *com Inge...*
Fiquei com Inge por duas ou três semanas no canteiro de obras da "Schwarze Pumpe". A rádio queria uma peça sobre produção. Inicialmente concebi também o *Achatador* como uma peça radiofônica, com entreatos onde os personagens falariam de si mesmos. Era a maneira mais rápida de ganhar dinheiro. Esse texto infelizmente foi extraviado; creio que era bastante bom. A rádio tomou conhecimento do texto. A rádio tinha que satisfazer um certo planejamento de temas e perguntou se eu poderia escrever algo, uma peça radiofônica, algo sobre a "Schwarze Pumpe", *Correção*

---
* FDGB: "Freier Deutscher Gewerkschaftsbund", organização oficial que reunia os sindicatos na RDA.

foi essa peça. A "Schwarze Pumpe" era então o maior empreendimento industrial da RDA. O objetivo era tornar a RDA auto-suficiente. No canteiro de obras circulava uma canção popular: "O polonês recebe o carvão, o checo a iluminação, o alemão fica na mão!" O pessoal já havia compreendido. A "Schwarze Pumpe" foi o primeiro projeto de prestígio de Ulbricht, o segundo seria o complexo siderúrgico "Eisenhütten Kombinat Ost". Ficamos no local por duas semanas. Encontramos lá um monte de aventureiros, garimpeiros, eles se denominavam garimpeiros. Criminosos, associais, um grupo selvagem, nômades que vagavam de um canteiro de obras para outro, também velhos nazistas que haviam levantado a obra do chão apenas por dinheiro, anarquistas, figuras como o Fondrak da *Repatriada*, personagens que aparecem em todas minhas peças. Não eram operários domesticados, e sim camponeses e pequenos burgueses desenraizados. Não só entrevistamos essas pessoas, mas moramos em seus alojamentos, comemos com eles, e bebemos com eles à noite, e nos canteiros também. Inge era habilidosa, conquistou a confiança deles, também era atraente, todos se reuniam em volta de nossa mesa, mulheres eram raras. Era uma isca que fazia com que falassem. Recordo-me de um episódio: um operário disse: "Você é um escritor, então, o que você escreve? Sobre a 'Schwarze Pumpe'? Se você quiser quebrar o pescoço, venha às oito e eu conto o que acontece por aqui." Ele não veio. Apesar disso os outros contaram muita coisa.

Isso já estava ligado ao assim chamado caminho de Bitterfeld?

A conferência de Bitterfeld foi mais tarde, em 1959. O programa de Bitterfeld, "Pegue a pena, companheiro", foi até bem sensato, mas acabou sendo uma paródia, domesticação em vez de emancipação das classes. Cabide de emprego para escritores sem sucesso. Os vôos mais altos da cu.tura deviam ter suas asas cortadas de forma a serem investidos. Visitei uma vez um círculo de trabalhadores escritores, era constituído de secretárias escritoras, contadores escritores e dois operários modelo. O círculo recebia instruções de uma poetisa mais idosa, que ensinava como escrever poemas sobre a natureza. Alguns escritores dignos de consideração saíram desse círculo, por exemplo Werner Bräuning. Bräuning escreveu um romance sobre a Wismut que não foi publicado porque descrevia a realidade.

Você se lembra da premiação em 1959?
Recebi o prêmio Heinrich Mann, junto com Inge, por *O Achatador* e por *Correção*. Lembro-me que Inge estava doente e que viajei sozinho. O meu primeiro problema é que eu não tinha nem terno nem paletó adequado e assim me apresentei de forma imprópria. Isso também já foi o problema pouco antes, na estréia de *Dez Dias que Abalaram o Mundo* na Volksbühne; os atores ficaram muito ofendidos com meu blusão impermeável, porque pensaram que se tratava de menosprezo ao seu trabalho. Mas eu não tinha outro casaco. Fazia parte do ritual de premiação ler algo. Li, portanto, alguma coisa – não lembro o quê. Os mais idosos já eram um pouco surdos e ficaram irritados por não entenderem nada. Saí depois num táxi, junto com Hans Henny Jahnn e Ludwig Renn. Naturalmente quem mais me interessava era Hans Henny Jahnn, que morava com Ludwig Renn em Pankow. Andei de táxi com os dois e atrevi-me a acender um cigarro, o que resultou numa preleção por parte dos dois sobre os males que o cigarro faz à saúde. E Ludwig Renn contou como havia deixado de fumar na guerra civil espanhola, durante a batalha de Teruel, em meio à chuva de balas.

O prêmio modificou a vossa situação?
A única mudança foi que devido ao prêmio tínhamos agora dinheiro para fazer uma viagem de férias à Bulgária, meu primeiro país estrangeiro.

Como prosseguiu seu trabalho depois do Achatador*?*
Depois da estréia do *Achatador* no Teatro Maxim Gorki recebi um contrato como dramaturgista. Nessa época recebi incumbências

do teatro, por exemplo fiz uma versão dos *Aristocratas* de Pogodin, uma peça sobre os primeiros campos de prisão na União Soviética, no canal do mar Ártico, que naturalmente não se denominavam assim. Foram os primeiros campos controlados pela Tcheka, onde milhares morreram. A peça de Pogodin descreve isso de forma mais para o cômico, a transformação de criminosos em alegres bolcheviques, assim mesmo a encenação foi proibida. A mim me interessou o tema, que aqui apareceu pela primeira vez, mas também os personagens, criminosos, prostitutas, cafetões. Fiz uma versão com um prólogo vergonhoso – visto da minha posição atual – mas que graças a Deus foi extraviado. Recordo de algumas linhas: "Vemos as musas no templo/ com sua permissão um exemplo/ Como a União Soviética trata criminosos com presteza/ No ano 23 na livre natureza..."

Existe uma foto sua e de Inge datada dessa época, onde vocês conversam com um camponês...
A história dessa foto é a história da minha única tentativa de escrever um roteiro para a DEFA, junto com Inge. Um dramaturgo teve a idéia de fazer um filme sobre uma LPG que funcionasse especialmente mal. E achou uma. Fomos até lá e ficamos conhecendo um camponês que nos contou a história de sua entrada nessa LPG. Ele tinha sido comunista ou social-democrata antes de 1933, em Halle. Ali existia um programa de um governo social-democrata de distribuição de terra aos desempregados. Ele era portanto um trabalhador do campo desde 1930 ou desde o fim dos anos vinte. A propriedade funcionou muito bem durante a guerra e depois. E quando a LPG foi criada ele quis participar de imediato. Ele tinha dois filhos. Os filhos foram contra. Eles não queriam desistir do que haviam conquistado com o trabalho. A mulher também era contra. Eles tentaram matá-lo de fome, foi o que contou. Trancavam ou esvaziavam a geladeira quando ele chegava em casa. Ele já estava vomitando bílis. Não tinha nada para comer mas era orgulhoso demais para ir a algum lugar buscar comida. E assim força-

ram-no a sair da LPG. Ele dizia compreender sua esposa, que se mostrava extremamente hostil. Mostrou de forma discreta as mãos curvadas dela. Ela não podia mais abrir as mãos, tão tortas que estavam depois de 50 anos de trabalho.

Inge trabalhou também para o Teatro Maxim Gorki...
Havia uma peça de um irlandês, muito apreciada então, essa peça foi trabalhada por Inge. Era uma encomenda, trabalho pago. Ela também trabalhou sobre uma peça de Viktor Rossov, *A Caminho*, para o Deutsches Theater. Depois uma peça radiofônica, *Die Weiberbrigade* (*A Brigada das Mulheres*), baseada em material da "Schwarze Pumpe". Era difícil para ela libertar-se, também de mim, exceto em sua poesia, cuja qualidade percebi apenas depois de sua morte. Era seu próprio mundo. Raras vezes ela me mostrava um poema. Eram estranhos para mim. Apenas senti que quando eu fazia alguma sugestão, o poema se transformava em algo diferente, algo falso para ela, e deixei de interferir. É difícil trabalhar em conjunto quando se vive junto. É fácil então destruir algo. Em *A Construção* Inge fez duas correções; eu havia escrito: "Minha vida é construir pontes. Sou/ O pontão entre o período glacial e a Comuna". Sua sugestão foi "balsa" em vez de "pontão".

O conflito escalou com a *Repatriada*, porque pela primeira vez ela ficou totalmente excluída. Depois veio o escândalo em torno da peça e o grupo ligado ao partido, dentro da Associação dos Escritores, insistiu durante semanas para que ela se separasse de mim. Eu era um elemento destrutivo, que não amava a humanidade, e assim por diante. Foi uma pressão enorme sobre ela. Mais tarde achei uma carta onde ela me acusava com muito rigor de falta de responsabilidade por ter levado essa peça de forma tão imatura até o público. Nessa época também as tentativas de suicídio se tornaram mais freqüentes, ela voltava sempre ao hospital, era um processo que não se podia deter, algo que havia começado depois da guerra. Ela tinha passado por experiências traumáticas, tinha sido soterrada duas vezes, uma vez por um tempo muito longo, depois de um bombardeio, ela tinha desenterrado os pais de uma casa soterrada, carregado os dois num carrinho de mão e enterrado os dois, isso retornava sempre quando estava bêbada. Quando bebia em nossa moradia de Pankow, os caixilhos da janela, em forma de cruz, eram sempre cruzes de sepulturas, das sepulturas da avó e dos pais. As tentativas de suicídio repetiram-se por oito anos. Ela estava sob tratamento, mas não adiantou. Herbert Richter recomendou-a a um colega, certamente um bom psiquiatra, mas não adiantou. Chamei o médico e fiz torniquetes quando ela cortou os pulsos, tirei a corda de seu pescoço, tirava o termômetro de sua boca quando ameaçava engolir o mercúrio. Foi um tempo duro, sem dinheiro, com dívidas. Ela sofria demais com essa situação. A mim não importava ser associal, mas para ela era o fim. Teve uma educação prussiana. Às vezes contava, sem ódio, que sua mãe a havia espancado com tudo que estava ao seu alcance.

O escândalo da *Repatriada* (*Die Umsiedlerin*), 1961

O período depois do Achatador *e do Prêmio Heinrich Mann foi uma pausa antes de sua próxima grande peça...*

O problema com uma política cultural repressiva – tanto naquela época no Leste como hoje em toda a Alemanha, de outra maneira, devido à pressão comercial – é que ninguém pode vomitar tudo para fora. E esse é o pressuposto para uma obra dramática, ter pelo menos uma vez a oportunidade de liberar o *Brilho e Lixo* da alma. As primeiras peças dos grandes dramaturgos, *Tito Andrônico, Ladrões, Götz, Schroffenstein, Herzog Theodor von Gottland, Baal,* são sempre peças onde as lixeiras são esvaziadas, não importa por quais razões, e numa estrutura política repressiva não se consegue fazer isso, tudo acaba comprometido e orientado em relação a um sistema de referência. Fiquei grato a Ulbricht por sua campanha contra o "teatro didático-pedagógico", uma vez que depois ninguém mais perguntou o que afinal estávamos fazendo. Eu escrevia em contato imediato com os ensaios. Eu escrevia uma cena, via a cena no ensaio, reescrevia a cena. Começava com uma versão muito hesitante em prosa, até chegar ao verso. Foi uma libertação, afastei-me sempre mais do naturalismo. No início fiquei preso ao ambiente. Trabalhei dois anos na peça, a *Repatriada* não foi, pela primeira vez, uma encomenda. Recebi uma bolsa dependente do Deutsches Theater, do Fundo de Cultura, uma primeira prestação de imediato, e depois mais uma. Foi combinado que Tragelehn faria uma encenação experimental, com estudantes, na Escola Superior de Economia. Depois estava prevista uma encenação no Deutsches Theater. Tragelehn já havia trabalhado uma vez com os estudantes quando fez *A Correção*. Durante dois anos teatro e Estado não se importaram com nada. Ocasionalmente eu recebia uma carta ameaçadora do ministério[31] por ainda não ter entregue nada, mas não me interessava.

Nunca cumpri prazos. Meu único comportamento em relação a prazos é que eu os desrespeitei sempre. Exigiram o dinheiro de volta, o oficial de justiça veio, mas o negócio era comigo. Eu não sabia lidar com isso de outro modo.

O significado político do tema da *Repatriada* surgiu no decorrer do trabalho, quando aconteceu a coletivização da agricultura na RDA, mais ou menos em 1960. A peça adquiriu então um contorno no qual eu nunca havia pensado antes. Ela se tornara independente. Eu escrevia com a sensação de total liberdade no manuseio do material, o político era só material. Era como numa ilha, não havia controle, nenhuma discussão sobre o texto. Simplesmente ensaiávamos e eu escrevia. O divertido consistia também em sermos os meninos malvados que cagavam na escrivaninha do professor.

Os ensaios duraram dois anos, eu escrevia e ensaiávamos sempre em paralelo, mas não tínhamos consciência, nem ao escrever nem ao ensaiar, que iríamos detonar uma bomba. Estávamos contentes, achávamos que fazíamos algo realmente socialista, os estudantes também participavam alegremente, estudantes de economia, vinham do campo ou de ambientes proletários, alguns estiveram no Exército, alguns até eram oficiais. Ensaiávamos no salão de festas da Escola Superior de Economia, em Karlshorst. Chamamos a atenção pela primeira vez três meses antes da estréia, quando a

Sonntag publicou uma cena com um comentário de Tragelehn, uma nota sobre nosso trabalho. Então o dirigente da seção de Teatro no Departamento de Cultura do Comitê Central apresentou uma pergunta preocupada à direção do partido na Escola Superior de Economia de Karlshorst. Havia algo de suspeito e por isso as cenas já ensaiadas foram apresentadas, depois houve uma discussão com a direção do partido na Escola e com alguns representantes do corpo docente. Um dos episódios foi mais tarde considerado uma conspiração: Boris Djacenko tomou parte na discussão, ele vinha do dentista, tinha o rosto inchado, sua pronúncia russa era mais acentuada do que de costume e ele falou enfaticamente, com seu jeito russo, a favor da encenação. Os companheiros ficaram amedrontados e pensaram, se os russos são a favor, é preciso ter cuidado. Não tínhamos apresentado Djacenko, e isto foi considerado depois uma malícia de nossa parte – tínhamos colocado um russo à frente para iludir a atenção do partido. Djacenko era pouco conhecido apesar de *Herz und Asche* (*Cinza e Coração*), cuja segunda parte tinha sido proibida porque descrevia os estupros durante e depois da Segunda Guerra, a verdade sobre a chegada do Exército Vermelho. Mas os funcionários presentes pensaram: ele é russo, e ele está a favor, então nada pode dar errado. Os funcionários argumentaram de modo muito cuidadoso: "É muito duro, mas a vida é assim mesmo." Um deles disse: "Sou do Mecklemburgo, era assim mesmo, foi muito duro." Nada mais foi dito. A vigilância tinha voltado a baixar a guarda. Um deles, o vice do secretário do partido, disse: "Penso que vai haver muita discussão." Foi o único que mais ou menos intuiu o que estava por vir.

Tragelehn tinha sido aluno de Brecht, era de Dresden, ouvira falar de Brecht, lido Brecht, Brecht gostava dele, foi aluno de Brecht no Berliner Ensemble e trabalhou principalmente como assistente do diretor. Com Brecht era mais ou menos assim: todos os assistentes tinham que traduzir, como teste, uma peça de Shakespeare, e como ninguém sabia inglês, "alugavam" um estudante ou alguém que traduziu Schlegel primeiro em prosa. Wekwerth não sabe até hoje uma frase de inglês, mas também forneceu uma peça de Shakespeare. Tragelehn tinha "alugado" para a tradução sua futura mulher Christa. Ele tinha lido o *Achatador* – a peça foi impressa na *NDL* – e veio falar comigo porque se interessava pelo tema. Ele queria encenar o *Achatador* no Berliner Ensemble mas lá ele não teve oportunidade. Também Wekwerth quis encenar a peça, mas os outros impediram a encenação.

Depois encontramos-nos muitas vezes. Tragelehn tinha acabado de entrar no partido e tinha um contrato como diretor no teatro de Senftenberg, tinha encenado antes em Wittenberg alguma coisa de Brecht, mas houve uma briga, Tragelehn dormiu com a artista que dormia com o superintendente, e foi despedido.

Encontramos-nos muitas vezes, ele se interessou pelo projeto da *Repatriada*. O Berliner Ensemble era uma ilha, uma instituição de elite, também na mentalidade, protegida das mediocridades do dia-a-dia da RDA, era cultura à la RDA com arrogância, ali existia algo que nada tinha a ver com a miséria da RDA, com a burrice dominante. Como Tragelehn vinha dessa escola, teve as maiores dificuldades quando foi confrontado com a realidade em 1961. Depois da encenação, o Berliner Ensemble abandonou-o sem perdão.

Como continuou a encenação?

Depois do ensaio, na presença do "russo" Djacenko, houve uma informação tranqüilizadora, e depois ninguém mais se incomodou com a encenação. Somente na época dos ensaios finais é que o Conselho Central da FDJ se manifestou, pois a encenação da *Repatriada* seria a abertura de uma semana internacional de teatro estudantil, patrocinada pela FDJ. Nas últimas semanas eles se interessaram pela coisa. A estréia foi no dia 11 de setembro, mas antes houve o 13 de Agosto de 1961, e este foi decisivo. Depois disso o Conselho Central começou a se preocupar com o que fazíamos.

O trabalho na encenação prosseguia enquanto era levantado o muro. Além disso havia outro contexto: na Academia das Artes acontecia uma exposição de jovens artistas que terminou em escândalo, em Leipzig, na "Pfeffermühle" (Moinho de Pimenta) estava sendo apresentado um espetáculo de variedades. Essas coisas começaram a ser vistas como um triângulo das Bermudas, um plano de subversão. Os funcionários pensavam sempre em conspiração, não existiam acasos. A conspiração havia começado com o fato de eu não ter apresentado um projeto. Isso era sempre condição para obtenção de uma bolsa. Você tinha que apresentar uma minuta e depois ater-se a essa minuta. O desvio da minuta poderia ameaçar a bolsa. Isso naturalmente mata a criatividade, por isso nunca apresentei um projeto, e eles haviam aceito isso. Mas quando o escândalo estourou, isso foi prova de que eu tinha algo a esconder, que eu não tinha apresentado a minuta por malícia. Por outro lado todos os órgãos e autoridades envolvidas tinham-se omitido quanto ao seu dever de controle, ninguém tinha controlado o que estava acontecendo. Sobrou até para o russo que havíamos convidado para funcionar como cortina de fumaça. Tudo era conspiração.

Agora eles se agitavam e percebiam que havia algo de ruim em andamento. Não compreendiam nada mas algo acontecia que eles não sabiam avaliar, algo perigoso. Algumas frases da peça soavam na época como uma provocação total, apesar de escritas dois anos antes da construção do muro. Por exemplo quando Fondrak diz: "Pode ser que a faixa de grama entre nós de repente se torne fronteira entre Estados, a política já fez bezerros nascerem de cavalos, você está na Rússia sem dar um passo, eu na América, e gerar filhos na faixa fronteiriça é exportação e é proibido, a importação também é proibida. Basta tocar teu sexo e já atiram."[32]

Isso era interpretado agora como um ataque à recém-ajardinada fronteira entre os dois Estados. O Conselho Central ficou com medo. Reuniram-se então com a administração da escola, a direção do partido, o diretor da escola. Entretanto eles tinham pela frente essa semana do teatro estudantil, um evento internacional que não podia ser cancelado. Diante do dilema decidiram então que a encenação seria feita, mas seria antes declarada como uma encenação experimental, sobre a qual existem muitas opiniões. O reitor, que por sinal dirige desde 1990 um instituto de gerenciamento, disse que era contra e exigiu que sua posição constasse do relatório. O Conselho Central também era contra mas posou de democrata e colocou a peça em discussão. Então veio o ensaio geral. A peça não estava pronta, faltava ainda uma cena, que eu tinha acabado de escrever. Tudo isso serviu de prova para a conspiração. Eu tinha retido a última cena de propósito, assim disseram mais tarde, para soltar as últimas porcarias só quando fosse tarde demais para ainda poderem dominar a situação. Pela primeira vez apareceram representantes do ministério responsável pela bolsa, creio que eram três. O ensaio geral durou dez, doze horas, pois foi necessário parar e recomeçar repetidas vezes. Não existia uma cafeteria na escola, só havia salsichas para comer. Eles assistiram por três horas sem queixar-se. Depois ficaram com fome e foram comer. De lá informaram ao chefe do departamento que a coisa era dura, mas favorável ao partido, poderia ser digerida. Com isso acalmaram o responsável e a encenação aconteceu no dia seguinte. Entretempo o Conselho Central já tinha tomado algumas providências. Os camaradas espectadores foram reunidos antes da encenação e receberam instruções para protestar. Essa era a forma de agir da FDJ, isso eles tinham treinado em *A Condenação de Luculo,* de Brecht/Dessau. Não deu certo porque o pessoal da FDJ que tinha sido convocado para protestar havia vendido suas entradas por bom preço a interessados. E também não deu certo, entre outros, por causa de Manfred Krug, que desempenhou um papel de liderança. Ele estava sentado na frente, um armário, e ria escandalosamente diante de qualquer piada. Alguns camaradas também tiveram que rir e não protestaram mais, e assim virou uma catástrofe. Uma escritora idosa da Liga dos Escritores Revolucionários Proletários, Berta Waterstradt, precisou depois justificar-se perante sua célula partidária na Associação dos Escritores, porque além de não protestar, havia dado risadas. Ela disse que queria vaiar mas tinha de rir sem parar e não era possível fazer as duas coisas ao mesmo tempo.

Depois houve o coquetel ritual das estréias e Hacks veio falar comigo: "Uma grande comédia, mas do ponto de vista dramático preciso usar palavras duras. Eles vão te matar politicamente." Ele tinha razão e seu argumento era bom: "Eles vão te matar politicamente, porque você os desculpa."

Nas mesas laterais os conhecedores da situação diziam: "Daqui a pouco eles poderão inaugurar o festival da prisão de Bautzen." Nós apenas verificamos com espanto que os estudantes que haviam participado da encenação iam sumindo um depois do outro. Eles foram reunidos na mesma noite. Ficaram repetindo seus textos, que eles naturalmente sabiam de cor, durante a noite toda, para descobrirem eles mesmos porque aquilo era contra-revolucionário, anticomunista, anti-humanitário e assim por diante. Foi uma lavagem cerebral que durou a noite toda.

Resumindo, todos caíram[33]. Um deles não realizou a autocrítica de forma suficiente e foi expulso. Ele tinha sido oficial na NVA e fez o papel de secretário do partido na encenação. Quem se saiu melhor foi o estudante que representou o prefeito carreirista, este ganhou a partida, ele só precisou recitar seu texto. No dia seguinte veio Tragelehn e com toda ingenuidade quis assistir a uma encenação de um grupo de estudantes de Erlangen. No bonde encontrou uma germanista que o envolveu numa discussão sobre a peça do dia anterior. Ela tinha visto a encenação. A posição dela é que recepção de Aristófanes não tinha sido bem sucedida na peça. Eles desceram juntos do bonde e foram até a entrada, e lá estava o grupo completo dos estudantes atores, o ator que havia representado o prefeito deu um passo à frente e anunciou que Tragelehn estava proibido de entrar no teatro e que eles, estudantes, nada mais queriam com ele. Ele devia abandonar o local de imediato.

Um caso único: os atores dispensam o diretor. Tragelehn não entendeu nada, não sabia de nada. Depois fomos chamados pelo ministério, pelo chefe do departamento, Fritz Rödel, mais tarde superintendente da Volksbühne. Rödel escreveu depois uma dissertação sobre agricultura na dramaturgia da RDA, lá existe também uma frase sobre minha peça: "Esse pastiche reacionário, a *Repatriada,* não é assunto para a literatura, mas para a Segurança do Estado." Foi sua tese de doutorado. Esse homem nos chamou e disse que no ministério tinham por pouco conseguido impedir nossa prisão. Mas caso nós não apresentássemos uma auto-crítica convincente dentro de doze horas, eles nada mais poderiam fazer por nós. E lá estavam duas senhoras do ministério, sacudindo as cabeças, indignadas, sobretudo com a pornografia, as porcarias contidas na peça, e como exemplo mais terrível para porcaria citaram o trecho onde a repatriada recusa casar-se: "Apenas erguida dos joelhos/ saindo debaixo de um homem/ que não foi o melhor, e nem o pior/ Devo deitar-me novamente de costas/ Rapidamente sob outro homem." O trecho "erguida dos joelhos" foi interpretado por elas como referindo-se a uma posição sexual. Tragelehn, que tinha um contrato em Senftenberg, sofreu um processo interno por parte do partido. Foi chamado para Senftenberg. Interrogaram-no por uma noite inteira e queriam saber quem eram os personagens atrás do ocorrido. Foi interrogado por 24 horas pelo chefe do Departamento Cultural de Berlim, o antigo membro da SA Siegfried Wagner, e por Hans Rainer John, redator chefe de *Theater der Zeit,* cuja ascensão havia começado com um artigo sobre "Stalin e o teatro nacional alemão". Tragelehn mencionou uma frase: "Com nauseante atrevimento sujou de modo irremediável o próprio ninho." A acusação era sempre: contra-revolucionário, anticomunista, anti-humanista – nada de concreto. A preocupação era quem estava por trás, era a conspiração. A exposição dos jovens artistas foi também proibida e fechada, o espetáculo de variedades proibido. Tragelehn, o pobre coitado, nada sabia de conspiradores. Ele não podia inventar nenhum, e por isso o assunto se prolongou tanto. Tragelehn foi expulso do partido, seu contrato anulado e ele condenado a trabalhos forçados na construção da linha ferroviária da mineração de carvão em Regis-Breitlingen. O trágico para ele é que era o único de sua brigada que era a favor da RDA, do partido, e os operários diziam: não dá para ser tão estúpido assim, e o espancavam depois de cada discussão. Foi também determinante para sua condenação que o Berliner Ensemble o largou. A primeira denúncia ao ministério contra a encenação partiu do Berliner Ensemble.[34] Na carta apareceu pela primeira vez o vocábulo contra-revolucionário. Tentaram atribuir toda a responsabilidade a Tragelehn: "A direção da peça é criminosa." Todas as instituições culturais tiveram que posicionar-se em relação ao caso. Alexander Abusch havia escrito uma carta ao presidente da Academia. Abusch era vice-primeiro-ministro. A seção de Teatro e a seção de Literatura da Academia deviam tomar posição em relação à encenação. O parecer de Fühmann serviu de base para a discussão na seção Literatura.[35] Todos concordaram e se associaram a este parecer negativo, por exemplo Arnold Zweig, Ludwig Renn, Wieland Herzefelde, Erich Engel. Antes da reunião da Associação dos Escritores sobre o caso da *Repatriada*[36], que deveria ser um foro de discussão, mas que transcorreu com um pequeno processo político. Gerhard Piens, dramaturgista-chefe do Deutsches Theater depois de Kipphardt, veio falar comigo. Disse que tinha recebido o encargo do Departamento de Cultura do Comitê Central, portanto de Wagner, de conduzir a exposição de motivos, representando o partido. Ele deveria provar que a peça era contra-revolucionária, tanto objetiva como subjetivamente. Subjetivamente significava prisão, objetivamente significava burrice. Piens disse que não faria isso, que apenas provaria que a encenação era contra-revolucionária objetivamente, mas subjetivamente, isso ele não faria. Havia mais um problema: Piens disse que Hacks queria falar a favor da peça mas isso seria perigoso. Ele devia falar algo contra, senão a coisa ficaria pior. Falamos com Hacks, ele concordou e introduziu uma pequena passagem negativa. A reunião teve lugar. A primeira exposição foi de Siegfried Wagner, o chefe do Departamento de Cultura; contra-revolucionário e blá, blá, só frases, nada de concreto. O insulto mais pesado foi: "Beckett do Leste". Isso me ajudou por alguns minutos. Depois foi a vez de Alfred Kurella, uma figura lendária e mal afamada do movimento comunista, sobre o qual corria o boato de que, durante uma excursão ao Cáucaso, tinha perdido uma mulher. Falou sobre cultura burguesa, a dificuldade dos talentos, que talentos naturalmente corriam riscos. Às vezes consideramos alguém que não tem talento como sendo talentoso, talento também é uma questão de moral e assim por diante. Sobre a peça, disse: "Todas as mentiras da RIAS* sobre a RDA são divulgadas na peça. A peça é cínica até a última sílaba. Conheci na minha vida apenas dois verdadeiros cínicos", e aí veio uma pausa teatral – e todos esperaram tensos pelos dois grandes cínicos na vida de Kurella – "Radek e Bukharin". Esse era o tom. Aí pensei, preciso dizer algo. Lembrei-me de Ferdinando, *Cabala e Amor*, levantei-me num pulo, mais rapidamente do que era meu costume, e disse: "Não sou um cínico." Kurella, levemente irritado, falou que não tinha dito isso. Depois Paul Dessau se levantou, bateu no peito, disse que naturalmente acreditava no que o partido dizia, que a peça era contra-revolucionária, mas havia na peça uma cena – ele citou a cena do tratorista – que era positiva. Ele tinha trabalhado comigo, eu era seu amigo, e ele continuaria a trabalhar comigo. Wolfgang Heinz disse que podíamos enganar-nos a respeito de talentos e que a peça era terrível. Hacks contrapôs que era o melhor diálogo que ele conhecia na dramaturgia atual, e a história da *Repatriada* era uma grande representação de uma emancipação. O tom da peça era naturalmente um tanto carrancudo, talvez não a posição mais adequada em relação à realidade da RDA, mas, assim

---

* RIAS: Rundfunksender im amerikanischen Sektor, emissora do setor americano de Berlim, subordinada à CIA.

mesmo... Piens já tinha falado e expôs o objetivamente contra-revolucionário. Bunge falou depois, longamente e muito bem, definiu sua posição em relação à peça e encerrou dizendo que o procedimento errado em relação à peça, em relação a essa encenação, que toda a discussão sobre essa peça, na sua opinião uma peça bem sucedida no conjunto, o levaria a solicitar à sua organização de base a admissão no partido. Essa foi uma boa jogada tática. Siegfried Wagner ficou desorientado e perguntou: "Quem é esse trapalhão?" Bunge era realmente bom, foi inteligente ao tentar mostrar onde haviam errado e como se devia lidar com o problema. Depois da exposição de Siegfried Wagner, Anna Seghers levantou-se e veio até nós, deu a mão a Inge e a mim e retirou-se. Foi sua contribuição. De resto, estávamos mais ou menos perdidos. Um deles, Walter Baum, diretor da divisão de Beletrística do ministério, chegou atrasado, já era meu conhecido do processo em Bad Saarow, aquele que tinha dito que "nós da burguesia" devíamos ser especialmente servis. Só havia lugar ao meu lado, e assim o pobre ex-burguês teve que sentar-se ali. Ele chegou com os joelhos moles, acenou amistosamente e disse: "Você não pode queixar-se, um bom comitê de recepção, veio todo mundo. Estou aqui também a serviço. Preciso fazer um pequeno discurso a serviço." Ele tinha razão sobre o comitê de recepção. Rodenberg, o delator de Moscou, Abusch e outras criaturas. Finalmente foi a vez de Baum fazer seu pequeno discurso e ele se transformou num profeta inflamado contra o anticristo, comparou a peça com os cacos do espelho do diabo num conto de Gorki. Gesticulou horrivelmente, a boca torcida. Depois voltou ao seu lugar perto de mim, acenou de novo amavelmente.

    Hanns Eisler comentou na época: "Müller, você devia ser feliz por viver num país onde a literatura é levada tão a sério."

    Depois da reunião fomos para casa, para Pankow, e no corredor escuro uma figura surgiu de repente: "Não acendam a luz, estão atrás de nós." Era Tragelehn. Depois recebi telefonemas, por exemplo de Gustav von Wangenheim: "Ouvi dizer que você foi preso. É verdade?" Eu disse: "Se fosse verdade, eu não estaria falando com você." Inge sugeriu então: "Vá até a Stasi e pergunte se você será detido." Marchei até o distrito policial e disse: "Quero falar com um agente da Segurança do Estado sobre um assunto pessoal." Tive de esperar uma hora. Depois levaram-me para um prédio dos fundos, para um quarto onde esperei mais meia hora. Na parede havia orifícios para observação. Finalmente levaram-me para outro quarto e perguntaram: "Qual é o assunto? Existe algum problema?" Eu disse: "Sim, recebo chamadas de pessoas que perguntam se fui preso. Isso é prejudicial às minhas atividades. Quero agora saber o que há contra mim." Novamente fui levado para outro quarto e mais meia hora de espera. Depois veio a informação: "Por parte da Segurança do Estado não há nada contra o senhor." Os manuscritos foram confiscados. Na Academia restou um exemplar, acorrentado, tinha que ser lido no local. Na Associação dos Escritores também havia um exemplar acorrentado. Meves, colaborador do Ministério da Cultura, veio falar comigo. Com ele veio o conselheiro jurídico do ministério e disse que o manuscrito e todo o material da *Repatriada* tinha que ser confiscado para evitar um segundo caso Pasternak. Falei que tinha que juntar o material, eu não sabia onde estava, e combinamos que no dia seguinte eu iria ao ministério levar tudo. Para mim, o que importava era salvar o manuscrito. Inge e eu datilografamos tudo durante a noite. Entregamos o manuscrito, alguns bilhetes, anotações sem importância. Esse manuscrito teve também um destino próprio: anos depois, quando as 32 condenações do partido decretadas por causa da *Repatriada* já haviam sido canceladas, as mesmas pessoas estavam reunidas numa festa de despedida para o ministro do Teatro que se aposentava, o mesmo que havia sido ministro durante o caso. Lembraram-se também dos velhos dias e do terrível manuscrito, lembraram especialmente a pornografia e os castigos ditados pelo partido. Animado, o ministro disse: "Então tragam este manuscrito!" Bêbados como estavam, leram os trechos mais terríveis e depois o ministro Bork disse: "Vamos queimar o manuscrito." E então queimaram o manuscrito. Meves, que estava presente, contou a história. O ministro Bork era um tenor fracassado do Novo Brandemburgo. Meves também só contou a história porque no ínterim tinha sido despedido como superintendente-geral em Magdeburgo por causa da encenação de outra peça minha, *Mauser*.

Hermlin havia lido a peça, falou que estava perfeitamente em ordem, era a mesma coisa que saíra no *Neues Deutschland*, apenas mais bem formulada, e foi isso que tinha dito no Comitê Central. Notou como nesse momento eles ficaram gelados. Aí ele soube que não havia nada a fazer politicamente. Hanns Eisler tinha lido a peça e fazia piadas: "Müller, se você quiser um conselho, pense em Schiller. Um tirano austríaco é assassinado na Suíça. Peças assim é que você deve escrever na Alemanha. E se você quiser mais um conselho, pegue seu chapéu e vá falar com a Weigel. Se você não tem chapéu, lá fora tem alguns, pegue um." Não fui falar com a Weigel. Dois dias mais tarde ela me telefonou. Era a tentativa de salvação. Ela disse que Anna Seghers tinha falado com ela e Siegfried Wagner, o chefe do Departamento de Cultura, e ela, Weigel, era agora o meu anjo da guarda. Eu tinha que escrever uma autocrítica, ela me ajudaria, ela sabia como se fazem essas coisas. Ficaria no quarto da torre. "Brecht também sempre ficava aqui." E ainda: "Você não deve explicar nada, não deve se desculpar. Você é culpado e pronto. Se não, não adianta." Escrevi essa autocrítica no quarto da torre, passava cada meia página para Weigel, para correção. Corrigia e continuava escrevendo.[37] Durou dias. Uma vez ela me convidou para comer rolinhos de repolho (1,80 marco). Para me animar contou que certa vez havia dado a Brecht um burro mecânico que acenava "sim" com a cabeça quando se dava corda nele. Ela até tinha tentado colocar-me no Berliner Ensemble para me tirar da linha de tiro. Mas isso tinha sido recusado por Otto Gotsche, secretário de Ulbricht, que era também membro da Academia. Apresentei depois minha autocrítica no Clube dos Trabalhadores da Cultura, diante de todo mundo, celebridades políticas e escritores. Uma grande encenação. Eu estava no alto da escada e todos passavam por mim, mais ou menos acanhados. O primeiro que me deu a mão foi Gustav von Wangenheim. Ele disse: "Você não foi preso, que bom que não é verdade." Depois subiram a escada Marchwitza e Otto Gotsche, e me deram a mão com um aperto enfaticamente proletário. Fui até a tribuna e li minha autocrítica, que depois foi rejeitada como insuficiente, apesar da Weigel ter treinado comigo. Mesmo nessa história o orgulho me levou a formular tudo muito bem.

Nesse ponto Heiner Müller se distingue de Václav Havel...

O pai de Havel era dono de moinho, o meu não. O outro lado: não me lembro de ter sentido vergonha ao elaborar a autocrítica. Tratava-se da minha sobrevivência como autor. Havel é principalmente um lutador pelos direitos políticos, também pela direita política. Além disso, depois do 13 de Agosto de 1961, a situação na RDA era mais dura do que em situações similares no bloco Oriental. Eu também não sei se na época eu poderia deixar a RDA se quisesse; provavelmente não me teriam deixado sair. Eu sabia também que Eisenstein sempre tinha exercido a autocrítica. Foi assim que ele sobreviveu como artista. Também o medo da prisão estava certamente em jogo. Escrever era mais importante para mim do que a minha moral.

Como Inge reagiu?

Inge estava de acordo com minha autocrítica. Ela de qualquer modo achava irresponsável o que eu havia feito com a peça. Também não é fácil insistir que temos razão, quando todos de repente são contra nós. Eu sabia que a *Repatriada* era um bom texto, mas era só o que eu sabia. Eu estava de fato disposto a refletir sobre minha visão política, se estava errada. Ocorriam sempre experiências desse tipo, muito mais inofensivas, mais tarde isso tudo se diluiu. *A Construção* teve pelo menos quatro versões, a última escrita durante um acesso de raiva na praia de nudistas em Ahrenshoop. Eu só podia imaginar uma vida como escritor neste país, não na Alemanha Ocidental. Eu não queria ser o autor só dessa peça, eu pretendia escrever outras peças. Ir para a prisão ou sair da RDA não eram alternativas. Minha verdadeira existência era escrever, escrever peças de teatro, e a realidade de uma peça é sua encenação.

Quando Hermlin perguntou sobre minha peça no Comitê Central a resposta indignada foi que ela representava a RDA como uma ditadura. Hermlin disse: "Não entendo, afinal temos uma ditadura do proletariado." Isso era também meu pensamento: a ditadura é o preço pago pela construção de uma nova ordem, uma ordem ainda a desenvolver, uma ditadura contra as pessoas que haviam prejudicado minha infância. Uma era a velha Alemanha e a outra era a nova, mesmo sendo ruim. A fórmula de Brecht: "Insisto que é um novo tempo, mesmo se às vezes parece uma velha meretriz manchada de sangue." Era isso, o novo ruim, contra o velho talvez cômodo. Lembro-me apenas confusamente dessa encenação, quando fiz a autocrítica. Era teatral como as pessoas passavam por mim e não me cumprimentavam. Não fiquei ofendido, observei tudo com interesse.

Você só agora pôde ter acesso aos protocolos da discussão na Academia de Artes e na Associação dos Escritores?
Sim, algumas coisas eu não sabia antes de ler esses protocolos. Lá encontrei dizeres de pessoas com as quais ainda hoje tenho contato. Não tenho sentimentos de vingança por exemplo contra Günter Rücker ou contra Wolfgang Kohlhaase, Christa Wolf não se manifestou, mas votou pela exclusão. Também Manfred Bieler. Todos votaram pela expulsão da Associação dos Escritores, com exceção de Hacks, que se absteve. Ele justificou sua posição: disse que era contra a expulsão mas tinha a impressão que para mim era melhor, e que seria até do meu agrado não participar dessa Associação,

e por isso abstinha-se de votar. Foi a única posição definida por parte de alguém. Dois foram para o banheiro e ainda hoje se orgulham disso. O único que foi contra a expulsão, além de Hacks, foi Ulbricht, mas seu secretário Gotsche atrasou-se para a reunião. Nessa altura os camaradas já estavam comprometidos com a expulsão, e a informação de Gotsche, de que o chefe era contra, chegou tarde demais. Ulbricht era favorável a educar, não expulsar. Bieler me disse que tivera medo de votar contra. Teria realmente sido perigoso. E outra coisa: foi possível evitar que a informação sobre o assunto todo chegasse ao Ocidente. Lá não houve comentários sobre o episódio.

Você se lembra exatamente de sua atitude diante dos acontecimentos?
Olhei tudo como material para um drama, eu mesmo era material, também minha autocrítica era material. Foi sempre errado considerar-me um poeta político. Existe um dialogo bonito entre Pohl e Brecht. Pohl perguntou a Brecht: "Você é um poeta político?" Brecht disse: "Não, o único poeta político que conheço é Kuba." E a intenção não era fazer ironia. Uma pergunta diferente é se existe *literatura* não-política. Jean-Luc Godard formulou isso da seguinte maneira: "Não se trata de fazer filmes políticos, mas de fazer filmes politicamente."

Tento agora apenas recordar aquela situação já tão distante. Estou sentado na sala da torre e tento estar errado, e lá embaixo está Helene Weigel à espera do meu texto, tentando ajudar-me com a melhor das intenções. Eu resistia em desistir de algo, eu queria explicar meu comportamento, meu texto. Ela dizia sempre: "Garoto, isso tem que sair." Ela tinha razão. Um chefe da Divisão Especial da Scotland Yard descreve em suas memórias como interrogou Klaus Fuchs. Sabiam tudo a respeito dele, mas não tinham provas. Conseguiram pegá-lo no segundo interrogatório, com um método bem simples. O chefe da Divisão Especial descreve isso assim: quando se acusa um criminoso de algo que não é correto, ele não contradiz, ele fica quieto. Um intelectual não consegue ficar quieto quando é acusado de algo que não é correto. Ele não consegue deixar de contestar. E aí ele faz o jogo deles e é pego. O intelectual gosta sempre de desempenhar um papel, temos que oferecer-lhe um papel. É o ponto de Bukharin, o ponto dos processos de Moscou. É assim que se pega o intelectual, não o criminoso, este conhece o truque.

Depois você se envergonhou da sua autocrítica?

Não senti vergonha na ocasião, realmente não me lembro de ter tido vergonha. Mesmo lendo esses textos agora não me envergonho. Depois disso tive dois anos de sossego. O final do episódio foi assim: tive que entregar minha carteira de membro ao secretário da Associação dos Escritores, Otto Braun, o único participante alemão da Longa Marcha de Mao Tse-tung – segundo a *Spiegel* a idéia dessa marcha foi de Braun – ele era um velho amigo de Kurella, um homem do Comintern, e ele disse: "Eu li sua peça. Se você quer um conselho meu, é uma droga. Sei que sua intenção foi boa, você queria o melhor, mas é uma droga. Queime o trabalho. Meu conselho: vá até o lugar onde se passa a peça para conhecer a realidade. Trabalhe como tratorista e agüente isso. Durante dois anos nem um cachorro vai dar-lhe um pedaço de pão. E também durante dois anos nem mesmo um cachorro vai aceitar um pedaço de pão de você. Passe bem." Por sinal, seu último trabalho – uma encomenda para o partido – foi um livro sobre sua época com Mao Tse-tung. Ele devia provar que Mao era um degenerado. Foi sua última tarefa para o partido, ele cumpriu a incumbência e depois morreu.

Como você pensa hoje sobre a Repatriada*?*

O problema é que essa peça não poderia mais ser escrita hoje. Mesmo cinco anos atrás a peça não poderia mais ser escrita, porque esses camponeses não existem mais. O fato principal é a mecanização da lavoura – é secundário se de forma individual ou coletiva. A peça descreve o início desse processo na RDA. Comparando a agricultura soviética com a americana, na americana temos três homens explorando uma área para a qual os russos necessitam de oitocentos trabalhadores, e com um resultado pior. É uma questão de padrão técnico.

Quando a peça foi finalmente encenada?
A primeira encenação oficial foi em 1975 pela Volksbühne de Berlim, sob a direção de Fritz Marquardt, mas aí já era para as pessoas uma história muito distante. O efeito, creio, foi também muito limitado. Nenhum camponês do Mecklemburgo viaja para Berlim para ir ao teatro. No Mecklemburgo já tinha havido, antes de 1975, uma tentativa de encenar a peça. A encenação foi proibida pela direção distrital sob o pretexto de que não pretendiam abrir velhas feridas. Estranha foi a encenação da Volksbühne em Amsterdã. O sucesso pelo efeito "conto de fadas". O mesmo ocorreu na encenação de Dresden (1985) sob a direção de Tragelehn, em turnê a Hamburgo. O importante era que surgia aí o retrato de um mundo em que se pensava de forma diferente do que o mundo existente, o brilho do conto de fadas, da utopia. É representada uma situação quase arcaica, muito distante, onde tudo estava em movimento, onde tudo parecia possível. Não chama a atenção que os camponeses falem em versos. Karl Mickel comentou a peça em 1961 fazendo referência a Hegel: o espírito universal trabalha nas menores cabeças. É o que ainda se sente; depois disso o espírito universal já se afastou.

A vida de vocês mudou depois disso...
Materialmente ficamos bem apertados depois de 1961. A única coisa que tínhamos era a bebida distribuída como parte de pagamento aos mineiros, com os quais estava Tragelehn.
O isolamento depois da *Repatriada* foi também muito importante, foram dois anos de isolamento. O difícil numa sociedade dessas é como chegar a uma ilha, especialmente se somos mais ou

menos conhecidos. Entre 1961 e 1963 fui tabu durante dois anos, eu mesmo uma espécie de ilha, e nessa época escrevi *Filoctetes*. Só assim isso foi possível, uma situação muito similar: sem Hitler Brecht não teria sido Brecht, mas sim um autor de sucesso. A *Ópera dos Três Vinténs*, *Mahagonny*, o sucesso teria continuado, mas aí, graças a Deus, chegou Hitler, Brecht teve tempo para si mesmo.

Filoctetes

A única coisa que consegui vender depois do episódio da *Repatriada* foi uma peça radiofônica, uma história policial, *A Morte não é um Negócio*, escrita sob o pseudônimo de Max Messer. Consegui isso graças às minhas relações com a rádio e só foi possível sob pseudônimo. Recebi algum dinheiro porque a peça foi irradiada muitas vezes. Nessa época escrevi *Filoctetes* (*Philoktet*).

Oficialmente fui excluído da Associação dos Escritores em 1961, por não ter pago minhas contribuições. Foi a justificativa oficial. Eu de fato não tinha pago as contribuições. Foram os atores que me ofereceram mais solidariedade. Eu já era bem conhecido nos teatros.

Quando comecei a trabalhar em *Filoctetes* este já era um tema antigo para mim. Eu já havia lido a peça de Sófocles na Saxônia, fim dos anos quarenta. Desde então sempre pensei no tema. Depois das experiências pelas quais eu havia passado, ele ganhou uma atualidade bem diferente para mim. Antes eu tinha pensado em outro desenvolvimento, em um outro fim. Em 1950 eu havia escrito um poema, *Filoctetes*[38], uma versão stalinista onde o indivíduo ofendido se torna o acusado. Em 1953 escrevi uma cena para uma peça sobre o tema, escrevi a peça em 1961, e naturalmente ela se transformou em algo diferente do que eu havia imaginado antes.

Em 1965 *Filoctetes* foi publicada na RDA em *Sinn und Form*, mas não foi encenada. Existia um projeto de encenar a peça em Potsdam, mas isso foi proibido, assim como dois outros projetos, creio. No Berliner Ensemble o único doido da casa quis encenar a peça. Enquanto o Ensemble se achava em temporada em Londres, Guy de Chambure, assistente no Berliner Ensemble, veio falar comigo e quis encenar a peça. No *Neues Deutschland* chegou a ser anunciado que Wekwerth teria aceito a peça para o Berliner Ensemble. Chambure queria fazer a encenação com música de Stravinski e usando Picasso como cenógrafo. Naturalmente não deu em nada, sobretudo Helene Weigel foi contra, achava que a peça não tinha atração, o mesmo problema de *A Medida (Maßnahme)*. Em 1968 a peça foi publicada pela Suhrkamp, na Alemanha Ocidental. Repercussão só houve depois da encenação no Residenztheater em Munique, em 1968, que achei bastante banal. Para mim faltava uma dimensão. Falamos sobre isso um ano depois quando Lietzau repetiu a encenação em Berlim e ele, muito tardiamente, perguntou minha opinião. Também tardiamente dei-lhe minha opinião. Lietzau só compreendia com dificuldade por que Ulisses era para mim o personagem mais importante, o personagem trágico da peça. Ulisses era para ele simplesmente o mau, o stalinista. Isso foi ainda mais enfático em outras encenações, por exemplo em Frankfurt, na encenação de Kutscher, um ator e diretor com experiência do Leste, que tinha trabalhado muito tempo no Deutsches Theater. Para Kutscher, Ulisses foi simplesmente o sargento stalinista. Em todas as montagens ocidentais, Ulisses foi sempre o canalha, uma diferença política e também histórica essencial. O personagem de Ulisses é um caso limítrofe. Eles não compreendiam isso. A tragédia não funcionava no Ocidente. Não havia uma visão sobre a dimensão trágica da história, só sobre a dimensão sentimental.

Uma germanista veio falar comigo, ela havia descoberto que a peça tratava do stalinismo. Eu não tinha reparado nisso, se não, talvez não tivesse escrito a peça dessa maneira. Depois veio um estudante, um orientando de Walter Jens, com notas escritas escondidas na meia por medo da alfândega da RDA, para ele tratava-se evidentemente de uma peça cifrada sobre Trotski. A primeira ilha, frente à Turquia, onde Trotski havia permanecido após sua expulsão da União Soviética, era de rochedo vermelho. Eu nunca teria chegado a isso, naturalmente era uma leitura possível. Mas é preciso então ler a peça mais uma vez, ou mais três vezes. Ou até esquecer Stalin e Trotski.

Como você conheceu Benno Besson?

Como eu conheci Benno Besson? Segundo me parece, fui o único a conseguir tomar dinheiro emprestado de Besson. Eu nunca soube lidar com dinheiro, até hoje não sei. Eu era um caloteiro famoso. Entretempo muita gente tem dívidas comigo, mas não sei exatamente como está isso. Não penso tampouco em pedir o dinheiro de volta, da mesma forma que não penso em pagar o que devo. O encontro com Besson foi excepcional. Estávamos sentados na cantina do Berliner Ensemble, sem dinheiro nem para uma cerveja e alguém tinha ouvido que Besson tinha acabado de receber seu pagamento. Eu disse: "Vou pedir dinheiro emprestado a ele." Os outros riram cinicamente e disseram: "Ninguém conseguiu isso até hoje, ele é suíço." Benno chegou e nós achamos que com 10 marcos iríamos longe. Por prudência pedi logo 50 marcos, ele ficou tão assustado com essa soma imensa que sacou imediatamente a nota e entregou-a a mim. Décadas mais tarde ele se vingou. Eu estava na cantina da Volksbühne, tinha acabado de receber 1.000 marcos de um conhecido de Berlim Ocidental, marcos ocidentais, direitos autorais da Suhrkamp, quando Besson chegou, viu o pagamento ilegal e disse em tom conspirativo: "Heiner, você pode dar um pulo até meu escritório? Preciso ir rapidamente a Paris, você pode me emprestar 500 marcos?" Dei-lhe os 500 marcos. Foi sua vingança. Depois eu me vinguei novamente, foi durante uma temporada em Amsterdã, no hotel em Amsterdã. Eu precisava de dinheiro e disse: "Você ainda me deve 1.000 marcos", e ele me deu os 1.000 marcos.

A Construção, 1964

Recebi a encomenda para *A Construção* (Der Bau) em 1963/64 do Deutsches Theater, o superintendente era Wolfgang Heinz, o dramaturgista-chefe Hans Rainer John. Escrevi a peça paralelamente ao trabalho com o mesmo tema para o filme, também baseado no romance *Spur der Steine* (*Pegadas das Pedras*) de Erik Neutsch. O filme e a peça foram proibidos ao mesmo tempo. Entre a peça e o filme não existia nenhuma conexão. O romance também não tinha sido publicado. O teatro havia obtido o manuscrito da DEFA. O trabalho no filme e na peça foi desenvolvido em paralelo, mas independentemente. Antes da proibição houve uma exibição interna onde vi o filme. Ele tinha sido liberado em Halle, depois foi proibido em Berlim. Também aqui foi uma luta pelo poder entre dois secretários distritais. A história é banal, um entretenimento, e ela deveu sua existência a Manfred Krug.

Acho que agi de forma muito livre com o manuscrito de Neutsch. Depois houve discussões com Neutsch, concordamos em que os nomes, o título, seriam modificados, constaria somente: "Segundo argumento de Erik Neutsch", depois um longo vai-e-vem no ministério e as discussões de sempre. A direção distrital do partido, o Comitê Central, deixaram meu manuscrito largado no ministério. Existe um manuscrito, provavelmente a segunda versão, com notas nas margens de todas as repartições, organizações e pessoas. É muito engraçado. Ministério e partido anotavam sempre: "Visão errada sobre o partido."

Quais as suas lembranças do período anterior a 1968?
A agitação na Tchecoslováquia começou lentamente. O início mesmo foi a famosa conferência sobre Kafka. Um professor de literatura da Universidade Humboldt disse na época: "Para nós esse método do Franz Kafka de transformar um ser humano num inseto não é aceitável." Os métodos deles eram diferentes. Lembro-me de que Nahke, então redator do *Forum,* me telefonou e disse: "Venha ver-me, tenho aqui uma prova do nosso próximo número para mostrar para você." Mostrou a prova: "Aqui pichamos o Havemann, aqui temos um pouquinho sobre liberdade, aqui entra o Ulbricht em grande estilo, e aqui você deve criticar os tchecos." Recusei, mas era assim em 1968. Foi para mim um período de concentração, eu lia romances policiais. Eu vivia de empréstimos e dos honorários como "Max Messer". Mais tarde fiz para a televisão um documentário sobre livros didáticos do Ocidente. No material sobre esse tema achei um texto de um livro didático da época guilhermínica, um texto sobre uma excursão de Frederico, o Grande, ao campo, que me lembrou de forma penetrante e agradável o relatório de uma viagem de inspeção de Ulbricht à agricultura da RDA. Pude aproveitar isso mais tarde para minha peça prussiana *Gundling.* Uma das razões por que não compareci à reunião da Associação dos Escritores em que foi decidida minha exclusão, foi o trabalho num roteiro para um filme documentário. Tratava-se de um oleoduto instalado através do Oder. Lá havia um telefone, mas não funcionava. Não pude, portanto, telefonar. Também não havia automóvel ou comunicação por trem.

Depois fiz um texto para um documentário sobre Buchenwald, um filme que depois foi mostrado em Buchenwald como parte do programa para visitantes. Interessante para mim foi termos visto material sobre Dora, o campo externo em Buchenwald, com Wernher von Braun que estava ali inspecionando seu projeto V1 e V2. Não pudemos usar este material porque Manfred von Ardenne, colega de classe de von Braun, mantinha uma oficina similar no campo de Sachsenhausen. Existiam alguns setores onde ainda se podia ganhar dinheiro, onde os textos não chamavam a atenção. Inge fez séries com diapositivos, em versos, histórias para crianças, histórias de animais. O deprimente é o tempo gasto com esses trabalhos para ganhar dinheiro, tempo morto.

Como as autoridades reagiram à Construção?

Por parte das autoridades a reação foi menos entusiasta do que cautelosa. Existiram pelo menos quatro versões de *A Construção* ou talvez cinco, um calhamaço enorme. Essas cinco versões eram reações contra reações. Afastei-me cada vez mais do tema apesar, ou porque, o tema me interessava desde o princípio. A peça tornou-se cada vez mais metafórica, cada vez mais parábola, do título de Neutsch para o título de Kafka. O material concreto do romance diminuía cada vez mais. Os debates ocorriam em paralelo. Para os controladores a coisa se tornava cada vez menos transparente. Tornou-se evidente que não haveria encenação depois que apareceu contra a peça na *Junge Welt* um artigo do germanista Hermann Kähler, uma criatura de peso, após a publicação do texto na *Sinn und Form* em 1965. Esse foi o tiro de advertência. Kurella havia ainda traduzido os trechos russos para a publicação em *Sinn und Form*. Kurella, considerado indeciso, tinha sido degradado a secretário da seção de Poesia e Conservação da Língua da Academia de Artes e já não morava em Wandlitz, mas na "Windige Ecke", em Pankow. Bunge trabalhava na *Sinn und Form* depois de ter sido expulso do Arquivo Brecht por Helene Weigel, porque tinha mandado levar material fotográfico, documentos de Brecht, para Moscou para garantir o acesso ao material. Moscou foi por muito tempo o único lugar do mundo onde se tinha acesso ao Brecht completo. Bunge tinha empurrado meu texto para Wilhelm Girnus, o redator-chefe, meio dia antes do fechamento do número. Girnus leu rapidamente e ficou entusiasmado, uma embriaguês de metáforas, como dizia. Insistiu em riscar dois trechos: "Kruchev pode falar com Kennedy sobre a coexistência, ela acabará com o capitalismo mais cedo ou mais tarde...", devido ao equilíbrio militar. E "Pense em Jesus, bufão de Nazaré, condenado pela hereditariedade, mãe virgem, pai carpinteiro, o diabo ofereceu-lhe a química no telhado do templo, ele recusou e morreu na cruz como mártir num emprego temporário...", para não prejudicar as boas relações da RDA com o Vaticano. Girnus tinha sido redator de cultura na *Neues Deutschland*, um dos principais combatentes contra o moderno nas artes plásticas. Em *Sinn und Form* ele tinha que se destacar em relação ao seu antecessor, Peter Huchel. Ele queria ser audacioso. Publicou *Filoctetes*, uma peça que não podia ser encenada. Na discussão sobre *A Construção* e *Filoctetes* no número 1/1966 da revista[39], sua cadeira já estava ameaçada. A "XI Assembléia do Comitê Central do SED" já tinha sido realizada. No início da conversa ele me disse: "Quanto ao isolamento de Biermann, isso eu faço, você não precisa incomodar-se com esse assunto." Biermann era o inimigo principal. Os únicos que levaram essa conversa a sério foram provavelmente os germanistas do Ocidente. Para os leitores da RDA era evidente que eu mentia, que só se tratava da possibilidade de encenar *A Construção*. Era necessário mentir. Foi antes um interrogatório do que uma conversa. Mentindo bem, tive a oportunidade de salvar meus textos da condenação. O interrogatório também foi uma conspiração. Éramos quatro, Girnus, Mittenzwei, Münz e eu. Münz era pesquisador teatral, e ele tinha escrito um parecer sobre *A Construção* para o Comitê Central. E isso, devido à inteligência do parecer, tinha provocado grandes danos. Ele tinha traçado uma linha do *Mistério Buffo* futurista de Maiakóvski até *A Construção*. No teatro levaram-me a mal a publicação em *Sinn und Form*. Achavam que agora não podia mais haver encenação. A proibição não veio de imediato, após a XI Assembléia os ensaios ainda continuaram.

    Ernst Kahler tinha começado a ensaiar ainda antes da Assembléia. Ele teve uma úlcera no duodeno que arrebentou durante os ensaios porque não conseguia se haver com a peça. Os atores foram muito renitentes, ele próprio era ator, e tinha preparado a encenação muito detalhadamente com o cenógrafo Heinrich Kilger. Kilger tinha construído um modelo e eles prepararam a peça cena por cena. E isso fracassou já no segundo ensaio porque os atores sempre queriam saber: por que devo ficar justamente aqui e não lá? Aí acabou. Para mim isso foi muito instrutivo, o fracasso de direção de um funcionário. Depois Wolfgang Heinz assumiu a direção. Os atores fizeram uma imensa resistência passiva contra ele, queriam que Besson fosse o encenador. Besson era o novo homem do Deutsches Theater, depois que Wekwerth e Palitzsch tinham conseguido afastá-lo do Berliner Ensemble, porque não sabia contar fábulas, isto é, queriam livrar-se dele porque era o melhor. Assim ele trabalhava no Deutsches Theater, os atores queriam que ele encenasse *A Construção* e isto era também evidente para mim. Ninguém porém falou nada a Wolfgang Heinz e todos me pressionavam para que eu dissesse a ele que não podia fazer a encenação. Ele era um grande, velho ator de Viena, precário como superintendente. Houve uma reunião com Wolfgang Heinz. Ele tinha interrompido as provas. Disse que tinha a impressão que havia algo no ar, os colegas que tinham algo a dizer deviam vir ao seu escritório. Heinz tinha declarado já cedo que amava essa peça, esse texto. E assim era. Ele tinha lido a peça para os funcionários, com sua grande voz de ator, e estes estavam naturalmente impressionados. Alguns ele realmente tinha arrasado com sua leitura. Lera em voz alta e se entusiasmara com o tom da peça. Ele realmente fez algo pela peça.

E agora estávamos em seu escritório e eu disse que na minha opinião – eu não podia afinal falar em nome dos atores – ele não podia fazer a encenação. Ele era um grande homem, um grande diretor, mas essa não era a literatura que ele talvez estivesse acostumado a encenar. E minha opinião era que Besson deveria encenar a peça. Houve um longo silêncio e depois ele disse que em sua vida havia três grandes admirações na dramaturgia, Hauptmann, Gorki e eu – e por isso doía-lhe muito o que eu dizia. Mas tinha de aceitá-lo e falaria com Besson. Nunca levou isso a mal.

Heinz talvez não fosse um grande intelecto, mas era um personagem íntegro, algumas vezes ingênuo no que se refere à política, mas tinha uma postura definida. Um outro exemplo: ele chegou a uma reunião durante os ensaios de *A Construção* e contou que o partido havia-lhe pedido para encenar *Ermittlung* (*A Investigação*), de Peter Weiss. Ele disse que boa parte de sua família tinha morrido em Auschwitz, a peça era importante, mas ele não podia encenar a peça porque durante a leitura tinha tido fantasias sexuais.

Besson assumiu a encenação de *A Construção* e depois de uma semana de ensaios a peça foi proibida. Uma proibição clara, uma "instrução", conseqüência da XI Assembléia Plenária, do relatório de Honecker onde ele havia apontado diversos crimes cometidos por artistas – entre outros minha peça. Não houve conseqüências como no caso da *Repatriada*, só fiquei novamente sem dinheiro. Como exemplo para a visão errada da história e a posição política errada da peça, Honecker citou um trecho: "Sou o pontão entre o período glacial e a Comuna"[40]. Essa crítica tinha um fundamento teórico: o partido tinha acabado de concluir que o socialismo era uma entidade histórica autônoma e não era a transição para o comunismo; era a santificação da miséria, o nascimento da caricatura do "socialismo realmente existente". Um pecado mortal, portanto. Naturalmente havia outros aspectos, mas esse não era sequer mencionado. No intervalo houve discussões com um dos meus favoritos, com o qual eu brigava com freqüência, Ronald Bauer, originário da Boêmia e responsável pela ideologia na direção distrital do SED em Berlim. Ele era bruto e direto. Dava algumas vezes prazer discutir com ele. Discutimos o trecho em que o dirigente mais idoso da obra briga com o jovem engenheiro porque este não teve coragem de impor-se. O dirigente tinha justamente recebido instruções para fazer aquilo que havia proibido ao engenheiro e ele diz: "...meu humor é voluntário: em cada reunião uma viravolta, e isso durante dez anos, aí a gente acaba se conhecendo bem. Não posso me acusar de nada, não mais, um cão covarde ainda diante do espelho..." e depois, criticando o jovem: "Mas aprendi a obedecer quando uma meia palavra fazia a cabeça rolar, tenho quase direito a minha covardia, onde está o Hitler de vocês?" Bauer perguntou: "Mas quem é Hitler?" Ele não tinha entendido nada, pura mania de perseguição. Ou então ele me leu melhor do que eu mesmo.

A peça só foi representada quatorze anos depois.
    Em 1980 quando a peça foi encenada na Volksbühne por Fritz Marquardt, existia uma recomendação do partido para não fazer a peça. O novo superintendente correu o risco como cinco anos antes Besson com a *Repatriada*. A única condição do partido na época foi um outro título, *Die Bauern* (*Os Camponeses*) em vez de *Die Umsiedlerin und das Leben auf dem Lande* (*A Repatriada ou a Vida no Campo*). Eram as reminiscências do escândalo de 1961. Um funcionário formulou isso da seguinte maneira: O partido não se humilha. O novo superintendente da Volksbühne era o Dr. Rödel, em cuja dissertação de doutorado a *Repatriada* tinha sido relegada ao âmbito da Segurança do Estado. Exigiram de Marquardt o corte de alguns trechos, por exemplo as palavras do operário Barka ao funcionário distrital que comparece ao canteiro de obras depois do 13 de Agosto: "Se eu soubesse que estava construindo a minha própria prisão, teria colocado dinamite em todas as paredes."[41]

Marquardt recusou-se a riscar o trecho. E depois a discussão era: como o público ira reagir? Era esse o receio. O público reagiu à frase de Barka com absoluto silêncio. E isso foi a salvação. Se o público tivesse reagido, a peça teria sido proibida. A crítica foi monótona. Só houve opiniões favoráveis.

Édipo Tirano, 1966

Nesse meio tempo *Édipo* foi uma boa ocupação complementar e era muito interessante trabalhar com Besson no Deutsches Theater. Depois da proibição de *A Construção* ofereceram a Besson *Édipo* como substituto. Besson veio e perguntou: "Você está interessado em traduzir isso?" Eu estava muito interessado porque já existia a versão de Hölderlin. Pensei, é só colocar o texto na máquina, mudar algumas vírgulas de lugar e pronto. Mas depois fiquei realmente interessado. Para Besson o ponto de partida foi uma edição comentada por Voltaire. Para o iluminista Voltaire a história do oráculo era naturalmente bobagem, e este era também o problema para Besson, como lidar com isso, porque o oráculo não podia ser eliminado da peça. Foi justamente esse embate entre Iluminismo e oráculo que nos deu a solução. De repente a peça transformou-se numa peça sobre Kruchev e a crise da agricultura no sentido de que ninguém em Tebas teria levado o oráculo a sério sem a peste. Era de repente um paralelismo atual em relação à queda de Kruchev, provocada por uma colheita ruim, o fracasso de seu programa agrícola. O trabalho com o tema fazia agora sentido para nós. Ou então o problema da arrogância de Édipo que ainda filosofa sobre sua cegueira. Hölderlin formulou isso assim: "É doce morar onde mora o pensamento/ Longe dos males". Eu falsifiquei isso, eliminei a moral. Escrevi: "Longe de Tudo." A extinção da percepção concreta em favor de uma idéia, onde queremos agora tomar pé. Foi bem interessante como Besson trabalhou com esse tema.

Para Besson, Édipo era o indivíduo forte, o *selfmade man* suíço: "Schwellfuß" (algo como "Pé Grande") contra o resto do mundo. Édipo foi germanizado, chamava-se agora "Schwellfuß." Fui contra. Pode-se escrever isso no folheto mas no palco a verdadeira dimensão da tragédia é ocultada.

Era porém uma qualidade de Besson, esse olhar mais "chão" sobre tudo. Foi isso que também agradou a Brecht. Os alunos dividiram Brecht, cada um recortou o pedaço que mais lhe agradava. O pedaço escolhido por Besson foi o mais fértil do ponto de vista teatral, o lado plebeu, o olhar de baixo, também o olhar denunciador sobre personagens, situações. Em *Hamlet*, por exemplo, o ponto decisivo para Besson era que Horácio só podia ser um espião, algo totalmente sem interesse para a peça. A redução do ângulo de visão, a trivialização dos "grandes assuntos", era justamente na RDA uma qualidade teatral. Também o uso solene dos clássicos. Por isso sempre nos engalfinhávamos com Besson, nunca concordávamos sobre isso. Para mim o que faltava em Besson era o trágico. O trágico também não existia em Brecht, a não ser nos seus melhores textos. Mas Brecht sempre negava isso teoricamente e para Besson isso também não existia. Era sempre motivo de piada. O trabalho de Besson realmente nunca me tocou. Mas era dinamite na RDA, também por causa do elemento românico. Além disso seu trato com recomendações e proibições era exemplar. Besson era uma condição para muitas das minhas encenações na RDA. Ele tinha também reservas quanto a Marquardt mas deu-lhe a possibilidade de trabalhar. Todos aprenderam muito de Besson porque era incrivelmente pragmático no trato com o teatro e com situações. No trabalho permanecia dentro do mundo de Brecht, nunca era nada de realmente novo. No teatro isso é muitas vezes assim, triunfos teatrais são trabalhos que não são realmente novos, o que faz sucesso é o velho renovado. O teatro não é em geral inovador, já por causa do aparato. É possível ser mais inovador na linguagem poética do que no drama. O teatro precisa ficar perto dos lugares comuns para ter sucesso. Justamente o lugar comum astucioso era uma qualidade de Besson: tragédia era quase equivalente a fascismo. A pose iluminista de Brecht diante do mito. A cegueira proposital diante dos aspectos sombrios do Iluminismo, suas partes íntimas. Não é preciso encenar *Hamlet* para dizer que Horácio é um espião. No caso de *Édipo* fizemos um compromisso. Interpretei algumas coisas assim, ele de outra maneira. Para o público pouco importava. Foi um grande sucesso, uma encenação bonita com cenários de Horst Sagert, que trouxe para o palco um mundo completamente diferente, que nada tinha a ver com os conceitos de Besson. Foi exótico, uma africanização de Édipo. Hacks e Besson foram uma combinação ideal. Era sempre brilhante e o sucesso, garantido. A encenação de *Édipo* em 1967 foi recebida como uma encenação de alta qualidade, de um clássico, uma obra de arte. Politicamente não chamou a atenção. Besson tem idéias políticas, mas elas desaparecem no palco, na armadilha da arte, que não engole apenas idéias. Os ensaios foram mais interessantes do que a apresentação, também isso era uma característica de Besson. Na medida em que se aproximava a estréia, mais rupturas e brechas desapareciam. Lembro-me de sua luta com o coro: fazer dançar homens alemães com suas panças de cerveja. Ele achou uma ótima solução: os grupos eram bem apertados e só podiam fazer pequenos movimentos. O fato de os atores não "falarem" com os pés é um problema básico do teatro alemão. O texto vem em geral só da cabeça. Besson fez tremendas descobertas durante os ensaios, ali ele era audacioso.

O fim do teatro político na RDA foi a bem-sucedida encenação de Besson de *O Dragão* (*Der Drache*). A encenação fez da parábola antistalinista de Ievgueni Schwarz um conto de fadas. O dragão era um dragão "de verdade" feito pelo artista teatral Eduard Fischer, ele cuspia fogo, abria a boca, berrava e trovejava. Rolf

Ludwig foi um bom velho dragão, um monumento à gerontocracia, mas a idéia de fazer do dragão um monstro de assustar crianças tirou a agressividade da peça.

Uma vez Besson quis encenar *A Alma Boa de Setsuan* na Volksbühne e perguntou: "Como faço isso nessa cidade dividida pelo muro?" E ele citou: "E se nesta cidade aconteceu uma injustiça, então ela merece desaparecer, antes que fique noite." "Que faço com esse trecho, com essa frase, aqui em Berlim, agora, nessa situação política?" Eu não entendi a pergunta. No ensaio ele perguntou a Karusseit, que interpretava Shen Te: "Como você interpreta essa frase?" Ela marchou até a ribalta e gritou a frase para a platéia. Besson disse: "Você fica no fundo e diz essa frase baixinho. E a tua acentuação está errada. Você deve dizer: 'E se nesta cidade aconteceu uma injustiça, então ela merece desaparecer, *antes* que fique noite'." Foi o que ela fez. Ninguém entendeu a frase. Por que antes e não depois? É o maneirismo que nasce da covardia. E esse foi o destino do teatro na RDA; sempre mais maneirista, sempre mais artificial devido a essa postura.

Reparei em algo semelhante quando fui de ônibus da Friedrichstraße até a Alexanderplatz. Um dos operários do palco do Berliner Ensemble entrou no ônibus carregando algo pesado que devia levar até a oficina. Era um baixinho gordo, apelidado de Füchschen (Raposinha). Os operários do palco eram sempre um foco da "contra-revolução" na RDA, porque viviam diariamente a discrepância social em relação aos atores, e não só na cantina. Ficavam sentados separados dos atores. O ônibus teve que fazer uma volta, porque no Palácio da República se realizava um congresso da FDJ. Para ele isso significava andar mais com aquele peso. Ele estava chateado e disse: "Merda de FDJ. Heiner, você conhece isso? 'E um dia, isso vai ser logo, eles vão perceber que tudo isso não lhes vai mais servir para nada.' Uma citação da *Mãe* de Brecht. Aí percebi que ninguém na RDA tinha entendido esse texto na encenação da *Mãe*, provavelmente por causa da bela música de Eisler.

Portanto o papel da arte como disfarce, como calmante, como comprimido para dormir.

Besson saiu definitivamente da RDA em 1978 ou 1979, seu programa tinha sido recusado pelo magistrado. No programa estavam também peças minhas, que seriam feitas não por ele, mas por Mathias Langhoff, Karge e Marquardt. Uma peça de Brecht foi recusada pelos herdeiros, as minhas pelo magistrado. Por isso ele foi embora, e também Langhoff e Karge.

O *Héracles* já estava pronto quando *Édipo* era ensaiado. Eu tinha escrito o *Héracles* porque tinha falado muito sobre saneamento, que a peste é um problema de saneamento. Tentei desesperadamente e sem resultado convencer Besson a encenar essa peça como sátira, antes de *Édipo*.

Inge morreu em 1º de junho de 1966, você se lembra desse dia?

A vida com Inge tinha-se tornado então um problema também para meu trabalho. Eu não podia mais trabalhar em casa. Em primeiro de junho perguntei pela primeira vez no teatro se podiam arrumar uma moradia para mim. Depois ainda discuti longamente com Adolf Dresen, numa plataforma do metrô, sobre o futuro ou não-futuro do marxismo. Quando cheguei em casa ela estava morta. Foi na noite em que a televisão mostrou pela primeira vez um filme sobre o suicídio de Marylin Monroe. Nas semanas e meses seguintes ouvi quase sem interrupção o *Cravo Bem Temperado*. Comprei comprimidos para dormir, mas não tomei nenhum. Foi bastante difícil. Durante o enterro a minha inimizade com Peter Hacks tornou-se definitiva. Eu estava num lugar pouco favorável, todos tinham que dar-me os pêsames. Hacks tropeçou em algum obstáculo e caiu de joelhos diante de mim. Naturalmente ninguém podia rir. Havia muita gente no enterro, muitos atores. Um deles recitou poemas de Inge. Fiquei brevemente sob suspeita de assassinato, porque ela não havia deixado uma carta de despedida. Sua carta de despedida foram os poemas que escrevera nos últimos oito anos.

Uma vez tive que levá-la ao hospital depois de uma tentativa de suicídio, ela tentou pular da varanda. Meus pais estavam justamente de visita. Para Inge isto foi uma quebra de confiança. Ela achou o hospital tão aterrador que nunca a levaria de novo. Uma vez tive que entrar na casa com o auxílio dos bombeiros, ela havia trancado a casa por dentro e não queria abrir. Em geral era assim: quando eu não estava em casa não acontecia nada. A primeira vez que ela tentou suicidar-se na minha ausência foi também a última vez. Talvez continuasse assim por dez anos. E com certeza eu também não tinha muita fé nos psiquiatras. E também pensei realmente: se ela quer morrer isso é problema dela. Uma cigana lhe tinha dito que morreria aos 41 anos.

A esta altura você deveria dizer alguma coisa sobre seu texto Todesanzeige (Notícia Fúnebre).[42]

Lembro quando escrevi o último parágrafo, o trecho com o "Hühnergesicht" ("Cara de Galinha"), minha primeira descrição de um assassinato na primeira pessoa. Foi uma diferença estranha em relação a escrever peças. Numa peça, quarenta assassinatos não são problema, mas de repente escrevo: "*Eu* o esfaqueei". Foi um choque, uma experiência completamente diferente. Eu tinha começado a escrever na terceira pessoa, depois percebi que não era uma saída. Daí o efeito assustador para muitos, também para mim. Eu fiquei assustado sobre aquilo que estava escrevendo, mas isso não me deu o direito de não escrever o texto.

Você pode dizer alguma coisa sobre as relações entre homens e mulheres nas suas peças?

Por que eu? Existem análises de minhas peças feitas por homens e mulheres que homens e mulheres podem ler.[43] Também de Marthe Robert, a psicanalista e teórica da literatura, infelizmente uma análise só oral. Ela leu *Filoctetes* e fez uma lista das perversões que o texto sublima. Incluía também a coprofagia. Com certeza também é fácil fazer isso com minhas peças.

Como você acompanhou os distúrbios estudantis em Praga, em 1968?
De forma muito distanciada porque na época eu passava muito tempo na Bulgária. E ali falei sobre Praga principalmente nos bares, com africanos. Eles tinham uma visão bastante distanciada sobre essas lutas tribais do norte da Europa, não achavam tudo isso muito importante. A supressão do movimento reformista na Tchecoslováquia freou um processo, mas não pôs um processo novo em andamento. Os distúrbios estudantis no Ocidente, em 1968, foram mais interessantes e trouxeram mais conseqüências de forma global, se bem que as conseqüências foram diferentes do que o imaginado, mas na RDA era impossível compartilhar as ilusões da esquerda. Fiquei aliviado quando li em Foucault que a verdadeira função do movimento estudantil de 1968 foi modificar a estrutura das universidades para adaptá-las às necessidades da indústria moderna. E isso funcionou. Tive sorte de estar na Bulgária, assim não me vi na situação embaraçosa de ter que assinar um manifesto a favor ou contra Praga ou então não assinar. Fiquei na Bulgária por mais tempo por causa de Ginka Tcholakova, que eu havia conhecido em Berlim, e que não podia voltar à RDA. Conheci Ginka durante a encenação de *Édipo*. Ela estudava teatro e era estagiária lá. Nossa relação transformou-se num novo drama com muitas complicações. Também meu primeiro encontro com Honecker tem a ver com isso.

O Poder e a Glória

A história da RDA é também a história da estupidez, da incompetência das pessoas. O fato de que no SED se deu tão pouca atenção às pessoas que incorporavam ou representavam esse partido, me faz lembrar Graham Greene, *O Poder e a Glória*, (*Power and Glory*), o romance sobre o padre bêbado no México. Na época da revolução mexicana, sob Juarez, padres católicos eram perseguidos e a população escondia e alimentava os padres. O romance é a história de um padre que também é perseguido, um alcoólatra inveterado, sempre bêbado, degenerado e associal, mas ele permanece padre e personifica a Igreja. Era assim que eu via os funcionários, de outro modo não seria possível lidar com essas pessoas. Muitos eram primitivos, estúpidos, brutos, degenerados, cobiçando o padrão burguês, todos sob pressão.

Não existiam funcionários nos quais se pudesse projetar esperança, pelo menos funcionários com influência e poder. Bem no início havia algumas figuras íntegras, que foram depois eliminadas. O outro aspecto era a proximidade. Um exemplo: eu tinha escrito para a *Spiegel* um artigo sobre o segundo livro de Thomas Brasch, que tinha sido publicado pela Suhrkamp. No partido houve uma briga tremenda e numa estréia qualquer no Teatro do Palácio da República, encontrei o cão de guarda responsável pela minha pessoa, Roland Bauer, o ideólogo chefe da direção do distrito em Berlim. Ele disse: "Ainda estou com raiva de você." O motivo foi a resenha na *Spiegel*. Tudo se arranjou depois no balcão do bar, como entre os mafiosos.

Höpke era o playboy entre os funcionários. Estive uma vez com ele a respeito de uma viagem. Eu não estava mais na Associação dos Escritores, e por isso a responsabilidade era do Ministério da Cultura, e a pessoa com quem tratar era Höpke, responsável pela literatura. Era típica para ele uma observação como: "Então, é bom que você não seja mais membro da Associação dos Escritores, assim eles não podem colocar seu veto." Ou outra vez, quando estive com ele a respeito de outra viagem, ele perguntou: "A editora Henschel quer publicar *Hamletmaschine*, o que você acha disso?" Eu disse: "Por mim, não tenho nada contra se vocês quiserem publicar isso." Na editora ouvi depois: Höpke comunicou à editora que eu não era a favor da impressão! Com *Germânia* foi assim: até 1988 podia-se publicar o texto, encenado, ele não podia ser de jeito nenhum. Fui até o ministério, lá estava a representante da Divisão de Teatro, hoje uma senhora importante aqui no museu – encontrei-a outro dia na inauguração da exposição de John Heartfield com uma roupa de cor violeta – e ainda um representante da editora Henschel, e Höpke. Höpke disse: "Esse ano não. Mas a peça tem futuro." Aí eu disse: "Isso significa: no ano que vem também não." Diz ele: "Pois é, talvez daqui a dois anos." Eu: "Por quê?" "Bem, existem dois pontos: se você mudá-los poderemos discutir a peça." Um dos pontos era a identificação inadmissível de Stalin com o grande povo russo na cena "Hommage à Stalin ll" e o segundo ponto era a identificação de Rosa Luxemburgo com uma prostituta.

A partir de 1968/70 viajar tinha se tornado algo normal para um número maior de autores. Antes de entrar na Academia em 1984 eu não tinha um passaporte que me permitisse sair ou entrar à vontade. Era uma condição especial. Quando você era membro da Academia ficava mais fácil. Eu nunca tentei obter um visto para mais de seis meses, porque isso implicaria uma mudança de estatuto. Aí você sai do contexto que me era necessário, a pressão da experiência. Eu lidava com o teatro, não ficava em casa escrevendo romances.

O fato de ter entrado na Academia, junto com Volker Braun, tinha relação com Konrad Wolf, o irmão de Markus Wolf. Era necessário pagar o preço de sempre, dois, três outros tinham que entrar também para podemos ser eleitos. Antes Volker Braun e eu sempre tínhamos sido indicados, mas recusados pelas instâncias governamentais.

Eu praticamente não tinha contatos com a direção do partido. Com Schabowski por exemplo falei pela primeira vez em 4 de novembro de 1989. Ele estava então muito interessado na minha opinião. Era simples: desde o episódio da *Repatriada* todos os funcionários em todos os cargos de direção do partido na RDA sabiam: com o Müller aconteceu uma vez alguma coisa. Sempre que um teatro na província queria encenar uma peça minha, o alarme tocava junto aos funcionários, o respectivo cacique distrital ou o secretário regional sabia: aí houve alguma coisa. Isso chegava até o DKP*. Fiz uma vez um ciclo de leituras em Baden-Württemberg e em Heidelberg ou Friburgo uma livraria do KPD que vendia livros antes e após a palestra, atrelou-se a mim. Convidaram-me depois para a bebida ritual e no banheiro o livreiro estava de repente ao meu lado e disse: "Eu não queria dizer isso enquanto estamos mijando, mas acho legal que você ainda carregue a bandeira." E aí revelou que haviam recebido um telefonema urgente da matriz: "Cuidado para que não aconteça nada aí com o Müller."

Depois da primeira viagem, o Ministério da Cultura pediu que eu fizesse um relatório. Não fiz o relatório, não porque eu estivesse oferecendo uma resistência heróica, mas por simples pre-

---

* DKP: "Deutsche Kommunistische Partei", Partido Comunista Alemão (da RFA).

guiça, relaxamento. Eu não via sentido nisso. E depois nunca mais me pediram relatório nenhum.

Eu não me sentia espionado, a presença da segurança fazia parte da vida na RDA. Só sofri uma vigilância aberta em 1976, depois da expulsão de Biermann. A idéia era que percebêssemos a vigilância. Sabíamos que os telefones estavam grampeados.

Sempre que havia uma encenação na Volksbühne atiçavam o secretário do partido local contra mim, um fanático de Mecklemburgo, até que não era antipático. Ele acreditava na linha do partido, na última virada em curso, e também na próxima, com o mesmo fanatismo. Ele tentava sempre apropriar-se intelectualmente do que era correto e novo no momento, e de repente era correto de outra maneira. Era um argumentador apaixonado – não sei se tinha uma missão oficial, mas certamente tinha a missão interna de me doutrinar.

Com os anos a rede se tornava sempre mais apertada, mas também mais porosa. Eu soube, de algumas pessoas que passaram por escritórios da Stasi para serem interrogadas, que lá já muito cedo havia retratos de Gorbatchov. Na realidade a RDA foi desagregada mais pela Stasi, devido a uma superprodução de inimigos do Estado, do que pelas passeatas. As passeatas eram apenas espuma na crista das ondas, um espetáculo televisivo. A vontade política era rapidamente deformada em fator de mercado. Desde Gorbatchov a Stasi devia saber, devido ao seu grau de informações, que a fortaleza RDA não mais poderia ser mantida, militar e economicamente. Havia também sinais de que a discrepância entre o nível de informação dos funcionários graduados e da Stasi estava aumentando. A inteligência estava com a Stasi, a cegueira com o partido. E naturalmente a Stasi tinha melhores contatos com os russos do que o partido, e isso não só desde Gorbatchov.

O meu interesse pelas fichas da Stasi referentes à minha pessoa é escasso. Se quero escrever um romance sobre a pessoa a que se refere essa documentação, ela será um bom material. Eu sou um outro. Em todo caso levo vantagem junto com outros cidadãos da RDA sobre por exemplo Günter Grass, que só pode ver suas fichas no BND, se ele estiver interessado, quando a RFA naufragar ou se dissolver em uma outra estrutura. Provavelmente ambos não iremos viver esse momento.

Como era seu relacionamento com Hermann Kant?

Ele me telefonou em 1965, depois que *A Construção* foi publicada na *Sinn und Form*, e disse que achava isso muito bom, eu devia continuar, não me deixar dissuadir. Na época esse gesto foi importante para mim. Ele já era presidente da Associação dos Escritores. Lembro vagamente que em 1961, após a minha exclusão da Associação, ele me telefonou e disse que o meu não-comparecimento à reunião tinha sido um grave erro. Por isso não foi possível fazer mais nada. Por que eu não tinha comparecido? Depois não nos encontramos mais, a não ser nos Encontros Berlinenses em 1981[44] ou em outros eventos oficiais. Não tenho uma opinião tão elevada dele como escritor quanto Marcel Reich-Ranicki. Ele tinha uma forma caprichosa de fugir engenhosamente de pronunciamentos diretos. Por outro lado, li há alguns anos, em *Sinn und Form*, um conto dele, "Bronzezeit" ("Era do Bronze"), sobre a história do monumento a Frederico, o Grande na Avenida Unter den Linden, o monumento que foi retirado em 1951 por ocasião dos Jogos Mundiais, sob a iniciativa de Honecker, também responsável pela recolocação durante a onda nacionalista de 1983. Era a tentativa de estabelecer a RDA como uma nação com tradições próprias. O conto de Kant é talvez a sátira mais forte sobre a RDA que li nos últimos anos. Mas naturalmente ninguém mais lê isso porque leva a assinatura de Hermann Kant. No Ocidente não houve nenhuma reação a esse conto. Não li *Die Aula* porque Fritz Marquardt, que freqüentou a mesma universidade de operários e camponeses que Kant, havia escrito um conto sobre a época. Esse conto nunca foi publicado na RDA, somente na antologia *Geländewagen* organizada por Wolfgang Storch.[45] É um texto excelente sobre a história dessas instituições de ensino. *Der Aufenthalt* (*A Estadia*), o romance de Kant sobre sua participação na Segunda Guerra Mundial, é com certeza melhor que *A Aula*. É uma experiência real que ele descreve aí. Mesmo se Hermlin já disse isso antes, o certo é que Kant, como muitos de sua geração, teve de lidar com um sentimento de culpa, com a consciência de que deveria expurgar sua culpa por meio de uma dedicação especial, uma fidelidade especial frente a este novo Estado. Este foi seu problema. Agora os problemas dele são outros.

Que contatos você tinha com editoras da RDA?

Poucos. A principal editora era para mim a Henschel por sua atividade como distribuidora teatral. Com a Aufbau tive contato muito cedo, em 1949/50. Mandei excertos de obras da minha juventude, cenas de peças começadas ou prontas com comentários meus. Lembro-me de um comentário sobre uma cena: "Tenho simpatias por intrigantes e por Schiller." Isso foi escrito com arrogância juvenil mas também com a noção de que isso ainda não está pronto, não é o "verdadeiro". O material foi devolvido com a observação: "Continue, você mesmo diz que ainda não está pronto." Através de Stefan Richter tive nos últimos anos mais contato com a Reclam. Antes disso com Hans Marquardt. Ele publicou *Zement* junto com o romance de Gladkow. Depois verificou-se que faltavam algumas frases no texto de Prometeu em *Zement*. Recebi essa informação por acaso, de uma americana que, durante um curso universitário de férias em Weimar, tinha ouvido a palestra de um germanista, Rüdiger Bernhard. Na sua palestra ele também leu o texto de Prometeu. Os estrangeiros perceberam então que no texto da RDA, diferentemente da edição ocidental, faltava o trecho sobre a masturbação de Prometeu. Quando falei mais tarde com Marquardt ele ficou um tanto constrangido e disse que provavelmente tinha sido um erro da secretária. Mais tarde descobri que o mesmo trecho faltava na edição da Henschel. Nunca ninguém me perguntou, riscaram isso na surdina.

Esses foram os únicos contatos com editoras. Fora isso não houve interesse por parte de editores da RDA, também porque eu não era visto como escritor, apenas como dramaturgo.

Eu tinha sugerido à Henschel acompanhar a edição Rotbuch (da RFA) em paralelo. Eles se interessaram mas tudo veio água abaixo devido a um telefonema de Hager, que ficou indignado com um poema no primeiro volume da edição da Rotbuch. Foi o poema "Film".[46] Hager não tinha lido o poema no próprio livro, mas numa resenha de Benjamin Henrichs na *Zeit*, que havia citado o poema. O projeto terminou assim. Nunca tive contatos pessoais com Hager. Nos últimos anos acontecia assim: quando nos encontrávamos em algum lugar, por exemplo na Representação Permanente da RFA ou na embaixada francesa, ele dizia: "Precisamos conversar um dia desses." Eu dizia: "Devo telefonar-lhe?" E ele: "Não, eu telefono para você." Foi assim por mais de cinco anos, o telefonema nunca veio. Em 1986 claro que o encontrei por ocasião da atribuição do Prêmio Nacional. O crítico de teatro Ernst Schumacher estava ao lado de Hager e dei-lhe os parabéns pelo seu Prêmio Nacional. Schumacher disse que ele sempre soubera, e dizia, que Müller era um comunista, e Hager respondeu: "Sim, isso eu também sempre soube." Ou algo parecido. Foi tudo. Hager esteve presente à estréia de *Zement* no Berliner Ensemble. Existia um pequeno ritual em que o superintendente chamava os presentes mais importantes para uma taça de champagne em seu gabinete. Durante o brinde Hager disse que não tinha entendido o texto da Hydra, mas que tinha agradado à sua filha. Também no *Achatador* a filha estava sentada em seu lugar. Às estréias de Hochhut e de Peter Weiss, Hager comparecia sempre, isso era um dever político.

Encontrei Peter Weiss pela primeira vez durante a encenação do *Discurso do Vietnã* no Berliner Ensemble. Discutimos violentamente e ele se queixou muito a Bunge. Falei que ele era racista e que estava sendo usado. Naturalmente falei isso também por inveja. Ele era a criança mimada do partido. Era fácil escrever contra a guerra do Vietnã e mais fácil ainda encenar isso na RDA. O foco da discussão é que eu achava inadequado escrever contra a guerra do Vietnã na RDA. Era hipocrisia escrever contra o imperialismo na RDA, enquanto as estruturas da RDA, seus próprios problemas não podiam ser levados ao palco. A discussão era essa. Peter Weiss não entendia isso, para ele a RDA era ainda uma esperança, ele não podia entender porque vivia no Ocidente. Isso foi nos anos 70. Peter Weiss teve seu primeiro choque com RDA quando foi retido na fronteira e não o deixaram entrar por causa da peça sobre Trotski. Então Perthen, superintendente do teatro em Rostock, intercedeu e conseguiu que ele entrasse. Perthen era um tipo desagradável, paranóico e intrigante, mas para Peter Weiss e também para Hochhut era uma espécie de pai. Ele cortejava os dois. E ele tinha a programação mais rica, mais diversificada. As encenações eram o fim. Perthen conseguiu junto a Hager a suspensão da proibição de Peter Weiss entrar na RDA. Mas a condição era uma discussão da peça sobre Trotski no Politburo e nessa discussão Weiss quase desistiu da peça.

Ästhetik des Widerstands (*A Estética da Resistência*) é um grande livro. Encontrei Peter Weiss novamente – foi a última vez – depois que assinou na Henschel o contrato para editar a *Resistência* na RDA. Ele estava muito feliz e muito à vontade, comemos juntos, traçamos planos, entre outros para uma montagem na Volksbühne. Ele já não tinha tantas ilusões quanto no nosso primeiro encontro, mas ainda mantinha sua atitude monástica frente à utopia.

Brecht

Minha relação com Brecht foi seletiva desde o início. Existe uma linha, que atravessa a obra de Brecht, e que me interessa. É a linha gótica, o alemão. Um exemplo clássico é o poema *Falladah*, que já mencionei. É muito alemão, muito fragmentado, não é alegre, calmo, romano, clássico, chinês. Brecht se fazia de chinês ou romano em determinadas situações da vida que eram também situações políticas históricas – épocas em que ele estava fora de circulação. A etapa mais importante de sua obra é para mim o período do fim dos anos vinte até 1933. Esse tom aparece de novo muito mais tarde, nos primeiros anos de Brecht na RDA, por exemplo no *Aufbaulied*. Só bem no fim o gótico se dilui no romano, nas *Elegias de Buckow*, conseqüência da decepção com a RDA, do choque com o 17 de Junho de 1953. Existe uma versão de *Baal* – creio que é a última – que nasceu do confronto com Berlim, com a cidade grande onde Baal é mecânico, trabalha com máquinas. Foi um momento decisivo. É a partir daí que Brecht se torna interessante para mim. Então ele é menos o jovem selvagem de Augsburgo, aquilo é expressionismo bávaro. No confronto com a cidade ele se torna agressivo e rápido. É o tom que surge no poema *Falladah*, levado ao extremo em *Fatzer*. *Fatzer* é o melhor texto de Brecht em geral, a essência de uma experiência pós-burguesa. É interessante como gente como Stein e Peymann detestam esse texto, porque a linguagem tem aí uma força de gravidade própria que questiona o teatro. Brecht mesmo declarou no fim que *Fatzer* representou o padrão técnico mais elevado, ao lado de *A Medida* (*Maßnahme*). É deste padrão técnico que se trata. O conceito de padrão técnico é impensável sem a metrópole, sem a indústria. O Brecht querido é no entanto o Brecht agrário, o Brecht não-industrial, o jovem selvagem ou o clássico, domado pelo stalinismo. Mas a sensualidade de Brecht era sempre artificial, era leitura. Existe ainda outro aspecto dos textos que me vem à mente, até o prólogo de *Antígona*, os versos "alemães", rimas alternadas, que têm uma força incrível. É como ligar-nos a uma corrente sangüínea que atravessa a literatura alemã desde a Idade Média, e a Idade Média foi em realidade o grande momento alemão. Na Idade Média existiu uma cultura alemã como algo unitário. Depois houve uma fragmentação em regiões, em províncias individuais. Nunca mais houve essa unidade cultural facilmente identificada nas artes plásticas. Brecht também escreveu algumas vezes muito bem sobre isso. As guerras camponesas, a maior tragédia da história alemã. Depois veio a Guerra dos Trinta Anos, e depois esses rostos desapareceram na Alemanha, rostos como em Cranach, como em Dürer, algo com um caráter popular... Só no *Sturm und Drang* isso aparece mais uma vez, em Büchner certamente, de forma extrema em Lenz, Kleist foi um caso especial. O alemão em Brecht tem muito, realmente muito a ver com as formas. As rimas alternadas sempre em um nível muito alto, são pelo menos tão boas quanto em Goethe, se não melhores. A rima alternada é a única forma alemã do verso, a forma alemã original antes do verso branco. Mas o verso branco só pode ser revitalizado por meio de Shakespeare. Brecht foi uma estação intermediária, uma espécie de agente de Shakespeare. Em *Arturo Ui* existe muita coisa mecânica, coisas de estudante, travestismo, mas de repente vêm trechos cruéis, por exemplo quando Givola (Goebbels) diz a Roma (Röhm): "A minha perna é curta, não é?

Assim como o seu raciocínio!/ Agora vá com suas pernas boas até a parede!" Esses são os bons trechos em Brecht, não os amáveis. A força propriamente dita é o terrorismo, o horror. Por isso Hitler foi importante para ele como adversário, também formalmente. Foi um inimigo ideal. Benjamin descreve bem essa luta de trincheiras contra Hitler. É a mesma espécie de maldade, existe aí uma incrível afinidade. Nos poemas de agitação contra Hitler ainda se nota isso, esse tom maldoso. Brecht não é interessante como iluminista.

Depois da morte de Brecht o Berliner Ensemble acabou sendo apenas um túmulo. Não sobrou nada. O auge foi o *Hofmeister* encenado por Brecht. Quando perguntaram uma vez a Peter Brook se já havia visto uma vez "Teatro da Crueldade" no sentido de Artaud, ele respondeu: "Sim, uma vez no Berliner Ensemble, o 'Hofmeister'. Isto foi teatro cruel, intervenção na consciência, ataque à falsa consciência, destruição de ilusões." Talvez também porque um suíço representava Hofmeister. O prólogo – nunca vou esquecer a voz agressiva, quase um vagido: "Vou revelar-vos o que ensino/ o ABC da miséria alemã." Era também o timbre da voz de Brecht. Um timbre semelhante também tinham Bismarck e Ulbricht, também Hitler e Artaud.

Nessa encenação houve uma cena, a cena da castração, com tempestade, uma grande tempestade teatral, e em meio à noite Hofmeister se castra, arranca um pano vermelho da calça e corta-o. Nunca mais vivi isso no teatro. Todos os expectadores segurando a respiração. Gosto muito de *Galileu*. Pelo menos na primeira versão tem agressividade e velocidade. Foi sempre encenada de maneira errada. E é uma auto-acusação, sua única peça autobiográfica, incluindo o problema de sua filha Virginia, cujo casamento termina porque Brecht insiste no que dizem os astros.

Quanto à sucessão, para Brecht a realização era Strehler como diretor. Isso certamente tem relação com o sul, em Strehler existe outra luz, nenhuma névoa. As coisas têm contornos nítidos. O sul não como algo quente e macio, mas como algo duro e agressivo. Na

Alemanha era difícil criar isso, uma atmosfera como essa, uma luz. No entanto *A Alma Boa de Setsuan*, na encenação de Strehler, já foi um problema, um conto de fadas. A peça induz a isso. Mais importantes foram a *Ópera dos Três Vinténs* e *Luculo*, de Strehler, com esse olhar frio sobre a execução de Mussolini. Foi algo muito diretamente associado à situação política e social na Itália. Brecht, de qualquer modo, assistiu à encenação de Strehler da *Ópera dos Três Vinténs*.

Meu contato direto com Brecht veio com o *O Achatador*. O interessante é que nos anos 50 discutimos na Associação dos Escritores, na seção de Dramaturgia que eu devia organizar e dirigir o fragmento de Brecht *Garbe*. Nós não conhecíamos o material, ele estava no arquivo, Rühlicke falou sobre ele. Contou por que Brecht havia desistido do tema. Primeiro ele quis fazer algo no estilo da *Medida*, com coros. Isso partia de pressupostos errados, de que existia uma classe trabalhadora intacta na RDA. O problema era que Brecht, com suas categorias clássicas marxistas, estava penetrando numa realidade que não podia ser apreendida de modo algum por essas categorias, uma realidade muito mais diferenciada e complexa. Por isso Brecht não podia escrever uma peça sobre a RDA. A situação era válida também para Seghers e em geral para todos que vinham da emigração e que tentavam reatar com 1933 ou 1932. Isso não foi mais possível depois da guerra, nesse "Estado de operários e camponeses" que era apenas uma afirmação, da mesma forma que o socialismo era um fantasma. Foi interessante como Brecht explicou por que não podia escrever a peça. Ele disse que Garbe não tinha o grau de consciência de que ele, Brecht, necessitava para o protagonista de uma peça, e por isso o material era suficiente para uma peça no máximo de um ato. Ele não tinha percebido que o protagonista tinha desaparecido no contexto da RDA, que não havia um protagonista neste outro contexto. Ele não podia imaginar o drama sem um protagonista. Também seu conceito de fábula estava em última análise associado à presença de um protagonista. Todas as peças giram em torno de um protagonista, nesse sentido ainda era dramaturgia burguesa. Escrevi então, instintivamente, uma peça sem protagonista. Ela sempre foi encenada como se houvesse um herói, um "ativista". Mas este é um ponto de vista somente ideológico. O material subversivo no texto passou desapercebido. Era encenada como uma peça heróica. Onde no meu texto estava escrito "pausa" ou "silêncio" havia para Brecht espaço para árias. Suas peças tinham uma estrutura de ária que ele depois destruía com sua dramaturgia de intrigas. Essa dramaturgia de intrigas que vinha da cabeça, do pensamento ideológico, tornou as peças lentas. O *Pequeno Organon* não ajudou nesse aspecto.

Brecht morreu em 1956. O que você sabe da sua morte?

Só o que se conta. É certo que, considerado o estado da medicina ocidental de então, ele não precisaria ter morrido. Foi um acidente de trabalho. Ele tinha uma gripe e uma insuficiência cardíaca, ou algo do gênero, ele tinha um coração neurótico, nada de orgânico, e morreu de gripe. Existe uma história bonita da época depois da sua morte: Wolfgang Harich tinha sido preso, as viúvas de Brecht discutiam com a mulher de Harich, que havia sido a última amante de Brecht, o que fazer. Nesse intervalo chegou Fritz Cremer com quatro operários da siderúrgica de Hennigsdorf, com o caixão de aço para Brecht. Ele tinha sido confeccionado em Hennigsdorf segundo um desenho de Cremer, mas Cremer tinha esquecido de tomar as medidas. E agora ele estava com medo – era o primeiro modelo que eles faziam – de que Brecht não coubesse no caixão, como Wallenstein cujas pernas tiveram que ser quebradas pelos conspiradores, porque o caixão era muito pequeno. Weigel, que era uma mulher prática, pediu a um dos operários que tinha a estatura aproximada de Brecht que se deitasse no caixão. O caixão serviu. Depois eles foram embora com o caixão. Essa foi a *A Medida*, de 1956.

Horizontes / Peça da Floresta, 1968

Durante os ensaios para Édipo *em 1966 você conheceu Ginka Tcholakova.*

Ela trabalhava como estagiária, fazia estudos sobre teatro em Berlim. Era búlgara e noiva havia anos de um búlgaro, filho de uma família de funcionários. Ela já tinha fugido duas vezes do casamento, uma vez para o sul da França e uma vez para a Itália. Dormi com ela e a terceira data para o casamento estava marcada. Ela disse que precisava voltar para a Bulgária mas ainda não sabia se ia ou não casar. Tínhamos combinado que ela me mandaria um telegrama. Então veio um telegrama onde se lia "Senhora". Provavelmente ela só casou por causa das fotos com o vestido de noiva. Hoje eu entendo isso melhor que antes. Depois ela voltou para Berlim, as condições de trabalho eram agora muito desiguais, ela precisava vir com o sujeito para Berlim, para poderem decidir corretamente. Ele veio para Berlim, houve um concurso socialista, e finalmente ela veio morar comigo e se divorciou. O búlgaro tentou vez ou outra matar-me, mas depois ainda deu para resolver tudo de forma civilizada. Duas semanas mais tarde apareceu numa manhã um policial com um papel e disse que Ginka teria que sair da RDA em 24 horas, e para sempre. Depois de aconselhar-me com Mathias Langhoff, que tinha boas relações na área da medicina, falei com uma médica da Charité. A médica internou Ginka na divisão fechada da psiquiatria, para que eu pudesse procurar informações sobre o que havia por trás da ordem e o que podia ser feito. Ginka ficou dois ou três dias e noites nessa divisão fechada. Foi muito interessante para ela, depois ela contou boas histórias sobre o episódio. Depois de dois dias telefonou um médico da Charité, um comunista grego, imigrante, e disse que minha mulher ou amiga tinha sido levada de manhã cedo por dois senhores com casaco de couro, e a colega dele, que tinha tido a possibilidade de impedi-lo, não o tinha feito. Fiquei sem ouvir nada por um tempo. Fui me informar então com meu inimigo-íntimo, Roland Bauer, o ideólogo-chefe do distrito. Ele disse apenas: "É um assunto búlgaro." Solicitei uma autorização de casamento. Havia necessidade de uma licença do governo para casar com um estrangeiro. A autorização foi recusada. Pedi a autorização na instância imediatamente superior, foi novamente recusada. Falei com Paul Dessau, ele disse: "Você vai falar com o Erich." Consegui marcar uma data para um encontro com o Erich Honecker. Na ante-sala estava a mulher bonita que eu tentei paquerar durante os Jogos Mundiais. Quando entrei Honecker tinha os papéis sobre sua mesa. Não era ainda chefe do Estado, era segundo-secretário responsável pela segurança. Ele leu para mim muita coisa do conteúdo, algumas coisas ele deixou de lado, provavelmente coisas secretas, mas ele me preveniu contra um certo homem. Os nomes ele em geral não mencionava, mas esse ele citou. Era um assistente da Universidade Humboldt que havia trabalhado como guia turístico na Bulgária. Ginka conheceu essa pessoa na Bulgária e depois a reencontrou na Universidade Humboldt. Na documentação constava contra Ginka que ela teve contatos com um estudante americano em Berlim Ocidental, ela esteve na casa dele em Berlim Ocidental, também em seu próprio apartamento em Pankow. E não se sabia sobre o que tinham conversado. A situação me deixou perplexo, eu não sabia o que dizer. Honecker me dispensou. Telefonei no dia seguinte. A secretária disse: "O caso já foi arquivado." Eu respondi: "Isso não é possível, preciso falar com ele novamente." Ela marcou uma nova data para mim, bem próxima, e fui de novo até lá.

Honecker disse: "Já nos vimos uma vez." Não sei se ele tinha esquecido que eu havia estado lá alguns dias antes, ou se queria dizer que já nos havíamos visto anteriormente. Tive a inspiração de dizer: "Sim, no Comitê Central." Antes, no primeiro encontro, eu disse que não podia imaginar por que ela estava sendo expulsa. Talvez por minha causa, eu já tinha sido criticado muitas vezes, a última vez na XI Assembléia Plenária. Ele apenas disse: "E quem não é criticado?" e agora, no segundo encontro: "Já nos vimos uma vez." E eu: "Sim, no Comitê Central." Ele passou imediatamente para o você: "Naquela oportunidade trabalhamos bem com os escritores. Aqueles com quem trabalhamos também ficaram todos aqui." Bem, eu conhecia uns três que não tinham ficado na RDA. Mas evitei dizer isso. Aí veio a pergunta de sempre: "Qual a sua posição diante do nosso Estado operário-camponês?" Murmurei algo que podia ser entendido como concordância, e para soar mais verossímil, acrescentei uma nota crítica, no sentido de que às vezes eu percebia uma certa falta de amor-próprio na posição do Estado diante das realidades. E ele: "Sim, pois, se você não pode sem elas" e falamos mais um pouco sobre o Estado operário-camponês até Honecker dizer: "Vá até o coronel Fulano" – esse coronel estava sentado duas salas adiante –, "ele vai acertar esse negócio do casamento", depois eu me despedi. Eu já estava na porta quando ele disse nas minhas costas: "Viajar você pode." Eu me virei. "E voltar também."

Fui falar com o coronel Fulano de Tal. O coronel contou que tinha ido muitas vezes à Bulgária: "Viajei muitas vezes para lá com meu Wartburg. Bem, vamos tratar então desse assunto do casamento. Vamos tocar isso, vai demorar um tempo, mas vamos dar um jeito." Um ano depois recebi a licença para casar-me com Ginka em Sófia. Dessau contou-me depois que após meu primeiro encontro com ele, Honecker havia dito: "O Müller pode ter quarenta mulheres. Tem que ser justo essa?" E depois do segundo encontro: "Espero que o Müller saiba que suas conversas telefônicas com o exterior são grampeadas?" Foi quase comovente, uma advertência contra o próprio sistema, cujo prisioneiro ele também era. Mais tarde Ginka contou: foi retirada da Charité por dois agentes da Stasi e ficou depois na famosa prisão em Hohenschönhausen onde Honecker, quando prisioneiro dos nazistas, havia feito o telhado. Honecker tinha muito orgulho disso, contou o episódio uma vez a Thomas Brasch, que também tinha sido prisioneiro lá. Honecker perguntou: "Alguma vez choveu para dentro?" "Não", respondeu Brasch. E Honecker: "Fui eu quem fez o telhado." Ginka ficou lá quinze dias. Primeiro ela fez greve de fome. Havia televisão, todos os programas ocidentais. E também bananas e laranjas, tudo. Ela foi tratada muito amavelmente, muito atenciosamente. E depois foi levada para Sófia num vôo especial da Interflug, no avião um médico, duas enfermeiras, dois funcionários. Em Sófia ela foi entregue à segurança estatal búlgara. Eles telefonaram para o pai dela, um funcionário, veterinário, que foi buscá-la. Ele estava incrédulo, queria suicidar-se por causa da vergonha para sua família comunista.

Mais tarde entendi porque havia sido deportada. Em outubro de 1964, no dia do aniversário da República, ela tinha estado com o americano na Strausbergerplatz/Avenida Stalin, onde houve uma pancadaria entre jovens e a polícia. Fazia parte do ritual das festas. Os dois se viram no meio da briga e de um bar saíram alguns senhores de meia idade, que também se meteram ativamente no conflito, especialmente um homem em mangas de camisa, bêbado, com um rosto inchado, vermelho. Os dois foram presos junto com outros vinte, trinta. Ginka insistiu depois na delegacia que o bêbado – ela também descreveu o homem – tinha sido especialmente agressivo. Ela foi libertada de imediato, o americano depois de uma semana. Alguns dias depois ela viu uma foto do tal homem na *Neues Deutschland* – era Mielke. Depois que ela me encontrou o fato adquiriu relevância. Estou quase certo que essa é a explicação. Durou depois quase três anos até que Ginka pudesse voltar à RDA. Em vez disso fui muitas vezes visitá-la na Bulgária. Pudemos casar em Sófia, e um ano depois do casamento ela pôde voltar à RDA. Depois Ginka e eu íamos quase uma vez por ano para a Bulgária, pois eram as férias mais baratas. Isso se refletiu sobre meu trabalho, porque é uma paisagem antiga e também porque não falo búlgaro. Lembro-me de como era agradável ficar sentado num restaurante e não entender uma palavra do que as pessoas falam. Fica-se sozinho com a própria língua. É uma situação favorável para escrever.

O trabalho com Horizontes (Horizonte) *tinha algo a ver com Ginka?*

Sim, eu não teria feito isso sem o pensamento oportunista de assim apressar o assunto com a Bulgária. Na edição da Rotbuch a peça *Horizontes* está com o título *Waldstück*[47] (*Peça da Floresta*). O trabalho foi um esforço inútil de repetir, sob a supervisão do Estado, a experiência com a *Repatriada*. Gerhard Winterlich, um escritor que seguia no complexo metalúrgico de Schwedt o "caminho de Bitterfeld", tinha encenado com leigos, supostamente operários, mas principalmente com secretárias, engenheiros e contadores uma peça escrita por ele mesmo. O tema era a introdução da informática e da cibernética nas relações humanas, ou seja, como se transformam pessoas cibernéticas em novos seres humanos. Ele acreditava firmemente nessa idéia. A cibernética tinha sido mal vista na RDA por muitos anos. O filósofo Georg Klaus, pioneiro da cibernética da RDA, era persona non grata até que os russos tiveram sua cibernética. Depois ele foi reabilitado e a cibernética tornou-se durante algum tempo um substituto de religião para os funcionários. Falava-se de efeitos de realimentação, de fatores de interferência e de direcionamento, de sistemas autoreguláveis. Winterlich escreveu uma peça baseada sobre isso usando como modelo *Sonhos de uma Noite de Verão*, e Besson, sempre disposto a pisar em qualquer poça, desde que a água fosse quente, foi para Schwedt e terminou a montagem da peça. Ele ajudava os operários. Ulbricht compareceu à apresentação com sua mulher Lotte e Winterlich recebeu o prêmio da FDGB. Lotte beijou Besson, e Lotte passou a assistir a todas as montagens de Besson. Pensei em fazer da peça algo para a Volksbühne, transformar merda em ouro. Besson tinha sido justamente nomeado superintendente da Volksbühne. Fizemos uma reunião. Foi uma experiência grotesca. Comecei a escrever uma versão. Besson tinha o conceito suíço de que era preciso trabalhar com o Estado, com o partido. Foi chamado então um funcionário do partido, Roland Bauer, também Dieter Klein, chefe da administração, antigo funcionário da FDGB, e Hans Peter Minetti, filho de Bernhard Minetti e apelidado de Dr. Raio de Sol. Foi discutido, deliberado, modificado, tudo em grupo. Besson também deixava de vez em quando que os atores improvisassem cenas. Eu anotava tudo e em meia hora transformava isso numa cena. Como esporte foi interessante e consegui muito respeito junto aos trabalhadores do palco. A peça era considerada uma obra coletiva, todos eram autores. Apesar de reconhecido o padrão técnico, a primeira versão foi abandonada. Em um trecho o diretor da empresa põe a mão no peito e diz: "Meu coração!" apenas para fugir de uma situação, evitar uma decisão. Roland Bauer disse: "Já temos um número suficiente de infartos entre os camaradas da liderança, isso tem que cair fora." A dura realidade não tinha nada a fazer no palco. Arte para quê?

Foram quatro, cinco, seis, sete versões. A montagem foi um fiasco, principalmente por causa da cenografia. A peça tinha sido escrita como teatro mágico, com palco giratório, a floresta passa ao fundo e assim por diante, mas Besson queria fazer, pela primeira vez na vida, teatro político "pobre" e naturalmente se deu mal. O meu final genial ele recusou, a cena com a avó, uma gigante, que não quer mais ser explorada em sua casa: "Metade da indústria já estaria em coma/ se não fosse eu, a 'Oma'". Ele queria um epílogo com o público levado até o palco, a comunidade popular de atores e público. O autor do projeto tornou-se nosso inimigo depois da estréia. As pessoas que haviam encenado o original em Schwedt, que haviam encenado a si mesmas, o que realmente foi a qualidade da idéia básica de Winterlich, ficaram ofendidas porque não se reconheceram mais no palco. Na festa da estréia não foi reservado um lugar para elas na cantina, um erro fatal de organização. Elas fizeram então uma denúncia política. Kerndl, o crítico da *Neues Deutschland* recebeu do partido a incumbência de arrasar a encenação, em especial meu texto em relação à versão de Winterlich. Kerndl porém, teve um acesso de seriedade. Ele tinha lido o texto de Winterlich e o meu e não pôde cumprir a missão. Ele arrasou pelo menos a montagem e agora caímos em desgraça junto a todos os participantes. A grande tentativa de oportunismo terminou em gol contra. Assim mesmo foi encenada varias vezes. Houve mesmo uma apresentação bonita no empreendimento afilhado da Volksbühne, a indústria de lâmpadas NARVA. No Salão da Cultura foram armados estrados, as pessoas estavam sentadas, bebiam, comiam, e os atores pulavam de estrado em estrado. Foi uma encenação incrivelmente rápida em meio aos operários e suas famílias. Em seguida os atores tomaram cerveja com os operários. Apareceu um mensageiro do diretor-geral e cochichou com Besson. Eles tinham preparado um buffet, um lanche, e muita bebida para nós e para os camaradas da liderança, e deveríamos ir até um outro salão, passando por um corredor subterrâneo. Os operários porém, não podiam saber disso. O melhor agora seria dizer: "Os atores trabalharam muito, estão cansados, precisam trabalhar de novo amanhã, infelizmente precisamos ir para casa agora." Assim fizemos e o mensageiro nos levou por uma passagem subterrânea até o amplo salão do diretor-geral. Primeiro foram feitos os brindes. E no primeiro brinde vi Besson empalidecer pela primeira vez. O diretor geral disse: "Sabemos todos que na realidade é completamente diferente, mas vocês fizeram isso muito bem." Besson acreditava que nossa peça mostrava a realidade – um ledo engano. Depois veio o secretário do partido e fez piadas porque o conhaque tinha acabado, responsável pelo conhaque era a FDGB. Então o presidente da FDGB, velho, curvo, ainda transparecia nele o operário, levantou-se, foi atrás do estrado e apanhou mais uma garrafa de conhaque. Os nomes que Winterlich havia dado aos seus personagens eram bons. Mullebär por exemplo, Miru Mullebär. Foi também interessante a metafórica canibalesca. Mudar o ser humano era no vocabulário canibalesco: "Agora vamos grelhar você num novo ser humano."

Teatro na Berlim Oriental dos anos setenta

Em 1973 aconteceu a estréia mundial de sua peça Cimento. *Como você chegou até o romance?*

O romance de Gladkow, *Cimento* (*Zement*) foi publicado depois da guerra na segunda versão expurgada. Era a versão oficial na RDA. A versão original já tinha sido lançada em 1933. A diferença entre as duas versões está especialmente na linguagem. Gladkow foi criticado por sua linguagem grosseira. Os funcionários queriam parecer mais nobres. Também algumas situações foram apresentadas de forma mais grosseira na primeira versão. Eu queria fazer uma peça desde que li o livro. E sempre empurrei issso para a frente. A peça foi escrita tarde demais. Tragelehn disse polemicamente: "*Cimento* é seu *Guilherme Tell*" Em relação ao assunto tratado a peça tem algo calmo, distante. Talvez eu também esteja influenciado pelas encenações que vi e das quais não gostei. A montagem de Berghaus no Berliner Ensemble, em 1973, foi um esforço heróico e muito importante para minha reabilitação na RDA.

Ruth Berghaus foi superintendente do Berliner Ensemble depois que Helene Weigel mandou Wekwerth embora. Wekwerth tinha tentado derrubar Helene Weigel porque ela se envolvia demais nos assuntos artísticos, mas ela era um monumento nacional, e portanto foi Wekwerth quem caiu. Ele estava proibido de freqüentar a casa. Foi uma época ruim para ele. Berghaus veio falar comigo, junto com Paul Dessau: "Preciso de você, você vai trabalhar no BE." Eu disse: "Bem, mas só se eu não ganhar menos do que Pintzka." Pintzka era o secretário do partido no Berliner Ensemble, um diretor medíocre. Claro, ela me embrulhou e recebi 500 marcos a menos do que Pintzka, como soube depois. Assim mesmo era muito dinheiro para minha situação na época. Comecei então a escrever a peça.

Lembro que enquanto escrevia houve uma interrupção prolongada dentro da peça antes do texto da Hydra. Durante duas semanas fiquei sem saber como continuar. O texto da Hydra[48] foi a tormenta de que precisava para continuar. Antes desse texto está a cena "Die Bauern"[49] ("Os Camponeses") que trata da revolução na Alemanha, ou seja, da não ocorrência dessa revolução na Alemanha, o começo do fim da União Soviética. A premissa de Lenin era – e com isso ele atropelou a maioria, porque a maioria era contra o golpe de Estado, contra o golpe de outubro – que a revolução alemã seria iminente. O capitalismo mais dinâmico da Europa, a Alemanha altamente desenvolvida econômica e industrialmente, irá tirar o peso de cima de nós. Quando a revolução alemã não aconteceu eles ficaram no molhado. Socialismo em um país subdesenvolvido significa colonização da própria população. E esse é o enfoque nessa cena curta de *Cimento*. O texto da Hydra foi a tentativa de erguer-se da lama agarrando os próprios cabelos, foi escrito depois de uma garrafa de vodca, em estado de quase inconsciência. Li no dia seguinte o que eu havia escrito à noite e o texto pôde ser aproveitado com poucas modificações.

O resto é então apenas uma diversificação. O acirramento do problema homem-mulher na longa cena seguinte, depois uma cena de genêro no estilo do realismo socialista, quase impossível de encenar, a cena da NEP* à sombra do capitalismo, e a autoflagelação

---

* NEP: "Nowaia ekonomitcheskaja politika", Nova Política Econômica Russa, parcial retorno à política de mercado na União Soviética, no período 1921-1928.

do partido. Finalmente o manuscrito estava pronto, à disposição também do ministério. Eles viram logo que era prejudicial e a peça foi inicialmente proibida. Na ocasião não entendi. Em 1990 Palitzsch, que havia feito uma montagem em Frankfurt em 1970, improvisou com alguns artistas de então algumas cenas de *Cimento*. Foi para mim uma experiência fantasmagórica. Eu tinha na memória a primeira cena, uma espécie de cartaz: soldado e operário, porém numa estranha confrontação, de repente ficou evidente para mim que os funcionários limitados e os censores haviam lido minha peça em 1973 mais precisamente do que eu, como descrição da economia extenuada de todos esses Estados socialistas. Para mim isso ainda estava impregnado da grande paixão histórica da reconstrução. Lembro-me de um diálogo entre dois funcionários da seção de Teatro no Ministério da Cultura. Um chamava-se Willy Schrader e o outro Pachnicke. Este último atuou depois no comércio estatal de arte da RDA. Eles estavam sentados ali e Schrader disse: "Pois é, eu não gostaria de estar num partido como esse que você descreve." E Pachnicke disse: "Então você tem que sair." Pachnicke era o mais inteligente. É por isso que agora ele está de novo no comércio de arte.

Berghaus estava no meio dos ensaios quando veio a notícia do Minstério da Cultura de que a produção teria de ser adiada por pelo menos um ano, Müller teria que rever o texto. Essa versão não podia ser encenada. Entretempo Berghaus tinha incentivado a criação, no Berliner Ensemble, de um grupo pró-*Cimento*.

Kipphardt tinha uma boa história a esse respeito, que ele não contou para mim, mas para outra pessoa, da qual ouvi a história. Era assim: Müller lembrava a ele, Kipphardt, uma pessoa que recebe um convite de um homem rico. "Venha visitar-me na minha mansão." O homem vai lá, eles conversam amigavelmente, o ambiente é agradável. Depois o anfitrião diz ao visitante: "Olha, você pode passar pelo jardim, assim você encurta o caminho." O visitante vai até o jardim e cai numa cova de estrume, levanta-se e vai para casa. Um ano depois o homem é novamente convidado, novamente a conversa é agradável. O anfitrião diz: "Você pode passar diretamente pelo jardim, assim você encurta o caminho." O visitante cai novamente na cova de estrume. Um ano depois, mais uma vez a mesma coisa. A moral da história segundo Kipphardt: na primeira vez pode-se pensar em um lamentável engano, na segunda vez começa-se a suspeitar que o anfitrião é uma pessoa má, na terceira vez começa-se a pensar se o visitante não é realmente um imbecil. Achei essa história muito boa.

Em paralelo à proibição pelo ministério foi enviado a Erich Honecker um relatório sobre o grupo pró-*Cimento* junto com um manifesto de fidelidade. Era costume que em situações difíceis os "dirigentes de Estado" organizassem manifestações de fidelidade dos trabalhadores. Era evidente que Honecker estava mais uma vez em situação difícil. No quadro negro apareceu depois, junto com a proibição do ministério, uma carta de agradecimento de Honecker. Berghaus foi até Hoffmann, o ministro da Cultura, e disse: "Se não posso encenar isso, então não sei mais o que fazer com o BE." E Hoffmann perguntou: "Você como comunista pode responsabilizar-se pela encenação da peça, assim como ela é?" Ela disse que sim. Hoffmann respirou fundo e disse: "Então vou lá em quinze dias e dou uma olhada." Houve então uma encenação especialmente para o ministro. Ele veio, já em mangas de camisa – era verão – e dirigindo ele mesmo seu carro, agora era apenas uma formalidade. A ação paralela foi decisiva. A necessidade de prevenção teve também efeito sobre a montagem.

Quanto tempo você trabalhou no Berliner Ensemble?

Até a substituição de Berghaus em meados dos anos setenta. Ela foi substituída devido a uma intervenção da filha de Brecht, Barbara Schall. Algumas coisas interessantes tinham acontecido, boas encenações. Berghaus tentou fazer do museu novamente um teatro, por exemplo com sua encenação da *Mãe*. Um colaborador importante foi Karl Mickel. Eles tentaram abrir a obra de Brecht para novas situações, por exemplo também em *Na Selva das Cidades*. Isso era contrário às idéias conservadoras dos herdeiros de Brecht. A provocação definitiva foi a encenação de *Senhorita Júlia* de Tragelehn e Schleef. Um grande escândalo. Barbara Schall marchou até Hager, ela queria que Schall fosse o superintendente. Hager tinha receio que a família assumisse definitivamente o comando e por isso foi feito um compromisso. O compromisso era Wekwerth, Schall ficou como superintendente-adjunto. Desde então foi guerra declarada entre a família e Wekwerth. Einar Schleef encenou no Berliner Ensemble, junto com Tragelehn, *Katzgraben*, *O Despertar da Primavera* e *Senhorita Júlia*. Essa foi a única época depois de Brecht em que o Berliner Ensemble esteve vivo. Com Wekwerth tornou-se um ambiente fechado onde se fazia história e igreja.

Depois do Berliner Ensemble você foi para a Volksbühne como colaborador permanente...

No começo dos anos setenta Holan era superintendente da Volksbühne, depois ele foi o todo poderoso no Palácio da República. Em 1974 Besson, que havia sido diretor de palco desde 1969, tornou-se superintendente. Quando me apresentei na Volksbühne Holan estava juntando suas coisas. Em 1961 ele havia pertencido aos chefes de seção no Ministério da Cultura que haviam sido responsabilizados e castigados. Ele cumprimentou-me como antigo companheiro de lutas: "Você ainda se lembra, a *Repatriada*? Como era mesmo o texto?" "O tratorista não gosta do camponês, mas gosta de trepar com a filha dele." Isso não está de modo algum na peça, era uma piada durante os ensaios. Era interessante que Holan soubesse disso. Significava que durante os ensaios pelo menos alguém tinha prestado atenção. Fui admitido na Volksbühne nas mesmas condições que no Berliner Ensemble. Era um mecanismo da RDA, quando se havia atingido um certo nível salarial, podia-se contar com a mesma soma na próxima função, desde que não se tivesse caído em desgraça. Manfred Karge e Mathias Langhoff também tinham acabado de começar na Volksbühne. Convenci Besson a contratar Fritz Marquardt. Como docente para teatro na Escola Superior de Cinema em Babelsberg, Marquardt tinha feito cenas de *Ricardo III* com estudantes. Era quase cantado, um teatro completamente diferente do que o normal, mais próximo de Artaud (que ele não conhecia) do que de Brecht, muito estranho para Besson, mas ele percebeu a qualidade do trabalho. Também Langhoff insistiu muito para que Besson chamasse Marquardt para a Volksbühne. Era importante também porque um teatro desses não pode funcionar com duas pessoas ou dois times de direção, apenas com um triângulo, onde se podem alternar as alianças. Componentes essenciais do trabalho no teatro são as intrigas, a rivalidade e a inimizade. Por isso há uma paralisia quando existem só duas pessoas ou dois grupos, aí pára tudo. O triângulo é um sistema mais dinâmico que as paralelas.

Desde quando você conhece Fritz Marquardt?
Desde 1963/64. Em 1961 ele era redator na revista *Theater der Zeit* e tinha visto a *Repatriada*. Também tinha assumido posição contra a peça, do que se arrependeu mais tarde. Só nos conhecemos depois que escrevi *A Construção*. Ele apareceu na casa de Tragelehn onde eu estava fazendo a leitura da peça. Fritz Marquardt considerou a peça "artesanato." Ele era contra, Tragelehn xingou Marquardt e ele a Tragelehn. Para Marquardt era a estetização de uma realidade que ele conhecia, que ele conhecia melhor do que eu. Esse foi nosso primeiro encontro.

O pai de Fritz Marquardt era camponês. Devido a um engano ele passou um ano e meio na Sibéria durante a juventude. Depois seguiu-se uma biografia muito variada na RDA, ele estudou filosofia, antes havia trabalhado na construção. E sempre se metia em dificuldades, sempre. O primeiro teatro em que trabalhou foi no Mecklemburgo, em Lübz, com Parchim. Depois de sua primeira encenação de *Woyzeck* ele teve que abandonar a cidade, segundo contou. Os barbeiros de Lübz ficaram ofendidos com a representação do barbeiro, os médicos com a representação do médico, também o farmacêutico ficara magoado. Durante os estudos de filosofia seu guia foi Wolfgang Heise, que o carregou pelo curso, porque criava atritos em todos os cantos. Também na Faculdade de Operários e Camponeses ele teve problemas, esse é o tema da história, já mencionada, que ele escreveu.[50] O conflito estava pré-programado, pois ele não tinha provas de ter estado na Sibéria. Em todo lugar era obrigatório preencher um formulário, escrever seu currículo. Ele sempre anotava, de acordo com os fatos, "um ano e meio na Sibéria". E aí vinha a pergunta: "Você pode provar isso?" E naturalmente ele não podia prová-lo. Nos dois casos era falsificação de documentos; se colocava sua estada na Sibéria era falsificação, se não colocava, provavelmente também seria falsificação.

Minha primeira peça na Volksbühne foi *A Batalha* (*Schlacht*) em 1975, encenada por Karge e Langhoff. Antes houve discussões na empresa afilhada ao teatro, a fábrica de lâmpadas NARVA. Os atores leram o texto na fábrica e depois discutiram com os operários como haviam vivido o fim da guerra, o período nazista. Assim surgiu um material volumoso que abafou uma parte do ceticismo. Houve como sempre a recomendação de não encenar a peça, mas não houve uma proibição. Nas primeiras representações, *A Batalha* e *Trator* foram apresentados conjuntamente. A estratégia de Matthias Langhoff era intimidar pela arte, montagens custosas, talvez até com demasiado luxo e estética. Também a combinação de *Trator* e *A Batalha* foi uma estratégia, os velhos horrores em *A Batalha*, o nascimento do novo em *Trator*. *Trator* foi depois abandonada enquanto *A Batalha* teve uma longa temporada, até 1985. A cena "Das Laken" ("O Manto") já tinha sido impressa em 1966 em *Sinn und Form* e encenada em 1974 na Volksbühne, como parte do assim chamado "Espetáculo". Depois juntei outras cenas, esboços antigos, coisas começadas nos anos 50, e terminei de escrever a peça.

Porque você demorou tanto tempo para trabalhar o material, o tema, dramaticamente?

Nos anos 50 eu não tinha o instrumental para transformar isso em teatro, não havia na RDA um teatro para isso. A estética vigente era Stanislavski, Lukács. Depois da vitória da doutrina de Jdanov, o modelo para a dramaturgia soviética era o teatro francês de entretenimento, o teatro burguês, no melhor dos casos um Ibsen reorientado. Algo como o prólogo da *Antígona* de Brecht ou *A Batalha* não era imaginável no teatro da RDA dos anos 50 e 60. Com a apresentação da cena "Das Laken" ("O Manto") no âmbito do "Espetáculo" em 1974, e que depois se transformou na cena final da peça, vi de repente a possiblidade de trabalhar todo o material dessa maneira. O público estava sentado no palco, olhando para os atores e a sala vazia. Uma situação como no abrigo antiaéreo. Era muito formal, muito severo, roupas muito estranhas. Real era somente o ruído dos bombardeiros. Lembro que, na minha frente ou ao meu lado, estava sentada uma mulher gorda, de certa idade, quando o ruído começou ela disse: "Os aviões estão chegando." E começou a chorar. Esse resultado era possível justamente devido à exaltação. Pela eliminação do naturalismo, a cena tornou-se real. Do lado oficial *A Batalha* podia ser considerada como histórica. Houve certo constrangimento devido à primeira cena, a cena dos irmãos, um comunista o outro membro da SA, também uma crítica interna sobre o tenor, este seria um retrato errado da resistência antifascista. A peça foi uma polêmica contra a representação oficial da história, a encenação talvez ainda muito mais. Isto foi compreendido e podia ser engolido, também Hitler como palhaço, o *Arturo Ui* de Brecht já havia preparado para isso, até mesmo o canibalismo na cena "Eu tinha um companheiro", soldados alemães devorando soldados alemães. De qualquer forma a indignação durante a encenação na Alemanha Ocidental foi bem maior.

Germânia Morte em Berlim (Germania Tod in Berlin) *foi a segunda peça a tratar da história alemã.*

Comecei *Germânia* em 1956, isto é, também aqui as cenas são bastante antigas, eu apenas resumi as cenas mais tarde. Existiam muito mais detalhes, mais substância, mais material. A história dos dois irmãos foi primeiro parte de *A Batalha*. Ela nasceu de uma anedota anotada por Weißkopf, que eu havia lido muito cedo. O *Livro de Anedotas* de Weißkopf* era uma boa coleção, um Plutarco socialista, certamente não tão bem escrito, histórias do tempo do nazismo, da resistência, da guerra. Usei o livro muitas vezes, também para escrever a peça sobre Seelenbinder.

A encenação e a publicação de *Germânia* foram ambas proibidas. Isso valeu até 1988 quando Wekwerth quis que a peça fosse encenada no Berliner Ensemble por Marquardt. Foi possível graças a uma licença especial de Hager, válida apenas para Wekwerth e o BE. Antes de ir para o Ocidente Thomas Brasch deu a peça ao seu pai, o antigo ministro do Cinema. Este comentou: "A representação do 17 de Junho está conforme, mas se Gandhi entra em cena então também Thomas Müntzer tem que aparecer." No entanto ele tinha a impressão de que a peça mostrava os comunistas na defensiva, sem apoio na massa, com as costas contra a parede. O motivo real, creio eu, era a cena na prisão, sobre a qual não se falava, o comunista na prisão da RDA. Quando houve uma representação na RFA aconteceu um longo vai-e-vem no ministério na RDA se a peça não deveria também ser proibida para a RFA. Isso no entanto só eu poderia fazer. O argumento era que antes da visita de Brejnev a Bonn não se poderia montar uma peça onde se falava de bandeiras vermelhas sobre o Reno e o Ruhr. Isso parecia exportação da revolução, e nós não exportávamos mais a revolução. Foi interessante a reação diferente no Leste e no Ocidente quando da estréia mundial em Munique em 1978, numa encenação de Ernst Wendt. A recusa foi geral em ambas as Alemanhas, a argumentação

---

* F.C. Weißkopf: *Anedoktenbuch*, Berlim,1949.

diferente. Georg Hensel, o crítico do *FAZ (Frankfurter Allgemeine Zeitung)*, comentou a safadeza que era gastar dinheiro do contribuinte com a encenação de um pastiche que difundia todas as mentiras do SED sobre o 17 de Junho. O pessoal do teatro na RDA tentou usar isso como argumento para mostrar que a peça podia ser representada na RDA. Foi até formada uma comissão de historiadores que devia resolver sobre a possibilidade de representação da peça. A resposta continuou sendo não.

Na encenação pelo Berliner Ensemble em 1988, pouco antes do fim da RDA, Marquardt, contrariando as expectativas, deixou de lado conscientemente a dimensão de espetáculo de variedades da peça. Se uma peça é proibida durante 18 anos espera-se na estréia algo como o estouro de uma bomba. A encenação de Marquardt era algo como uma recusa. Mas ele ficou profundamente assustado quando Höpke disse que não podia mais entender por que havia proibido a peça na época. A peça agia agora afirmativamente sobre o público, portanto, gerava repulsa. Houve algumas cartas indignadas do público, algumas cartas confusas contra a profanação da honra alemã, contra a visão falsa da história, porém anônimas. "Merda vermelha de porco para a latrina, morte em Berlim para *Germânia* de Müller". Isso foi em 1989, o ano da virada, assim mesmo ainda anônimo.

O que interessa a você no tema história da Alemanha?

Quando você vê que a árvore não produz mais maçãs, que ela começa a apodrecer, você olha as raízes. A estagnação na RDA foi total durante esses anos. Aí vem à tona tudo que está por baixo, soterrado ou enterrado. Não havia mais movimento, só manobras para parar ou consolidar. A RDA, um projeto alternativo para a história alemã, agora somente com uma existência real apenas na consciência errada da camada dirigente, ia ao encontro de um desenlace determinado por terceiros, subproduto do naufrágio soviético. Eu não sabia isso então, apenas descrevi, o texto sabe mais do que o autor.

O tema Alemanha / história alemã está encerrado para você?
No que se refere à Alemanha, o que me interessa é a Segunda Guerra. É possivel agora estabelecer uma relação entre Hitler e Stalin, também no teatro. Os dois podem agora conversar, seu trabalho está encerrado. Ou, segundo Gottfried Benn: "Sua obra agora repousa e brilha em seu término." O projeto para isso data de cinco, seis anos. Anotações e esboços.

Em 1970 você escreveu Mauser, *mas a peça não foi representada durante a existência da RDA.*
Hans Dieter Meves quis encenar *Mauser*. Meves foi o homem que junto com o oficial de justiça do ministério confiscou o manuscrito da *Repatriada* e depois me contara a história de como esse manuscrito foi queimado. Entretempo ele tinha sido nomeado superintendente-geral em Magdeburgo. Em 1971 ele organizou uma "semana do teatro soviético contemporâneo" e no âmbito desta ele pretendia encenar *Mauser*, com música de órgão, vestimentas brancas, uma espécie de liturgia. Depois de duas semanas de ensaios veio um mensageiro do Ministério da Cultura e informou que os ensaios deviam ser suspensos de imediato. Entretempo haviam lido o manuscrito. Meves recusou-se e foi sumariamente dispensado como superintendente-geral. Era também membro da direção distrital, foi expulso depois de processo interno no partido. Depois ele ficou alguns anos desempregado. Sempre que aparecia uma oferta em algum teatro ele dizia: "Só se puder encenar *Mauser*." Ele agüentou por alguns anos. *Mauser* é o único texto para o qual existia uma proibição escrita: "A publicação e distribuição desse texto é proibida no território da República Democrática Alemã."

E O Horácio?
Escrevi *Horácio* em 1968, essencialmente na Bulgária. A Bulgária era um bom lugar para escrever, eu tinha distância em relação à Alemanha. Mas também o plano para o *Horácio* era antigo.

O texto foi minha reação a Praga 1968, um comentário sobre Praga. *Horácio* também não pôde ser encenado. Houve uma tentativa de montar a peça no Berliner Ensemble mas também essa tentativa foi sustada pela direção distrital, e com o argumento de que esta seria a posição de Praga, a reivindicação de "os intelectuais no poder".

Quais foram os argumentos para proibir Mauser*?*

No caso de *Mauser* não houve argumentos, foi simplesmente considerado contra-revolucionário. Dez anos mais tarde fiz uma leitura de *Mauser* no PEN Clube da RDA, numa daquelas tardes rituais com chá e bolinhos. O texto não tinha sido impresso na RDA, ninguém conhecia o texto. Todos foram contra, de Herzfelde a Hermlin e até Hacks. Os argumentos eram interessantes. Hacks disse: "Isso é problemática de estudante." Hermlin: "Isso é stalinista." Herzefelde teve a mesma opinião. Houve uma discussão entre Henryk Keisch e Hermlin. Henryk Keisch era um idiota e na época um personagem com certa liberdade de ação. Tinha estado na emigração francesa, com Hermlin. E Keisch disse que não podia entender isso muito bem, afinal isso não existia na União Soviética, esse terror, essas execuções. Ele nunca tinha ouvido falar nisso. Hermlin ficou furioso e começou a contar as histórias mais terríveis dos primórdios da história soviética, como por exemplo Stalin e Tcherchinski terem sido enviados por Lenin à Geórgia, para discutir com os mencheviques, e como fizeram da discussão um massacre, um banho de sangue. Keisch perdeu a cara. Foi grotesca, nesse contexto, também a atitude de Hermlin, depois de ter recusado o texto com veemência. O único sensato foi um não-intelectual, Eduard Claudius. Ele disse que infelizmente tinha que sair pois pela primeira vez tinha um visto para a França. Ele só podia dizer-me o seguinte: quando ouve o texto, recorda um episódio da guerra civil espanhola. Na batalha de Teruel eles haviam fuzilado muitos marroquinos. E esses jovens bonitos estavam agora deitados no meio da paisagem montanhosa, e no fundo eles nada tinham a ver com tudo aquilo. *Mauser* lembrava-lhe esse episódio.

A sua adaptação de Macbeth *em 1971 foi uma discussão consciente com o stalinismo?*

Não tenho nenhuma consciência de culpa em relação a *Macbeth*, no que concerne o tema Stalin. Em primeiro lugar interessou-me a peça de Shakespeare, também em relação a *Mauser*, e a oportunidade estava lá: *Macbeth* constava da programação no Brandemburgo. Eu disse então: "Esperem até que minha versão fique pronta." Essa versão foi encenada em 1972. Não despertou atenção. E em seguida veio a encenação de Hollmann em Basiléia. Um grande escândalo suíço, pois Hollmann tinha atualizado isso a seu modo modernoso. Atual era na ocasião a perseguição aos comunistas no Iraque. Eles enfiavam os comunistas aos montes nos canais de esgoto. Hollmann encenou isso, os mortos, os canais de esgoto, e nas cenas de assassinato em vez de sangue, usou chocolate Nestlé. Os patrocinadores queriam o dinheiro de volta. Infelizmente não vi a encenação. Não recebi licença para viajar, não recebi o visto. Mas o texto foi publicado em 1972 no *Theater der Zeit*, não existia nada contra a peça na RDA, era apenas uma adaptação. O que me interessava na época era modificar Shakespeare. Eu tinha acabado de fazer uma tradução exata de *As You Like It (Como Gostais)* para Tragelehn, que depois de bastante tempo teve uma oportunidade de encenar, e por sinal, na Escola Superior de Cinema, em Babelsberg, com alunos da escola de atores. O texto de *Macbeth* foi muito mal transmitido e portanto, uma boa oportunidade para ser reescrito. Escrevi a segunda metade ou o último terço em estado febril. Disso resultou uma estranha aceleração, como se algo me puxasse. Pasternak achava que Shakespeare escrevia em versos porque era mais rápido. E é verdade, a partir de uma certa temperatura é mais rápido. Escreve-se automaticamente, o ritmo força o texto.

Depois da publicação do texto no *Theater der Zeit*, houve em torno dele uma guerra burocrática com Harich. Eu conhecia Harich desde sua saída do presídio de Bautzen. Conheci-o através de Guy de Chambure. Ele tinha lido *Filoctetes* e ficado entusiasmado. Harich tinha também escrito um texto sobre *Filoctetes*. Ele leu o texto como uma *tragédie classique*, uma descrição de sua experiência na solitária. O ensaio que escreveu sobre a peça não foi publicado pela *Sinn und Form*, provavelmente devido ao nome Harich. Até esse momento tivemos portanto um bom relacionamento, não houve problemas.

O conflito veio por causa de Macbeth?

Encontramo-nos porque eu tinha justamente a visita de um redator da WDR*, que havia feito uma encenação de *Filoctetes* para a TV, uma montagem com atores conhecidos, um trabalho fraco. O redator queria falar comigo sobre um projeto. Ele veio, combinamos um encontro no Ganymed e lá nos reunimos. O redator queria falar também com Gisela May, a mulher de Harich, ela tinha uma apresentação, e Harich veio no lugar dela. Primeiro conversamos tranqüilamente. Foi a época depois do assassinato de Feltrinelli. Harich conhecia Feltrinelli e o ambiente estava um pouco quente. Harich apresentou algumas idéias, por exemplo o Estado de Israel deveria ser transferido para a Lüneburger Heide**. Seria a solução para a questão da Palestina. Ele era muitas vezes fantasioso mas sempre brilhante. Depois falou sobre Lukács, era seu trauma. Nos primórdios da RDA havia em Berlim um clube de debates, estive lá algumas vezes. Harich uma vez levantou a pergunta de o que fazer como intelectual se os tanques avançam sobre os operários? De que lado o intelectual deve ficar? Foi em 1956, um reflexo do caso húngaro. Harich tinha um conceito político, o programa do grupo de Harich foi uma tentativa séria de reestruturar a RDA. Ele teve um encontro com Ulbricht e expôs seu programa, reprivatização parcial, restruturação do governo, liberdade de im-

---

* WDR: Westdeutscher Rundfunk: Emissora de Rádio e Televisão da Alemanha Ocidental.
** Região pouco povoada do centro-norte da Alemanha.

prensa, e assim por diante. A discussão foi rápida. Harich disse por exemplo: "Camarada Ulbricht, o senhor vai ter de entender, agora o senhor precisa renunciar." E Ulbricht: "Acho que os dois precisamos agora algo para beber. Café ou Coca?" Harich disse: "Café." Ulbricht tocou a campainha e disse para a secretária: "Um café para o camarda Harich, e uma Coca para mim." Depois beberam em silêncio o café e a Coca, e na manhã seguinte Harich foi preso. Harich era professor na Universidade Humboldt, tinha contatos estreitos com Brecht, com o Berliner Ensemble e era também crítico teatral. Os co-acusados contaram que durante o processo Harich se distanciou em primeiro lugar de Lukács. Lukács no entanto era seu ídolo, mais ainda depois da prisão.

Nesse encontro no Ganymed fiz uma observação meio apressada contra o conceito da decadência em Lukács: eu considerava um tanto fascista a forma como Lukács lidava com o rótulo decadência. Harich levantou-se de pronto, quebrou seu copo de champanhe com a mão e berrou: "Você, você é um idiota. Nunca mais na vida vou falar com você." Depois saiu com a mão pingando sangue. No dia seguinte ele telefonou para Wolfgang Heise: "Agora vou matar o Müller de pancadas com 10 volumes do Lukács, o velho método stalinista." E depois ele escreveu esse texto contra *Macbeth*.[52] Mais tarde quando nos encontrávamos em recepções, ele sempre me apresentava, quando acompanhado de uma mulher, como "seu inimigo favorito". Também solicitou algumas vezes de novo minha execução, mas só em conversas telefônicas com outros, a última vez por causa de Nietzsche. Harald Hauser, um dramaturgo de sucesso nos primeiros anos da RDA, disse que Roland Bauer, ainda ideólogo-chefe da direção do distrito, havia dito: "Uma porcaria que justo Harich formule nossa posição em relação a Müller." O que eu não consegui tragar foi que Harich em seu ensaio viu a origem do meu *Macbeth* no filme *Laranja Mecânica*, um filme que eu sequer havia visto. Depois que vi o filme reativou-se minha antiga inveja de Harich.

A montagem de *Macbeth* na Volksbühne, novamente com Ginka Tcholakova e Schlieker foi um meio escândalo. O Conselho Central da FDJ organizou em Leipzig uma caça às bruxas contra a *Tinka* de Volker Braun e contra *Macbeth*.

A direção da Associação Teatral teve que assistir à montagem, para ajudar a decidir se poderiam exigir da juventude assistir à peça. O presidente Wolfgang Heinz pronunciou a frase decisiva: "Isso foi encenado por um louco." e depois "Eu não vou entender essa encenação nem em cem anos." A encenação não foi cancelada mas o superintendente pediu-me para dar um tempo antes de encenar algo novamente. Pausas no trabalho eram garantidas na RDA.

Quando começou seu diálogo com Shakespeare?

Quando começamos a estudar inglês no ginásio emprestei na biblioteca da escola, que era bastante boa, o *Hamlet* – uma edição comentada em inglês. Naturalmente não entendi quase nada, mas voltei a ler várias vezes. É muito bom, numa determinada fase, quando lemos bons textos numa língua que quase não entendemos ou que só entendemos pela metade. Aprendemos muito mais do que quando entendemos tudo. É por assim dizer uma aproximação por baixo, vinda do porão. Shakespeare foi para mim também um antídoto contra Brecht, contra a simplificação em Brecht, o perigo que quebrou a maioria dos que trabalharam próximos de Brecht. Essa simplificação é uma tentação "technically sweet", como disse o físico atômico Oppenheimer. Shakespeare não é nem simples, nem calculista. É uma estrutura orgânica imensamente complexa, não é uma montagem. Lembro-me de ter sentido isso muito nitidamente quando li *Ricardo III*, uma peça como um corpo, o movimento do corpo é a peça, um movimento animal. Mais tarde quando traduzi *As You Like It* foi assim, uma experiência sensual. A bissexualidade nessa peça de Shakespeare, homem e mulher, passando de um para outro, um modo de movimentar-se entre a cobra e o tigre. Essa maleabilidade na trama não existe em lugar nenhum em Brecht, perto disso o que ele fazia era uma dança camponesa. Ou: o que não sabia fazer, ele não queria fazer.

A peça mais importante para você?
Receio que para mim a peça mais importante é *Hamlet*. Talvez porque foi a primeira peça de Shakespeare que tentei ler, e porque tem mais a ver comigo, e com a Alemanha. Para os ingleses *Hamlet* provavelmente não é uma peça tão importante, ou como para Eliot, apenas uma peça fracassada. Para os fãs ingleses de Shakespeare *Coriolano* é a peça ideal, o que certamente é correto considerando a forma. Mas para nós *Hamlet* é interessante porque Shakespeare tenta formular algo que ele não domina, uma experiência que ele não pode apreender. Na Alemanha pode-se encenar isso com cabeças de repolho, que o público virá.

Shakespeare tinha para você um significado ligado à RDA?
Brecht disse: "O último período sobre o qual se pode escrever uma peça em estilo elizabetano é o período nazista." Uma peça ainda podia conter diretivas como: Noite. Floresta diante de Nurembergue, surgem pessoas armadas. Uma peça da RDA, passada depois de 1961, podia ainda começar assim, e depois da mobilização contra a RAF*, também uma peça da RFA. Até a reunificação da Alemanha era um bom material para o drama. É de recear que com o fim da RDA chegue também o fim da receptividade para Shakespeare na Alemanha. Eu não sei por que se deveria encenar Shakespeare na Alemanha, a não ser as comédias. Talvez chegue a época de Molière. Mas Shakespeare naturalmente não vai desaparecer, porque o Estado também está voltando, mais estado, mais Shakespeare. Quando *Hamletmaschine* foi representada em Nova York em 1986, na Universidade de Columbia, foi interessante para mim, na encenação de Robert Wilson, a ligação direta de

---

* RAF: "Rote Armee Fraktion": Fração Exército Vermelho: grupo de guerrilha urbana na RFA nos anos 70-80.

teatro com realidade, como na época de Shakespeare, e isso pelo simples fato de muitas pessoas chegarem de metrô, o que trouxe algumas vezes problemas. Giordano Bruno descreve o caminho para o Globe Theater através da Londres escura. Como se é assaltado em cada segunda esquina, como se cai num buraco de obra em cada terceira, e assim por diante. Uma situação muito parecida com a de Nova York na época e com a situação de hoje em Berlim. Neste sentido o teatro tem uma grande oportunidade.

Vida de Gundling* *foi escrita em 1976, também na Bulgária. A cena "Lieber Gott mach mich fromm/weil ich aus der Hölle komm" (Deus me dê fé/ porque venho do inferno) foi interpretada por alguns como descrição do caso histórico de Schreber, que terminou no hospital psiquiátrico e cujo pai deu origem à denominação dos* jardins Schreber (Schrebergärten)**.

Eu não conhecia o Caso Schreber quando comecei a escrever a peça. Eu só conhecia o Caso Zebahl, que Hegemann descreveu em seu livro *Fridericus oder das Königsopfer*.[53] Um sargento prussiano, professor depois da Guerra dos Sete Anos, que tinha matado a pancadas seu aluno predileto e que no hospício se tomava por Deus. A cena no campo de cenouras tem duas fontes.[54] A primeira, um livro escolar da época guilhermínica, onde é descrita uma viagem de inspeção de Frederico, o Grande, ao campo, escrito no estilo de um relatório da corte. Ele dá aos camponeses o bom conselho de cultivar batatas. A segunda fonte foi um relato no *Neues Deutschland* sobre uma viagem de inspeção de Walter Ulbricht ao campo, Ulbricht que também sempre sabia o que e quando os camponeses deviam cultivar e os pintores, pintar. Considerando o método, *Gundling* é algo como os romances de colagem de Max Ernst, a relação com os modelos também é a mesma.

---

* O título completo é *Vida de Gundling Frederico da Prússia SonoSonhoGrito de Lessing*.
** Pequenos jardins particulares nas cidades alemãs.

O tema central da peça é a relação dos intelectuais com o poder
No monumento eqüestre a Frederico, o Grande, em Berlim Oriental, pode se notar que o generalato está na frente, em torno do cavalo, mas ao fundo, perto do rabo, onde cai a merda, estão os intelectuais.

Depois de uma encenação de *Gundling* na RFA, um crítico escreveu sobre o ódio que o saxão Müller tem dos prussianos. No entanto, Frederico, o Grande foi para mim uma figura quase identificatória. A primeira frase que me ocorreu quando escrevi a peça na Bulgária foi: "Sire, isso fui eu."[55] Essa é a frase central. E essa estranha canção infantil que ele canta na cena da batalha, escrita muito antes. O importante é que o jovem Frederico, Kleist e Lessing são uma mesma figura, representadas por um ator, três representações de um sonho prussiano, que depois foi sufocado pelo Estado na aliança com a Rússia, contra Napoleão. É um erro considerar a peça uma montagem de partes. Interessantes são as interconexões fluidas entre as partes.

Em Darmstadt, quando da atribuição do Prêmio Büchner, Richard von Weizsäcker* cumprimentou-me com as seguintes palavras: "Sabe onde acabo de estar, senhor Müller? No túmulo de Gundling." Agora encontrei-o novamente em Berlim, e ele e sua mulher lembraram a encenação de Gundling no Teatro Schiller. Comparado com Weizsäcker, Kohl é o rei-soldado.

E sua própria relação com a peça?
Quando leio a peça novamente ou quando cito a peça noto que ela me toca mais do que muitos outros textos. Não posso falar de forma distanciada dela. Esse é talvez um ponto sobre o qual eu deva refletir. O que acontece comigo quando escrevo algo assim? Quando cito algo de Gundling fico triste, na peça existe compaixão. Compaixão com tudo que é descrito na peça. Em muitos as-

---

* Presidente da RFA de 1984 a 1994.

pectos é também um auto-retrato, até a figura de Nathan e da Emília, essa troca de cabeças, o homem idoso e a jovem.

Existe uma relação entre a cena da estação psiquiátrica em Vida de Gundling *e a obra de Foucault,* Loucura e Sociedade*?*

Quando li Foucault pela primeira vez tive a sensação de estar sendo confirmado. Nenhum texto filosófico que li está tão presente em minha cabeça a ponto de poder expô-lo a qualquer momento. Eu absorvo de modo diferente. Quando escrevo, filosofia é um meio nutritivo, humus. Eu posso aproveitá-la.

Não me interessa também como funciona a eletricidade, o importante é que a luz funcione quando aperto o interruptor. Não quero saber o que mantém o mundo coeso. Quero saber como ele se desenvolve. Trata-se mais de experiência do que de conhecimento. Na assembléia de "execução" da Associação dos Escritores em 1961 contra a *Repatriada,* Kurella disse uma frase que me atingiu profundamente: "Desse texto transpira uma enorme náusea da realidade." Desse nojo nasce a necessidade de fazer a realidade tornar-se impossível. Notei isso recentemente em um texto de Malraux sobre Goya. Em Goya interessa-me o ataque à realidade. Quando ele estava surdo e tinha medo de ficar cego, ele passou a atacar a realidade. O que também pode ser explicado historicamente em Goya. Uma situação que só compreendi nos últimos anos: Goya está naquela sua Espanha reacionária, naquela monarquia, avidamente interessado no Iluminismo francês. Finalmente vem o novo, o progresso, o Iluminismo, a revolução, mas vêm as forças de ocupação, com o terror das forças de ocupação. Os camponeses formam a primeira guerrilha a favor de seus opressores ameaçados. Eles lutam contra o progresso que aparece à sua frente sob forma do terror. Nessa situação de ruptura aparece em Goya a pincelada larga e o traço quebrado. Não existem mais contornos nítidos, pinceladas claras. Surgem as rupturas e o traço trêmulo.

O que você diz sobre filosofia vale também para alguém como Carl Schmitt?

Carl Schmitt é teatro. Seus textos são encenações. Não me interessa no caso, se ele tem razão ou não. Seus textos bons são simplesmente boas encenações. *Theorie des Partisanen* (*Teoria do Guerrilheiro*) por exemplo, foi para mim um texto chave. O que me interessa é a dramaturgia. Carl Schmitt ordena o material segundo certas categorias jurídicas e teológicas, provavelmente bastante arbitrárias, e faz da história um caso jurídico. Teatro também tem a ver com processos, o processo é uma estrutura teatral. Peças de teatro são muitas vezes processos, casos jurídicos. No sentido jurídico o processo é uma fixação, a tentativa de reter algo por meio da escrita, fixar algo que está em movimento. No teatro existe a peça como material e existem os artistas. Quando você encena, você precisa fixar e movimentar.

Voltando aos anos setenta: 1976 foi o ano em que Biermann foi expatriado. Você conhecia Wolf Biermann?

Sempre tive um bom relacionamento com Biermann. Vimo-nos muito quando ele trabalhava no Berliner Ensemble. Vinha muitas vezes ver-nos em Lehnitz. Suas primeiras noites de canções foram um acontecimento. Mais tarde simplesmente perdi Biermann de vista, talvez também de propósito, pois isso se transformou em um grupo do qual você mantinha distância para poder trabalhar em paz.

Você assinou, junto com outros, uma petição contra a expatriação. Depois houve ainda um epílogo...

O primeiro epílogo foi apenas uma tentativa. Eu tinha falado com Thomas Brasch e concluímos que depois dos resultados desse protesto, que aliás só tinha sido formulado como um "pedido", era preciso dar um segundo passo. O "pedido" tinha surgido porque queríamos que, por exemplo, também Fritz Cremer assinasse. Cremer estava hospitalizado e disse que só poderia assinar se em vez de "nós exigimos" estivesse escrito "nós pedimos". Os numerosos signatários desconhecidos foram, um atrás do outro, pressionados e, em parte, detidos. Por isso tivemos a idéia de escrever, nós os primeiros signatários, uma carta na qual nos distanciaríamos do uso que o Ocidente estava fazendo desse protesto. Falei sobre isso com Christa Wolf. Ela tendia a achar que esse era o caminho correto. Ela disse que devíamos falar com Hermlin sobre o assunto. Falei com Hermlin e ele disse: "Terça feira estarei com Honecker e vou esclarecer o caso." O "esclarecimento" foram as expulsões da Associação dos Escritores.

Ernst Jünger

Eu tinha lido Jünger já antes da guerra. Meu pai me deu *Marmorklippen* como um livro secreto de oposição, eu tinha treze ou quatorze anos. Hoje eu não diria que *Marmorklippen* pertença aos melhores textos de Jünger, mas a alegoria marmorizada era bem transparente na época. O chefe da guarda florestal com sua cabana no meio da floresta, onde esfolava os animais, para nós era Hitler. Já em 1933 Hitler era chamado na Saxônia de "guarda florestal". Depois o nome foi atribuído a Göring. Falava-se de Hitler também como o "Cabo da Boêmia". Depois da guerra li uma antologia de ensaios que continha entre outros *Blätter und Steine* (*Folhas e Pedras*), *Die totale Mobilmachung* (*A Mobilização Geral*), *Über den Schmerz* (*Sobre a Dor*), *Sizilischer Brief an den Mann im Mond* (*Carta Siciliana ao Homem na Lua*) e *Lob der Vokale* (*Elogio da Vogal*). Textos de Jünger e Nietzsche, a primeira coisa que li depois da guerra.

Como aconteceu sua visita a Jünger em 1988?

Eu sempre tive vontade de encontrar Jünger. Quem arranjou o encontro foi um conhecido, Manfred Giesler, dono de bar e de galeria em Berlim. Escrevi uma carta a Jünger com impressões das minhas primeiras leituras, em especial *Folhas e Pedras*, e fomos convidados para Wilflingen, onde ele morava na casa do antigo administrador dos Stauffenberg. Jünger tinha-se informado ou sido informado. Falou primeiro da impressão que seu editor Klett tinha de *Alceste*, a encenação de Robert Wilson em Stuttgart. Wilson havia usado em *Alceste* um texto meu. Depois falou de Wolfgang Harich, um inimigo comum. Mostrou-me a edição de E.T.A. Hoffmann publicada pelo pai de Harich, para ele um tesouro, algo muito importante. Achei o livro depois num sebo, uma bela edição, com boas introduções, comentários. Jünger disse que o fato de justamente o filho do homem que ele tanto admirava por causa dessa edição ter sido o primeiro a polemizar contra ele depois da guerra, na revista *Aufbau*, tinha-o atingido especialmente. Foi o primeiro ensaio abrangente contra Jünger como precursor e companheiro de caminho do Fascismo. Como prova especial da barbárie de Jünger, Harich cita um aforismo dele em *Folhas e Pedras*: "Em um acontecimento como o da batalha da Somme, o ataque foi uma espécie de descanso, um ato social." Foi uma frase que já na época tinha sido muito reveladora para mim, Jünger descreve uma experiência de batalha material, que não pode ser apreendida pelo pacifismo, por uma posição moral. A batalha da Somme foi uma das primeiras grandes batalhas materiais.

Que efeito ele teve sobre você como pessoa?
    Jünger é uma pessoa idosa muito graciosa. Ele se move com muita leveza. Ele bebeu uma quantidade incrível de champanhe. Não suporto champanhe. Tive dificuldade em acompanhá-lo, um copo atrás do outro. Foi também servido um café da manhã. Os lugares estavam pré-determinados, Giesler passava por meu motorista. Mas ele também podia se credenciar como conhecedor da obra de Jünger, porque tinha justamente vivido uma experiência ruim na fronteira da Itália com a Alemanha. Ele tinha com ele no carro *Annäherungen. Drogen und Rausch* (*Aproximações. Drogas e Fumo*) de Jünger. O fiscal italiano da alfândega viu o livro e disse:

"O senhor lê Ernst Jünger, interessante." O guarda bávaro viu o livro e disse: "Abra o porta-malas e esvazie seus bolsos." Jünger ficou feliz com a história. Ele tinha uma alegria juvenil, quase infantil, em ser um menino mau. Ele contou que depois da publicação do livro havia recebido uma carta de um parlamentar da CDU*. O homem da CDU comunicava que depois desse livro, que corrompia a juventude, ele nunca mais tocaria num livro de Jünger e também se empenharia pessoalmente para que Jünger nunca mais recebesse qualquer prêmio na RFA. Jünger estava feliz por ainda incomodar, ainda ser mau.

Ele disse: "Sabe quem esteve sentado nessa cadeira antes do senhor? Mitterrand." Jünger tinha uma edição de Saint-Simon, há cinco ou seis anos lia Saint-Simon, 40 páginas todas as noites. Ele agora lia somente coisas do século XVII, ou literatura até o século XVIII. O que vinha depois no fundo não o interessava muito. E Mitterrand, que estivera sentado na cadeira onde eu agora sentava, tinha dito algo pejorativo sobre Saint-Simon e tinha-se desqualificado. A mulher de Jünger, bilbiotecária em Marbach, fazia seu papel de anfitriã como se estivesse recebendo um monumento querido. E quando nos levou até o quarto com os objetos de devoção, ela disse: "Agora vamos até o museu." Jünger só tem medo de mulheres. Essa foi a minha impressão.

Perguntei se na época antes de 1933 havia encontrado Brecht e ele disse rapidamente "Não, nunca." Sua mulher se intrometeu na conversa e disse: "Mas você contou essa história com Rudolf Schlichting." E ele: "Ah sim, mais ou menos 12 vezes", disse ele mais uma vez rapidamente. E depois ele contou a história: Brecht estava diante do retrato de Jünger, uma pintura a óleo de Schlichting – eles obviamente se encontravam com frequência: Carl Schmitt, Jünger, Brecht, Bronnen, creio que também Benn, havia um bar em Berlim, "Zum schwarzen Ferkel" (Ao Leitão Negro) – de qual-

---

* CDU: "Christliche Demokratische Union", Partido Democrata-Cristão (da RFA)

quer forma também Brecht estava diante do quadro, e disse: "Kitsch alemão". Foi esse talvez o motivo porque Jünger, quando perguntei sobre Brecht, respondeu tão rapidamente: "Não, nunca."

O que Jünger sabia sobre você?

Não creio que ele conhecesse algo de mim. Claro que ele tinha sido informado, e sabia da polêmica de Harich contra *Macbeth*. Esse foi o ponto de partida, o inimigo comum. Ele foi realmente agradável em todas as fases, tinha também humor, e podia ver a si mesmo com ironia.

Perguntei-lhe sobre um trecho em *Folhas e Pedras* onde ele descreve como cavalga em direção a uma batalha, à frente de seu batalhão, na França, durante a Segunda Guerra. Ouve-se e vê-se todo o tempo que é uma batalha terrível, mas o tempo todo ele não pensa na batalha, só em um artigo no *Völkisches Beobachter* onde havia algo negativo sobre ele, um ataque. A isso ele associa uma reflexão sobre coragem na guerra e coragem na guerra civil. Coragem na guerra é uma questão de treinamento, são poucos os que não são corajosos na guerra. Mas na guerra civil estamos sós, coragem na guerra civil é algo raro. Seu modelo era Ernst Niekisch, de quem era amigo e que depois da guerra foi membro do Comitê Central do SED. Jünger contou como depois da prisão de Niekisch começou a juntar tudo que podia incriminá-lo, em sua casa em Charlottenburg. Ele queimou tudo e despejou a cinza numa lata de lixo no fundo do quintal. Perguntei sobre o caso e ele ficou quieto, meio constrangido. Sua mulher falou por ele: "Os jovens não tem idéia a que pressão estávamos sujeitos na época." Achei bom que ele não tivesse comentado isso, Depois sua mulher nos levou até o museu. Lá havia, entre outros, um busto dele esculpido por Breker. Passamos ao lado e ele comentou: "Um homem que não mereceu a devida atenção." Depois passamos por uma estante onde havia algo de Carl Schmitt, e eu perguntei por Carl Schmitt. Ele também não disse nada. Houve um desentendimento. Schmitt havia dito uma vez algo de irônico sobre um texto de Jünger, uma carta sobre o texto de Jünger *Über die Linie* (*Sobre a Linha*).

Tinham reservado uma mesa e quartos para nós numa hospedaria da aldeia. Tiraram seu Toyota da garagem, e saímos, ele ainda tinha quinze minutos, e nos acompanhou. Perguntamos se podíamos fumar, se isto o incomodaria. Disse que sempre tinha apreciado fumar sua Dunhill de manhã no jardim, mas sua mulher achava que não era bom para os brônquios. Na ocasião perguntamos naturalmente sobre sua experiência com drogas. Ele se entusiasmou, e praticamente não falamos de temas políticos.

Percebemos que não era rico, os livros não rendiam muito. Ele se ressentia também do isolamento, os jovens não queriam falar com ele, para muitos era suspeito. Tocamos em mais um tema. A *Spiegel* havia acabado de publicar um cenário de catástrofes, uma visão sombria de catástrofes por acontecer. Como amantes de catástrofes nos entendemos muito bem, também depois durante a refeição. Contei uma piada, para a esposa dele estava à beira do admissível, mas da qual ele gostou. Depois tomou pelo menos mais dois ou três canecos de cerveja, sem conseqüências aparentes.

O que você acha dos protestos contra Jünger, por exemplo por ocasião da entrega do Prêmio Goethe em 1982?

Para mim Jünger nunca foi um herói, não entendi os protestos contra ele por ocasião da entrega do Prêmio Goethe, em Frankfurt, como uma ofensa a um herói, considerei-os apenas supérfluos. O que me interessava era sua literatura. Não sei ler moralmente, tampouco sei escrever moralmente. Existem outros problemas, tudo tem seu preço. Quando ele quer escrever que vai de bicicleta até a aldeia vizinha para comprar sementes, então escreve: "Para essas viagens utilizo-me da bicicleta."

Conheço o problema, mas como deixo a compra de sementes simplesmente de lado, evito esse constrangimento. Uma outra diferença é simplesmente que escrevo com a máquina e Jünger com uma pena. Não posso mais escrever à mão, exceto anotações. Isso se reflete sobre a forma, sobre o modo de escrever, a tecnologia.

O problema de Jünger é um problema do século: antes que as mulheres pudessem ser uma experiência para ele, a guerra o foi.

Estados Unidos

Minha primeira viagem à América, em 1975, durou cerca de nove meses e excedi meu visto de longe. Quando voltei eu já tinha sido dispensado. Berghaus estornou meu salário no Berliner Ensemble. Em São Francisco conheci um jornalista – foi importante para *Gundling*, para a cena final – que tivera contato com Charles Manson. Estivemos também em Death Valley onde a família de Charles Manson tinha começado a planejar suas campanhas. Durante algum tempo moramos numa casa em Beverly Hills em frente à casa onde tinha acontecido o assassinato de Sharon Tate. Ainda estava para alugar, ninguém queria a casa. Esse jornalista tinha uma porção de cartas de Manson, redigidas no presídio de St. Quentin. Ele tinha também permissão para visitar Manson e nos fez um relato. Charles Manson tinha uma letra enorme, como Zarah Leander. As cartas eram poéticas: "Kill all people who don't hear the song of the sun." Importante para ele é que ele era um s*capegoat*, que tinha sido feito de bode expiatório. Nixon tinha matado muito mais gente do que ele. Todos os presidentes americanos tinham matado muito mais gente que ele. Foi por esse motivo que Manson entrou na cena final de *Gundling* como presidente dos Estados Unidos, Manson for President. Mais tarde em Nova York vi o desfile de Steuben. Desde lá tenho uma imagem, ela não aparece no texto, mas foi um ponto de partida para a peça: Steuben atravessa o Atlântico a cavalo, vai para a América e traz a batata para a Prússia. Minha experiência fundamental nos Estados Unidos foi a paisagem, pela primeira vez na minha vida tive uma sensibilidade para a paisagem, para o espaço. A dimensão propriamente americana não é o tempo, mas o espaço. Viajamos bastante pelo país: Califórnia, Novo México, Arizona, Nevada, delta do Mississipi, sondas petrolíferas enferrujadas, instalações industriais inteiras meio afundadas no pântano, também enferrujadas e, na margem do rio, as velhas casas das plantações em escombros. Foi estranho, esse capitalismo com margens, na Europa não existem mais essas margens, ou então é difícil enxergá-las. Na América as margens são a vida, em todo lugar existem paisagens não-ocupadas, também não-ocupadas socialmente. Paisagens que não podem ser domesticadas, onde puderam aparecer as lendas dos discos voadores. Isso é perfeitamente compreensível em Nevada, no Arizona ou no Grand Canyon.

O motivo da viagem foi um convite para Austin / Texas, um convite da Universidade. Eu deveria lecionar um semestre sobre a dramaturgia da RDA ou sobre a literatura da RDA. Mas isso não foi um assunto realmente sério. Foi desenvolvido parcialmente na piscina. A germanista Betty Weber estava como *Assistant Professor* em Austin, ela me convidou, conhecia-me através do Arquivo Brecht. Depois ela leu textos meus e também os passou aos seus estudantes. Muita gente escreveu sobre mim, especialmente mulheres. No departamento de Dramaturgia de Austin queriam encenar uma peça minha, Betty Weber tinha escolhido *Mauser*, também pela sua proximidade com Brecht. Havia um jovem professor, professor de direção teatral, e depois de longas discussões eles chegaram à conclusão que isso só poderia ser feito na América com mulheres, uma "minoria". A encenação teve lugar no bairro negro de Austin. Em Austin as raças são separadas pelo rio Colorado, nenhum branco passa ou transita normalmente pela ponte.

Ensaiamos no primeiro andar de um velho armazém, e lá foi montado também o espetáculo, mulheres negras não participavam. Na parte de baixo havia um bar, as paredes eram pretas, mas não porque fossem pintadas de preto, eram pretas de sujeira. Além de nós só havia negros ali. Não havia quase agressividade. Numa das paredes imundas havia um cartaz: "No dirty language". Só duas ou três estudantes participaram da encenação, as outras eram desempregadas, convocadas por meio de anúncios. Lembro-me de um exercício de Stanislavski, a variação americana dele: no meio do armazém havia uma coluna de sustentação, uma das meninas achou um jeito de galgar coluna acima por cerca de cinco metros, as outras ficavam em baixo, e ela se deixava cair. Admirei isso muito. Para as mulheres a revolução era algo de fundamentalmente mau, e como a peça falava de revolução, elas tinham necessidade de também apresentar seu ponto de vista. Por isso havia *statements*, declarações entre as cenas, as atrizes compareciam à ribalta, individualmente ou em pares, e esclareciam ao público que a revolução era algo de mau. "Revolution is bad my grandmother told me", depois elas voltavam ao texto e se tranformavam em bolcheviques duras como o aço.

    O que interessa aos americanos em minhas peças é, talvez, a velocidade, a rápida troca do ritmo, sem transição. Um estudante de San Diego chamou isso de "dramaturgia de surfista". O êxito de Thomas Mann nos USA é, ao contrário, o êxito de um móvel velho, que pode ser movido com dificuldade, um êxito da nostalgia; estatisticamente falando a população americana é a que mais muda de moradia no mundo.

    Uma experiência artística americana: em Nova York, Rauschenberg, visto da Europa, era o máximo da modernidade, um naturalista. Quando o vento dos lagos canadenses levanta as latas de lixo nas ruas perto do rio Hudson, e que os jornais e o lixo da metrópole voam, sua arte se torna ornamental.

O escrever e a moral

Que contatos você tinha com os jovens autores da RDA?
Naturalmente as pessoas vinham trazer seus textos ou me mandavam seus textos, e eu considerei um dever dar atenção a esses textos e não ceder à minha falta de vontade. Em alguns casos valeu a pena. Fazia parte da política de segurança e de cultura da RDA criminalizar pessoas que escreviam atribuindo-lhes falta de participação social, por não ganharem dinheiro ou ganharem muito pouco. Só recebia um número do imposto de renda quem podia comprovar uma certa renda com atividade autônoma. Claro que havia mais pessoas que escreviam ou pintavam do que pessoas que tinham talento para isso.

E muitos contatos aconteciam simplesmente porque as pessoas precisavam de dinheiro para poder usufruir do luxo de escrever sem serem perseguidas, fossem elas talentosas ou não.

Nos anos setenta houve depois uma espécie de underground literário, o Prenzlauer Berg e assim por diante...
Foi um desenvolvimento dos anos 70/80 resultante do movimento punk, da música rock e da guerra de atrito com os representantes do Estado contra a cultura jovem e de massas importada do Ocidente. Não era algo que me interessasse muito. Talvez eu fosse de uma geração velha demais para isso. Eu também conhecia mais pintores do

que escritores. O que me aborreceu, foi o caráter de segunda mão, o cunho estrangeiro de muitos textos, cópias tardias de modismos. Lembro-me da antologia de Elke Erb e Sascha Anderson[56], iniciada por Fühmann, não consegui ler a maioria dos textos. Eu tinha a impressão, por exemplo, que Sascha Anderson escrevia na RDA para a Califórnia. A RDA não existia para essa geração, mas eles também não conheciam outra coisa. É mais ou menos como no caso desses tomates holandeses, que crescem sem terra, só com raízes aéreas. Você nota isso nos textos, uma massa sem consistência. Sua existência na RDA era uma existência fictícia. Naturalmente existem exceções como em toda geração. Gênios não aparecem aos montes. O conjunto foi importante como movimento, como terreno para as exceções. Meu problema com o texto dos mais jovens na RDA era que eles não tinham um objeto. Não podia ser a realidade da RDA, porque lhes faltava uma referência. O pressuposto para a arte é a concordância, e os jovens não tinham nada com que pudessem concordar. Escrever necessita concordância, no amor ou no ódio, concordância com o objeto. Acho que o grotesco, a caricatura, pertence ao século XIX, a grande era da burguesia. É a diferença entre Goya e Daumier. Em Goya existem traços caricaturais, e não caricatura. Ele amava ou odiava seu objeto e sofria com ele. Daumier é um gênio do jornalismo. Como movimento, mesmo a modernidade é jornalismo, uma reação jornalística contra a realidade. Não falo de obras de arte isoladas. A concordância com o objeto separa a literatura do jornalismo. Se o jornalista concorda com seu objeto ele não pode escrever.

    Em um congresso de escritores, nos anos oitenta, Hermlin fez seu famoso discurso. "Eu sou um escritor burguês." E citou Grillparzer: "E se minha época quer me contestar/ deixe estar/ eu venho de outros tempos/ e para outros vou caminhar." Houve uivos de colegas de partido. Hermlin se referia, sem mencioná-las, às teses de Trotski contra o fantasma de uma cultura proletária. Partidarismo e concordância são duas coisas. A arte não resulta da simples negação, da simples polêmica.

A discussão em torno da estética e da barbárie, da estetização da barbárie pela arte, é também problemática. *Macbeth* foi motivo de irritação para Hacks, o que compreendo. Numa entrevista ele disse que esse era um texto bárbaro, e o mais terrível é que era bonito. A arte tem e precisa de uma raiz sangrenta. A concordância com o horror, com o terror, faz parte da descrição. É o caso de *Ligações Perigosas*. Laclos sempre se declarou um moralista que descreve todos esses abismos de forma a prevenir a humanidade contra eles. Essa foi, no entanto, a atitude moral de um autor profundamente interessado nas trevas da alma. Assim foi também com Sade, sua atitude foi a do moralista, do educador.

Hubert Fichte, creio, perguntou a Genet: "Como é essa história, você deseja um mundo melhor? Um mundo de acordo com seus sonhos políticos?" E Genet respondeu: "Pelo amor de Deus, se o mundo fosse como eu talvez desejasse, não teria mais motivos para escrever.

Certamente existem situações onde eu me manifesto de forma política e não como artista, mas logo que começo a escrever, isso se transforma num artefato. Falar e escrever são novamente duas coisas. Quando escrevemos, o texto assume a direção. O conceito da utopia permeia toda a discussão estética da modernidade. Diz-se que se não existe no conteúdo, então pelo menos sob forma de obra de arte existe o prenúncio de um mundo melhor. Também sempre acreditei, como Brecht, que a beleza da formulação de uma situação de barbárie contém uma esperança de utopia. Não acredito mais nisso. Em algum momento temos de aceitar a separação entre arte e vida. Perguntaram a Ehrenburg: "O que é realismo socialista?" E Ehrenburg disse: "Uma orquídea negra."

Hamletmaschine, 1977

O ano de 1977 começou comigo mais uma vez plantado na Bulgária. Enchi todo um caderno escolar búlgaro com anotações, esboços de peças. E diante do prédio onde Ginka morava ficava a maior usina termelétrica de Sófia, a Central Traitcho Kostov. Traitcho Kostov foi o Rajk búlgaro, executado durante os grandes expurgos. Kostov tinha sido secretário de Dimitroff. De acordo com a interpretação búlgara Dimitroff foi levado à morte, por vias médicas, em Moscou. Ele manteve conversações com Tito sobre uma federação dos Balcãs. Ficou doente e devido à possibilidade de melhor tratamento foi levado a Moscou e lá morreu. Depois vieram os processos na Bulgária, Hungria, Romênia, na Tchecoslováquia, na Polônia. Foi no começo dos ano 50. Traitcho Kostov foi o agente imperialista escolhido na Bulgária. Foi o único que não confessou. Ficaram impacientes, o tempo corria, então simplesmente mataram-no. Depois da reabilitação essa usina de Sófia recebeu seu nome. Eu tinha um projeto, já antigo, de escrever uma peça sobre Hamlet. O que me interessava era uma alternativa, Hamlet como filho de Rajk ou de Slansky ou de Kostov. Eu não sabia muita coisa sobre Kostov antes, mais de Rajk, sim. Era o caso mais conhecido. Hamlet volta do enterro oficial de seu pai e tem que continuar a viver. Hamlet em Budapeste. Eu imaginei uma peça de 200 páginas, a problemática multifacetada.

Voltei para Berlim, Besson queria encenar Hamlet e perguntou se eu podia traduzir a peça em quatro semanas, porque teria de começar os ensaios. Eu disse que em quatro semanas não seria possível. Ele perguntou: "Qual é a melhor tradução?" Disse que a melhor era a de Dresen e Hamburger. Essa montagem eu havia visto em Greifswald, era muito boa e resultou na ida de Dresen para o Deutsches Theater. Besson começou a ensaiar com a tradução. Mathias Langhoff, a quem o assunto interessava, era o assistente de direção. Langhoff trazia constantemente perguntas de Besson para mim. Um ou outro trecho do texto não funcionava, eu devia mudá-los. Langhoff entretempo se aborrecia com os ensaios e ficava contente quando podíamos trabalhar em conjunto no texto, que se transformou cada vez mais numa nova tradução. Os atores não puderam estudar o novo texto com suficiente rapidez e no ensaio geral apresentaram um amálgama da velha e da nova tradução. Depois disso houve a abertura de um processo de plágio. Quando terminei minha tradução eu tinha, de qualquer forma, adquirido uma outra postura em relação ao projeto. E aí surgiu muito rapidamente essa peça de nove páginas, como uma dessas cabeças encolhidas dos índios, a *Hamletmaschine*. Já tinha notado na Bulgária a impossibilidade de chegar a um diálogo com esse material, transportar o material para o mundo do assim chamado socialismo-stalinismo real. Não havia mais diálogos. Queria incluir diálogos, não era possível, não havia diálogo. Só blocos de monólogos, e o todo encolheu, ficou reduzido a esse texto. Também o tema Budapeste 1956 não resultou mais em diálogo, e a historia da RAF, também material para a peça, acabou sendo um único e rápido monólogo. Depois de um atentado fracassado contra o escritório da *Spiegel*, o grupo em torno de Baader, junto com Ulrike Meinhof, jogou todos os móveis da casa de Ulrike, onde ela morava com seu marido, o redator-chefe da revista *Konkret*, pela janela. A destruição do modo de vida burguês, a saída da vida burguesa, a entrada na ilegalidade. Isso me interessava. Juntou-se a isso também a lembrança de Charles Manson. A frase final é de Susan Atkins, membro da sua "family", uma das assassinas de Sharon Tate, famosa por seus "scaring phone calls", telefonemas aterrorizadores. Um deles foi citado na *Life*. Este eu tinha lido por acaso na Bulgária, na Bulgária eu dependia mesmo do acaso no que se referia à leitura. A frase era: "Quando ela andar com facas de açougueiro pelos seus dormitórios, vocês saberão a verdade."

Eu não tinha um título para o texto. Betty Weber, a germanista do Texas, tinha o plano de publicar na Suhrkamp, em um volume, minhas tentativas com e sobre Shakespeare. Precisávamos achar um título e por meio de Andy Warhol cheguei a *Shakespeare-Factory*. Isso lembrou *A Máquina de Solteiros* de Duchamp e levou a *Hamletmaschine* como título de peça. O projeto na Suhrkamp fracassou porque eu quis de qualquer maneira a foto de Ulrike Meinhof depois da retirada da corda de seu pescoço, no livro. Unseld disse: "Isso não é possível, isso não pode ser publicado na minha editora." Para mim era um ponto de honra. E por isso o volume não apareceu na Suhrkamp.

No que se refere a *Hamletmaschine* é possível construir muito. A impossibilidade de diálogo deste material significa certamente uma estagnação. E se no plano dos homens nada mais anda, então as mulheres devem pensar em algo. E assim por diante. Lenin dizia sempre: o movimento vem das províncias, e a mulher é a província do homem.

A metáfora da máquina talvez esteja ligada à usina termelétrica em frente à casa em Sófia. Sem a viagem à América, e sem as viagens ao Ocidente de forma geral, eu não poderia ter escrito a peça dessa maneira. Importante foi o livro de Deleuze e Guattari sobre Kafka, porque tratava da província, da mobilização das províncias. Também a criminalidade é uma província. *Hamletmaschine* não foi encenada junto com *Hamlet*, como eu queria. Ficou proibida até o fim da RDA.

• Durante o já mencionado processo de plágio conheci Gregor Gysi.* Havia um processo de plágio de Dresen e Hamburger con-

---

* Gregor Gysi: advogado de dissidentes e opositores na RDA; após a unificação passou a liderar o PDS, sigla alemã de Partido do Socialismo Democrático, sucessor do SED. É deputado no Parlamento alemão.

tra minha tradução, em Leipzig. Gisy foi nosso advogado, Hamburger defendeu a si mesmo. Ele disse que estava comprovado historicamente que em dois meses não se pode produzir uma tradução própria de Shakespeare. Era totalmente impossível. Gysi disse: "Isso é justamente a prova da genialidade do meu cliente." E ganhou o processo.

A Missão, 1980

Desde que eu havia lido o conto de Anna Seghers "Das Licht auf dem Galgen" eu queria fazer *A Missão* (*Der Auftrag*). "Licht auf dem Galgen" é seu confronto com o stalinismo: Napoleão/Stalin, o exterminador da revolução.

A mim interessava sobretudo o tema da traição, também devido ao meu privilégio das viagens. Seghers descreve isso assim: Quando o jacobino Debuisson pára no alto do morro – ele recebeu a notícia do 18 Brumário e sabe que a revolução acabou – e começa a falar pela primeira vez a "voz da traição", ele vê pela primeira vez como é bela a Jamaica.[58] Só pude escrever a peça depois de uma estadia no México e em Porto Rico. Antes eu não tinha a dramaturgia necessária. No México achei a forma. A segunda parte do texto do elevador na peça é o protocolo de um sonho, o sonho resultante de uma caminhada noturna de uma aldeia afastada até uma rodovia principal em direção à Cidade do México, passando por um caminho rural entre campos de cactáceas, sem lua, nenhum táxi. Às vezes surgiam vultos como nos quadros de Goya, passavam por nós, algumas vezes com lanternas de pilha, também com velas. Uma viagem do medo pelo Terceiro Mundo. A outra experiência recuperada no texto foi minha ida até Honecker, no edifício do Comitê Central, a subida com o elevador contínuo. Em cada andar estava sentado diante do elevador um soldado com um fuzil-metralhador. O edifício do Comitê Central era uma ala de segurança máxima para os prisioneiros do poder.

A estrutura narrativa dos sonhos sempre me interessou, essa falta de conexão, o abandono das relações causais. Os contrastes criam velocidade. Todo o esforço de escrever pretende alcançar a qualidade dos nossos próprios sonhos, também a independência da interpretação. Os melhores textos de Faulkner têm essa qualidade. Malraux descreve *Sanctuary* (*Santuário*) como a invasão do romance policial pela tragédia clássica. Quando se lê Faulkner, lê-se um rio. Seus personagens são paisagens. Encenei *A Missão* duas vezes: em 1980, no terceiro andar da Volksbühne junto com Ginka Tcholakova, o cenógrafo era Hans-Joachim Schlieker, e foi minha primeiríssima direção, e em 1982 em Bochum, com um cenário de Erich Wonder. Não foi uma repetição, na RDA foi uma peça de atualidade, em Bochum, uma fábula distante. Com a divisão da platéia por meio de uma gaiola onde ficava uma pantera negra, e um recorte triangular do palco, Wonder transformou o público em *voyeurs* e turistas, um desmascaramento.

Quando alguém escreve peças durante décadas nota-se de repente que está se repetindo. O trabalho torna-se mecânico. Algumas expressões surgem sempre, os mesmos temas. Um remédio contra isso é encenar os próprios textos. Assim os congelamentos se dissolvem. Encenar é a única forma de esquecer meus textos, um ato de libertação, uma terapia. Antes e depois dos ensaios sei os textos de cor, nos ensaios me soam estranhos e pertencem aos atores. Isso descontrai (em sentido contrário), como a tradução de textos alheios. Escrever é uma luta contra o texto que surge.

União Soviética, Países do Leste

Fazia parte da imagem clássica do cidadão da RDA ter estado no "exterior socialista amigo", principalmente na União Soviética. Eu poderia perfeitamente ter tido a experiência da paisagem na Rússia, mas estive apenas uma vez por alguns dias em Moscou, também uma fuga, porque eu sabia que poderia perder meu marxismo mais facilmente na URSS socialista do que nos Estados Unidos capitalistas. Nos anos 50 Peter Hacks me enviou um cartão postal de Geórgia com um monumento a Stalin. Continha a frase: "O piano caiu na água."
Praticamente não fui traduzido na URSS. Há alguns anos publicaram uma tradução do *Achatador* na revista *Innostranaia Literatura*, muito mais tarde *Filoctetes*.

E além disso nos Países do Leste?
Na Polônia houve algumas encenações. Mas como escritores da RDA éramos para os "irmãos" sempre meio stalinistas. Depois dos alemães de Hitler, os alemães de Honecker. Para nosso Ministério da Cultura nunca fui um artigo de exportação para países socialistas. Eles até evitavam isso. Em Cuba queriam encenar uma vez *Cimento*. Foi vetado pela embaixada: "Müller não é representativo para a literatura da RDA. Recomendamos *Frau Flinz*, de Helmut

Baierl." Isso, no entanto, os cubanos não queriam. Assim acontecia em muitos países, até na Finlândia. Depois do caso Biermann, o Ministro da Cultura da RDA, Hoffmann, foi para Moscou, isto é, ele foi convocado pelo Ministro da Cultura soviético. Ele tinha notado que os treze signatários do abaixo-assinado a favor de Biermann eram judeus. Hoffmann contestou polidamente e argumentou que também alguns não-judeus, alguns arianos haviam assinado: Christa Wolf, Heiner Müller. Além disso a tradição teatral na União Soviética é completamente diferente da nossa. Brecht nunca foi aceito por lá. No início com Meyerhold, com Wachtangov, Wichnevski, houve tentativas para um teatro novo, uma nova dramaturgia, mas isto foi destruído. As encenações de minhas peças fracassaram muitas vezes porque os leitores das editoras soviéticas diziam que aquilo não eram peças, eram poemas, porque os nomes dos personagens não estavam na frente do texto.

Na Bulgária havia Mitko Gotscheff...
Filoctetes foi publicado na Bulgária. Mitko Gotscheff ainda estava lá, depois do estudo e do trabalho na RDA ele sempre quis encenar algo meu, mas nunca teve autorização. Depois de uma luta exaustiva foi autorizado a encenar *Filoctetes* para 20 pessoas, um encenação noturna. Foi uma montagem muito boa, em 1983. Mas isso não abriu nenhuma porta, pelo contrário, Gotscheff recebeu cartas ameaçadoras, ameaças de morte por telefone, e assim por diante. Existe atualmente um volume com peças minhas na Bulgária, foi lançado depois de dois anos de luta. Mas em *Margem Abandonada* (*Verkommenes Ufer*) falta o texto sobre os absorventes higiênicos rasgados. Isso não podia ser impresso na Bulgária. De resto, também não havia absorventes higiênicos na Bulgária.

Por ocasião da encenação de *Germânia* de Steckel, na turnê do teatro de Bochum, houve também algazarra. Foi já no tempo da perestróika. Discutia-se a profanação de uma bandeira da RDA, e temiam-se protestos da RDA. E em algum lugar aparece uma pessoa nua. Entretempo é completamente normal alguém aparecer nu no palco em Moscou. Quando tudo desmorona, é permitido tirar a roupa.

Tenho a impressão que este não é seu tema predileto.
    Tenho com certeza uma prevenção inconsciente contra o que é russo. Foram as forças de ocupação, uma força niveladora, uma qualidade do meu texto vem talvez do impulso de defender o que é alemão contra essa ocupação. Isso nada tem a ver com ideologia e não muda minha relação com a grande literatura russa. Naturalmente li também muitas obras do período inicial da literatura soviética: Babel, Cholokov, Gladkov, Wichnevski, Platonov, Fadeiev. Mas o que vinha até nós, oficialmente, pelas autoridades culturais, era o mediano, o nivelado, e não posso dizer que tenho uma relação especialmente erótica com isso. Mesmo Cholokov falou em uma de suas últimas palestras da cinzenta mediocridade da literatura russa. Toda uma cultura foi nivelada, nada mais apareceu desde Cholokov, novas tentativas apenas na literatura crítica ao sistema, Trifonov, Aitmatov. Mas isso, comparado com Cholokov, Tolstoi, Dostoiévski, Tchekov, já é literatura de segunda classe. Brodski fala da decisão errada russa por Tolstói contra Dostoiévski, pelo realismo contra a visão. Tolstói é naturalmente o ponto alto da literatura russa, mas ele só poderia ser levado adiante sendo mais superficial, porque também a realidade foi se tornando cada vez mais superficial. Em *Arbeiter* (*Trabalhadores*) Ernst Jünger descreve o processo de forma positiva: o desaparecimento da fisionomia individual na economia planejada.

A Revolução de Outubro não incentivou a vanguarda russa?
    Ela foi o produto final da cultura burguesa, que foi destruída pela Revolução, pela construção da nova ordem, impedindo o prolongamento da puberdade, que é uma das condições da arte. Também as revoluções burguesas não geraram arte, só obras de arte isoladas. A cultura necessita de lazer.

França etc.

Seu maior êxito no exterior foi sem dúvida na França.
O começo foi uma temporada da Volksbühne com *A Batalha*, em 1977. Para os franceses, uma reminiscência do expressionismo alemão, tanto a encenação como a peça. Mal-entendidos são a condição para o êxito. *Hamlet* foi em Paris em 1979, junto com *Mauser*, encenada por Jourdheuil, cenografia de Gilles Aillaud. Foi a segunda encenação de *Mauser* depois do Texas. O cenário foi de Titina Maselli. A segunda encenação foi *Quarteto*, por Chéreau, em Nanterre. Infelizmente ele não fez *Germânia*, como tinha planejado originalmente, porque não acreditava nos franceses. Eu gostaria de ter visto isso encenado. Eu tive a sensação de que na França se lidava de forma diversa com meus textos do que nos teatros alemães, em parte porque o teatro francês é mais retórico. Por outro lado a postura fundamental é mais irônica, o que os textos não são de modo algum. Mas talvez isso ajuda os textos, pelo menos na França, eles ficam mais leves. Também a tradução converteu certas durezas e certas arestas em elegância. A estréia mundial de *A Estrada de Wolokolamsk* (*Wolokolamsker Chaussee*) foi também em Paris, em 1988, em Bobigny, encenada por Jourdheuil e Peyret. Eles leram a peça como uma história prussiana. A criança enjeitada era o jovem Frederico, Katte foi fuzilado no muro e assim por diante.

A *Estrada de Wolokolamsk* recordou a atores e técnicos sua fase comunista. Todos tinham sido alguma vez comunistas, e ninguém era mais membro do Partido Comunista. Houve um protesto do Partido Comunista em Bobigny contra a encenação desta peça anticomunista, anti-RDA. Em 1990, depois da segunda estréia de *Hamlet* pediram desculpas, eles têm bons modos.

Você conheceu Foucault?
Encontrei-o uma vez em Paris. Foi no ano de Stammheim. Ele se interessava só por dois assuntos: dissidência e terrorismo. Era o único olhar sobre a Alemanha. No Leste sobre os dissidentes, um olhar un tanto distraído, no Ocidente sobre o terrorismo. Era fascinante como Foucault dissecava a atualidade, o presente desmanchando-se à nossa frente, num turbilhão de divergências, que sempre irrompiam em outras associações. Fazia isso deitado sobre um tapete branco.

Itália e Espanha?
A recepção na França, também na Itália, foi mais inteligente, já devido à distância da Alemanha, devido também ao anteparo visual entre o Oeste e o Leste. Na Espanha existe um elemento adicional, uma outra relação com a morte. Isso vale também para a América Latina, onde notícias sobre o teatro e o futebol estão na primeira página, teatro como um acontecimento social para as camadas superiores, como por exemplo – pelo menos de acordo com o relato do diretor – *Quarteto* no Rio, e futebol para as massas. A Inglaterra sempre foi difícil de conquistar. Depois houve encenações no Japão, na Coréia. Os chineses só agora chegaram a Arthur Miller. Alguns textos foram traduzidos para o árabe, *A Batalha* foi encenada no Líbano, por palestinos. O que mexeu com eles foi a situação forçada e o potencial de violência da peça. *O Achatador* foi montado em Bagdá, por um iraquiano que estudou teatro em Berlim Oriental no início dos anos setenta. O diretor me convidou, mas

não recebi o visto. Contou que tiveram dificuldades com a peça. O problema era a figura do diretor, representado muito criticamente, havia necessidade de tecnocratas. Foi antes de Saddam Hussein. Em Israel existia o projeto de encenar *A Missão*. Não aconteceu devido ao escândalo em torno do dramaturgo Sobol, por causa de sua peça *A Palestinense,* sua expulsão do teatro. No mais houve em Israel apenas uma transmissão radiofônica de *Quarteto*.

Você pode imaginar-se vivendo no exterior?
Para trabalhar não preciso mais viver na Alemanha. Não dependo mais desse material, o estoque é suficiente para uma vida. Além disso morar não significa muito para mim. Nunca tive uma moradia ou arrumei uma casa, assim como imagino que deve ser. Sou um habitante das cavernas, ou nômade, talvez contra a minha natureza. Não consigo, de qualquer modo, livrar-me da sensação de que não pertenço a lugar algum. Já que não posso ter um castelo, não existe moradia para mim, só lugares onde ficar, locais de trabalho. Minha moradia em Berlim-Friedrichsfelde, uma construção nova, elementos pré-fabricados modelo RDA, com buracos no forro, choveu dentro durante sete anos, me é bastante agradável porque suprimi o conceito de moradia, moradia como domicílio. É antes um aeroporto, um pequeno aeroporto. Posso viver em qualquer lugar onde tenha uma cama e uma mesa para trabalhar.

Fatzer-Material, 1978 e *Quarteto*, 1981

No primeiro caderno de *Experimentos (Versuche)* foi publicado um texto do fragmento de *Fatzer* de Brecht. Li isso nos anos 50 e desde lá *Fatzer* foi para mim um objeto de inveja. É um texto do século, pela qualidade lingüística, pela densidade. Essa qualidade tem a ver com o choque da cidade grande. Brecht veio para Berlim, morou numa água furtada, na parede estava pregado um mapa de Berlim. Brecht colocou bandeirinhas nos lugares onde se estavam formando células comunistas. Era a espera da revolução...

Em 1932 ele interrompeu o trabalho com *Fatzer*. Foi um dos poucos que não tiveram ilusões sobre a duração do próximo período, portanto do nazismo. A maioria dos intelectuais de esquerda pensava que aquilo iria durar alguns meses, Hitler era um idiota, uma assombração de curta duração. Brecht formulou isso mais tarde assim: "Na bandeira vermelha ainda estava escrito 'Venceremos', e eu já tinha meu dinheiro na Suíça." Brecht estabeleceu também uma conexão bem nítida entre *Fatzer* e o assassinato de Liebknecht e Rosa Luxemburgo. Ele sabia que isso era uma decapitação, a decapitação do Partido Comunista Alemão, sua entrega a Lenin. Um olhar sobre a hora zero do século. Antes de ser fuzilado pelos seus camaradas/companheiros Fatzer diz: "Agora e por um tempo muito longo/não haverá mais vencedores neste mundo, apenas vencidos."

No Arquivo Brecht existem cerca de 400 páginas, material difuso, em algumas páginas apenas uma linha, às vezes uma página cheia, esboços para diversas versões.

Espalhei as 400 páginas no quarto em que trabalhava, andei entre elas e procurei o que combinava. Fiz também combinações arbitrárias, nas quais Brecht não poderia ter pensado, um quebra-cabeças. O egoísta *Fatzer*, primeiro e de forma evidente uma figura identificadora para Brecht, foi desconstruído cada vez mais, de versão em versão. Depois Koch tornou-se o protagonista. Na última versão, da qual existem apenas fragmentos, Koch transforma-se em Keuner. Keuner representando Lenin, o pragmático que procura o possível. Fatzer como complemento de Koch e vice-versa. Koch o terrorista, Fatzer o anarquista, Koch/Keuner, a combinação de disciplina e terror. Para mim foi também uma peça sobre a RAF, numa tradição muito alemã, dos Nibelungos aos *Salteadores* (*Die Räuber*), *Fausto* e *A Morte de Danton* e *Gotland* de Grabbe. Dramas da divisão alemã. Franz e Karl Moor, Fausto e Mefisto, Danton e Robespierre, Gotland e o negro Berdoa. A busca da felicidade de Danton, e a supressão do direito à felicidade em função de um futuro pensado, de um programa. Nesse aspecto a Revolução de Outubro nunca saiu do âmbito da Revolução Francesa, não foi um passo à frente, no resultado foi até um passo para trás. A Revolução Francesa ainda precisa ocorrer na Rússia, sob novas condições.

Langhoff e Karge queriam encenar *Homburg* em Hamburgo e perguntaram-me se eu não queria completar isso adaptando *Fatzer* para eles. Minha referência do momento era a RAF. O trecho final se lê como um comentário à história da RAF, a relação do coletivo, da disciplina, com os dissidentes. Na história da RAF havia sempre situações em que algum dissidente era executado. Faz parte da tragédia dos grupos militantes que não vêem chegar sua vez, que a violência se volte para dentro. Era também a ligação com *Homburg*. A montagem provavelmente não deu certo porque os diretores foram imaginosos demais, não era simples, nenhum crítico entendeu a referência, o que afinal me deixou perplexo, pois o final foi muito bem encenado. Era Mogadiscio, mas ninguém viu nada. Todos escreveram apenas que teria sido melhor se o texto de *Fatzer* tivesse permanecido na gaveta. A única sensação no caso foi que Wolfgang Storch tinha feito o livreto da peça com textos da RAF, que teve de ir para o picador de papel por ordem do superintendente Ivan Nagel. A RAF não foi apenas para mim o material mais interessante do Ocidente. *O Pato Selvagem* (*Wildente*) de Brecht já representava a possibilidade da renascença do fascismo na RFA. Assim podia-se suportar a RDA. A reação excessiva do aparelho de Estado da Alemanha Ocidental à luta armada de uma minoria em vias de desaparecimento alimentou esse medo/esperança. Fazia parte da situação da guerra fria. Exemplar foi o incêndio da loja de departamentos, a tentativa de, por meio de uma metáfora concreta e podendo ser sentida, transmitir o sentimento do que significava a guerra do Vietnã. O discurso final de Koch: "Não sejam arrogantes, irmãos/ mas humildes e matem/não sejam arrogantes: desumanos."[59] Essa combinação de humildade e matança é uma característica do texto do *Fatzer*, originalmente também da ideologia da RAF. Gente que precisa forçar-se a matar. É o tema também de *Mauser* e *A Medida*. A violência política foi na realidade desacreditada pelo fato de o Estado ter assumido a incumbência de matar, o Estado burocratizou a matança através do seu monopólio. Vivemos numa civilização de representantes, a civilização cristã é a civilização dos representantes, da delegação, um por todos, um é pendurado na cruz por todos.

Num livro do polonês Richard Kapuscinski sobre a Etiópia é citado o trecho do discurso de um líder guerrilheiro antes de uma batalha decisiva. Ele reza pela primeira vez ao Deus dos cristãos: "But this time don't send your son, come yourself." Essa é uma ruptura essencial, creio eu, entre a civilização cristã da Europa e outras civilizações. Uma história de ficção científica nos fornece um comentário adequado: a história se passa num planeta onde a população funciona de forma puramente lógica. Existe lá uma estação comercial, fábricas que trabalham com precisão, pelo menos na visão do engenheiro que as dirige e que é natural do Ohio. Um dia desce de uma nave espacial um missionário vindo da Terra. O engenheiro sabe com certeza que tem uma catástrofe pela frente. Ele tenta fazer com que o missionário volte à nave, ele quase mata o missionário de pancadas. O engenheiro tem seu salário diminuido duas vezes, o missionário se recupera e começa sua missão. Ele apresenta o evangelho aos nativos. Os nativos decoram o evangelho, constróem uma igreja, levantam uma cruz. E depois acontece o que o engenheiro havia previsto e temido. Ele ouve um berreiro, corre para a igreja, e vê como os cristãos lógicos pregam o missionário na cruz, para que ele possa ressuscitar e ir para o céu.

O núcleo do problema é que o matar pode ser pensado. Se achamos necessário matar, não temos o direito de não fazê-lo nós mesmos: delegar seria imoral.

Um exemplo anedótico de Isaak Babel, da guerra russo-polonesa, citado em *Cimento*[60]: depois de uma batalha perdida, a tropa tem que recuar, os feridos do Exército Vermelho pedem ao comissário do regimento: "Mate-nos." Eles sabiam que os ulanos poloneses tinham o costume de arrancar as vísceras dos inimigos feridos com lanças. O comissário não consegue matá-los e os feridos o chamam de intelectualóide nojento, porque não consegue matá-los. Em *Theorie des Partisanen* (*Teoria do Guerrilheiro*) a tese de Carl Schmitt é que com a revolução surge o quadro do inimigo total. O católico não fala dos fundamentalistas religiosos. Com os programas de reforma total do mundo surge também a figura do inimigo total. Quem aceita a exploração como um fenômeno do que é vivo não precisa da figura do inimigo absoluto.

Para Carl Schmitt a guerra tinha caráter de duelo até a Revolução Francesa, uma questão naturalmente também dependente do grau de desenvolvimento das armas. Era uma guerra de exércitos. Com a guerra popular deixa de existir o caráter de duelo, cai a distinção entre civis e soldados, isto é, sem a idéia de revolução não existiriam os bombardeios de Coventry, de Varsóvia, de Dresden, não existiria a guerrilha.

A guerra atômica afinal pressupõe a imagem do inimigo total, leva ao fundamentalismo. Nossa civilização é uma civilização da representação. E representação resulta em seleção: Auschwitz, Hiroshima, são produtos finais do pensamento seletivo.

O incêndio da loja de departamentos foi uma tentativa desesperada de provocar a civilização da representação, da delegação do sofrimento, a transferência da guerra do Vietnã para o supermercado.

O pensar é inimigo do viver. Existe uma diferença entre pensar e ser, entre pensar e viver. É o paradoxo da existência humana. Flaubert disse que o individualismo é a barbárie. A conseqüência é o pensamento de Foucault, o humanismo é a barbárie, porque humanismo significa também exclusão, seleção. A humanidade se coloca um objetivo, o caminho para o alvo exige controle, organização, disciplina, seleção. Quando se trata da emancipação da humanidade, o inimigo é um inimigo da humanidade, portanto não é um ser humano. Essa é a questão fundamental. Mas como podemos desistir de colocar objetivos? É um pensamento com o qual crescemos. Como aprender a relaxar e aceitar as coisas como são, solucioná-las até certo ponto? Mas nas palavras "solucionar" e "até certo ponto" já se encontra novamente o problema. As coisas "vão" "até certo ponto", mas não se solucionam. É a provocação do Apocalipse, da revelação de João. Aqui a pergunta é colocada pela primeira vez e depois delegada ao Juízo Final.

A arte, creio, é um ataque a esse paradoxo, em todo caso uma provocação que aponta para esse paradoxo. Essa é uma função da arte, talvez uma função associal ou pelo menos anti-social, mas uma função moral da arte. A moral não é social, não podemos colocar isso nos mesmos termos. Considero irrelevante a indignação moral sobre o terrorismo, uma hipocrisia, por isso essa frase central no *Fatzer* de Brecht é tão importante para mim, a palavra "humilde". Matar com humildade é o núcleo teológico candente do terrorismo. Não existe solução, esse é o paradoxo humano. Mas com a arte você foge para a moral, de qualquer modo, não para a moral socialmente embutida. A arte é também, talvez, uma tentativa de animalização, no sentido do livro de Deleuze e Guattari sobre Kafka Temo que isso tenha de ficar obscuro. Objeto da arte é, em todo caso, aquilo que o consciente não suporta mais, esse paradoxo da existência humana, difícil de suportar, o insuportável do ser. Isso explica também a vulnerabilidade dos intelectuais, justamente na Europa, à ideologia. A ideologia oferece a possibilidade de descarregar o peso que você deveria carregar. Talvez isso seja o mais importante em Nietzsche: ter formulado o que está na raiz de nossa civilização determinada pelo cristianismo: a culpa.

Quarteto é um reflexo do problema do terrorismo, com um tema, um material, que à primeira vista nada tem a ver com o assunto. Nunca li até o fim o modelo, as *Ligações Perigosas*, de Laclos. Minha principal fonte foi o prefácio de Heinrich Mann para sua tradução. O principal problema ao escrever *Quarteto* foi achar uma forma adequada para o romance por correspondência, e isso só foi possível por meio do jogo, dois representam quatro. O projeto já existia desde os anos 50. Pude escrever a peça depois de *Mauser*, isto é, depois da encenação de *Mauser* por Christoph Nels em 1980, em Colônia, o maior fracasso da era Flimm, uma montagem muito interessante. O dramaturgista de Christoph Nels era Urs Troller, ambos de boas casas burguesas e politicamente isentos de pecados. Por isso pensaram que seria possível encenar a peça utilizando apenas a relação homem-mulher. Era o único relacionamento violento que conheciam no âmbito de sua própria experiência e vida. *Mauser* foi, portanto, encenado por um homem e uma mulher e em cada fuzilamento o homem jogava uma torta de creme entre as coxas da mulher. Parece estúpido, mas não era ridículo. Quando mais tarde escrevi *Quarteto*, vi que haviam encenado *Quarteto* com o texto de *Mauser*.

Eu estava sentado no último andar de uma mansão em Roma. Já tinha começado a peça, mas o último terço ou a segunda metade foi escrita lá, pela primeira vez numa máquina de escrever elétrica. Isso teve conseqüências sobre o texto. Tem uma estrutura mais complexa que os outros textos. No andar de baixo morava minha mulher com outro homem, que estava violentamente apaixonado por ela. Eu tinha comigo um pequeno rádio, a terceira estação emitia uma série de Schubert. Recordo uma canção que era especialmente impressionante à noite, uma canção da "Schöne Müllerin" onde o riacho convida o menino ao suicídio: "E as estrelas lá no alto estão tão distantes."

Quarteto *é sua peça mais encenada na República Federal?*
    Temo que sim.

Margem Abandonada
(*Verkommenes Ufer*)

A peça é formada por partes com diversas construções, escritas em épocas diferentes, o texto mais antigo era ainda da Saxônia: "Estão sentados nos trens, rostos com jeito de jornal e babando..." Assim, sem disfarce, a cidade grande só podia ser vista da província, pelo visitante ocasional. Foi em 1949. Minha primeira experiência em Berlim foi o trem metropolitano, especialmente a linha circular, onde se podia sempre percorrer o mesmo trecho em círculos pela região de Berlim. A primeira coisa que me chamou a atenção: no anel oriental sucediam-se as estações Avenida Lenin, Matadouro Central, Avenida Stalin, essa seqüência maldosa. Eu já conhecia isso de Frankenberg, onde a rua do Cemitério foi rebatizada de rua Stalin, esse humor dos social-democratas, no qual os comunistas não estavam ligados. Anos mais tarde estive com uma mulher em um lago em Strausberg cuja margem tinha o aspecto descrito no texto. Em Strausberg ocorreu a última grande batalha de tanques da Segunda Guerra Mundial. Lá ficava também o quartel general do exército da RDA. A parte do diálogo em *Medeamaterial* é quase a transcrição exata do apanhado taquigráfico de uma briga matrimonial em seu último estágio, ou durante a crise de uma relação. A parte do monólogo, escrevi-a dois decênios mais tarde em Bochum, quase no fim de outro casamento, 1982, quando já vivia com outra mulher. O material, deixando de lado minha vida com mulheres, veio de Eurípides, de Hans Henny Jahnn e sobretudo de Sêneca. Eu não poderia ter escrito a terceira parte sem *The Waste Land (A Terra Devastada)*, portanto sem Ezra Pound. Sêneca podia permitir que o horror acontecesse no palco, que nos gregos era apenas descrito, porque suas peças não eram encenadas, mas apenas recitadas. Os elizabetanos deram seqüência a Sêneca, eles não conheciam os gregos. Em Eurípides há bastante filosofia em jogo e a tragédia é relativizada. De qualquer forma coloca-se a pergunta do trabalhador imigrante: Medéia, a bárbara, mesmo que do ponto de vista do senhor de escravos. Nossa legislação relativa aos exilados, que permite a separação de mães e filhos, o rompimento dos laços familiares, baseia-se no modelo da sociedade escravocrata, que é descrita em Sêneca. Sêneca escreve cenas terríveis ou maravilhosas. Os elizabetanos transformaram-nas em teatro. Inesquecível a última réplica de Medéia, no carro dos dragões, com os cadáveres das crianças. Ela joga os cadáveres para Jasão e ele grita: "Medéia." E ela diz: "Fiam. Eu me tornarei." É outra dimensão do que nos gregos. Com a expansão do império a estabilidade da menor cela tornou-se existencial, a matrona, que garantia a coesão familiar, o elemento mantenedor do Estado. A polis necessitou das mulheres apenas como cortesãs ou mães. Mitos são experiências coletivas consolidadas, tornam-se um esperanto, uma linguagem internacional que não é mais entendida somente na Europa. Num estado como a RDA Roma me era naturalmente mais próxima que Atenas. *Filoctetes* é uma tradução de Sófocles para o romano, uma versão mais estatizante. A máquina corta mais fundo na carne e domina também os mortos.

O que é na peça o seu "sonho iugoslavo"?

Primeiro um sonho que tive na Iugoslávia. Faziam parte os atores, as carpideiras, o Volks quebrado e o cinema abandonado. A velha com o caibro era uma mulher no supermercado de Belgrado, com roupas pretas de camponesa, o caibro com o qual antes levava os baldes de água, pendurados nele agora estavam os produtos de higiene alemães, Persil, Ajax e assim por diante.

Nas passagens em que você descreve a sociedade capitalista da abundância e do consumo, você é nitidamente mais moralista do que em outros trechos do texto, você é quase um socialista tradicional.

O socialista tradicional, e não só em sua forma social-democrata, é feito também da inveja do capitalista. É um trauma de infância: ficar diante de vitrines e não poder comprar, não ter coisas que os outros têm, na cabeça a pergunta: por que eu não posso? Em Waren, uma pequena cidade rica em comparação com as aldeias saxãs, isso foi para mim a experiência da exclusão. Nos jogos de índio eu não podia ser cacique por ser de fora. E depois havia um ritual estranho para mim. Lá pelas quatro da tarde os índios iam "tomar café". Perguntei à minha mãe porque também não tomávamos café e comíamos bolo às quatro. Ela explicou que não tínhamos dinheiro para isso. São essas as fontes do meu "socialismo tradicional". Ainda hoje tenho ataques de raiva, por exemplo na zona de pedestres de Colônia, contra o canalha que leva sua merda para o Terceiro Mundo, em troca dos produtos deles. Não se pode extingüir isso. Também a picada na consciência, quando me junto à canalha e gosto disso.

Você poderia comentar a frase no apêndice da Margem Abandonada: *"Como em toda paisagem o eu é coletivo nessa parte do texto"?*

A paisagem dura mais que o indivíduo. Ela espera, entretempo, o desaparecimento do ser humano, que destrói a paisagem sem consideração do seu futuro como membro de uma espécie.

Anatomia Tito Queda de Roma

Como sempre, o projeto era antigo. Eu tinha uma idéia desde minha primeira estada em Roma e desde o golpe da CIA contra Allende, com a transformação de estádios de futebol em campos de concentração e o encontro com bandos juvenis de Nova York até Roma. No começo dos anos 80 Karge e Langhoff queriam encenar *Júlio César* em Bochum. Eu tinha pensado em fazer uma tradução em prosa, porque havia pouco tempo e porque a prosa elimina a pompa, o feudal, e o político aparece então nu. Grabbe fez *Mário e Sula* à sombra de Napoleão e em versos. A queda de Napoleão jogou sua linguagem para a prosa, a política não era mais destino, apenas negócio. Foi a prosa do cinismo desesperado antes da Restauração, o correspondente alemão ao fatalismo alegre de Stendhal. Seu verso era epigonal, uma reminiscência de Schiller, resultado da pressão que vem de Schiller como modelo para dramaturgos na Alemanha. O projeto para *Júlio César* foi abandonado, porque no dia 1º de outubro de 1982 a coligação de governo em Bonn se rompeu e Helmut Schmidt foi derrubado como primeiro-ministro. Karge e Langhoff tiveram receio de que *Júlio César* adquirisse com isso uma atualidade banal. Isso não interessava nem a eles nem a mim. Não podíamos fazer isso a Shakespeare, Brutus Genscher e César Schmidt. Sugeri então *Tito*, porque eu já estava grávido desse tema. Em Shakespeare o primeiro ato me parecia insuportável, confecção elizabetana, era monótono traduzir isso, uma oportunidade de narrar um ato de Shakespeare intercalando diálogos e comentários. Isso implicava também dificuldades de encenação. A primeira parte deve ser encenada de forma diferente do resto. Com a parte narrativa redefine-se também a posição do autor (ou seja, do adaptador) novamente na peça, seu desaparecimento na trama leva tão facilmente à rotina, à repetição mecânica. Foi como uma manobra no campo, foi possível experimentar um arsenal de formas para peças futuras. Como escrever sobre a Segunda Guerra Mundial, a não ser com esses meios? Eu já tinha em mente que iria usar isso na próxima peça. Por outro lado *Anatomia Tito* é também um texto atual sobre a invasão do Primeiro Mundo pelo Terceiro Mundo, antes um Sêneca para a quermesse do que uma tragédia, também uma luxúria, depois dos textos comprimidos, elitistas dos anos anteriores, uma descida até os porões de que o teatro necessita. A epígrafe descreve a posição questionável do autor como criminoso de colarinho branco, entre vítimas e agressores, a partir da experiência da ditadura: "Der Menschheit/ Die Adern aufgeschlagen wie ein Buch/Im Blutstrom blättern." (A humanidade/ As veias abertas como um livro/ Folheando a torrente de sangue).[61] Os godos leram Ovídio, absorveram uma cultura estranha. E agora treinam esse alfabeto estranho no filho do patriciado romano. Levam a literatura ao pé da letra, contra o terror da alfabetização, como *Eulenspiegel* na literatura popular. É a relação entre escrita e sangue, alfabeto e terror. A oposição contra a alfabetização, contra a imposição de um alfabeto estranho, manifestar-se-ia ainda na guerra do Afeganistão, quando os mudchaedim amputavam e castravam os traidores mortos, cravavam nos corpos mortos o próprio alfabeto. Também os conflitos entre as nacionalidades na União Soviética que desmorona são uma oposição tardia contra a alfabetização stalinista, um retorno ao próprio alfabeto, não somente um problema de estrutura social. A língua é a raiz. A tentativa búlgara de obrigar a minoria turca a adotar nomes búlgaros – com os nomes tomam-se seus mortos, a conexão vital com seus mortos – não seria a derradeira burrice no trato com a diferença, como demonstra a guerra da Iugoslávia? Só depois da lavagem cerebral que os godos impoem ao trânsfuga romano Lúcio, encenado por Karge e Langhoff em Bochum – no palco, um poço de vapor onde o romano era mergulhado, e quando emergia falava godo – tomei consciência de um outro aspecto da adaptação de *Tito*: ela conta também a história do Comitê Nacional pela Alemanha Livre. Lembrei-me da auto-descrição dos godos: "Wir haben Zeit wir warten auf den Schnee/ der uns nach Rom weht. Rom läuft uns nicht weg/ Die Städte stehen und die Goten reiten/ Und keine Stadt steht auf aus unserm Hufschlag" (Nós temos tempo, nós esperamos pela neve/ Que nos sopra para Roma. Roma não foge de nós/ As cidades estão de pé e os godos cavalgam/ E nenhuma cidade se levanta sob as patas de nossos cavalos)[62], quando um jovem arquiteto de Talinn me disse: "Os russos destróem tudo onde chegam. Eles não constróem, eles só sabem destruir, porque eles absorveram a tempestade tártara." Já Marx descreveu seu temor de uma revolução socialista na Rússia. Moscou é uma cidade de barracas, uma cidade em fuga, sempre à espera dos tártaros, até mesmo a arquitetura stalinista tem a ornamentação do teto das barracas. Também o marxismo foi um alfabeto estranho, imposto à Rússia semi-asiática por Lenin, o resultado contrário à abertura do gigantesco império ao capitalismo, assim como a campanha russa de Hitler abriu a Europa às ondas do Terceiro Mundo. O desmoronamento da União Soviética abre mais portas e simultaneamente enfraquece o capital. Ieltsin leu Kafka: "Doentes regozijem – o médico está em vossas camas."

Robert Wilson / amigos

Encontrei Wilson pela primeira vez em 1980. Soube que ele estava encenando na Schaubühne *Death, Destruction and Detroit,* e fui ver um dos ensaios. Ele estava sentado à mesa de controle e brincava como uma criança com a luz e o som. Foi fascinante. Depois houve um ensaio com atores secundários. Cerca de vinte pessoas. Eles dançavam ao som de uma música lenta, os dois mais velhos no centro. Fez os demais saírem do palco e deixou os dois velhos, uma mulher e um homem, continuarem a dançar, por dez, quinze, vinte minutos. Pela primeira vez em sua vida de atores secundários o palco lhes pertencia. Foi extraordinário como floresceram durante a dança, um velhinha seca e um velhinho seco. Foi uma cena incrivelmente bonita. Wilson deixou que dançassem por vinte minutos, também na apresentação.

Na ocasião mal nos falamos. Mais tarde recebi uma carta dele onde perguntava se eu poderia escrever a parte em alemão de *Civil Wars*, que deveria ser encenada em Colônia. A intenção era, nas encenações em diversas partes do mundo, colocar em evidência conhecidas famílias locais. Na parte alemã Frederico, o Grande deveria ser a figura culminante. Entretempo encontramo-nos no Teatro das Nações em Colônia, durante sua encenação de *Man in the Raincoat*. Ele mesmo atuava, e mais três ou quatro atores que atuavam como sósias dele. Era uma produção rápida, só para o festival. Antes eu tinha visto *Network*, com Christopher Knowles e Wilson, a montagem na Schaubühne. O diretor do festival era Ivan Nagel e na barraca no *Neumarkt* ele me apresentou a Wilson. Wilson não lembrava nada do nosso encontro na Schaubühne. Ele fez uma reverência educada, eu também fiz uma reverência educada. Quando se despediu, deu um beijo em nós dois, como uma criança que é mandada para a cama.

Quando cheguei a Colônia, os ensaios com *Civil Wars* já haviam começado, e Wilson já tinha planejado tudo, tudo estava fixado, até os tempos. "Aqui preciso de um texto de um minuto e seis segundos, aqui preciso de um texto de dois minutos e cinco segundos, e aqui preciso de um texto de vinte minutos e quarenta e quatro segundos." Eu me sentia como alguém diante de uma máquina de vendas que não sabe que moeda inserir. Foi mais um jogo do que trabalho, entre o acaso e a necessidade, mas não de qualquer maneira. Os textos de Wilson são – ele mesmo descreve isso muito bem – como o clima, que não se nota quando não incomoda, exatamente como a televisão americana, onde o significado atrapalha. O interessante na produção foi que ali se encontraram realmente dois elementos completamente diferentes, especialmente na última parte, onde visual e sonoramente duas máquinas trabalham uma contra a outra. Não funcionou, mas a perturbação transformou-se em tensão. Creio que foi para nós dois uma experiência importante, o retorno a jogos infantis, um ataque ao teatro tradicional. Um exemplo de colaboração bem sucedida: Wilson tinha armado um quadro segundo uma pintura de Menzel, onde Frederico, o Grande, morre. O moribundo está numa poltrona enorme, em volta dele os conselheiros, o médico, um jovem oficial. O jovem oficial foi Ilse Ritter. A morte era a cabeça de Frederico caindo para trás com a boca aberta. Wilson disse: "Agora preciso de um texto." Dei-lhe o texto da Fedra que foi usado em *Gundling*, a história de um amor proibido. Agora ficou evidente, o jovem oficial era o não-morto

Katte, o texto, um diálogo entre dois mortos. Foi extraordinário como Wilson lidou com esse texto, que ele não conhecia em detalhes. Eu só lhe havia contado o conteúdo. Ele disse: "Eles devem murmurar, depois da morte o morto murmura, o jovem oficial também." Depois ele quis que Ritter falasse doze linhas como se fazia no teatro alemão há cinqüenta anos. O ator alemão lembra então primeiro Moissi, seu *Hamlet* quase cantado: "Ser ou não ser..." Ilse Ritter fez isso. Depois, enquanto o rei estava pendurado, morto, na cadeira, Ilse Ritter ia até o outro lado do palco e o diálogo era falado novamente, desta vez alto e com maldade, agressivo, cheio de ódio. Se colorirmos um texto com uma cor, depois o mesmo texto com outra cor, a superfície ativa o subterrâneo.

Depois que Katte sai, uma cena em que o rei morto se ergue – um elemento essencial do teatro de Wilson é que os mortos têm os mesmos direitos – entra em cena o cachorro do rei, o cachorro de Frederico, o Grande, e Frederico, o Grande fuzila seu cachorro. Wilson queria que o cachorro tivesse uma pata com um curativo, que o cachorro estivesse ferido. Convenci-o a esquecer o curativo.

Entendemo-nos logo e muito bem. Encontramo-nos uma vez em Rotterdã e conversamos uma noite inteira. Ele falou de sua infância, eu da minha. Ele falou de seu medo dos gigantescos brinquedos no supermercado, o terror do mundo do consumo. Depois ele riu e disse: "We are so different." Falou ainda por horas, contou toda sua vida. Um exemplo da diferença foi uma cena em que figuras negras, sobre pernas de pau, ficavam junto às portas da platéia, com uma lousa e um estilete. Elas precisavam de um texto e minha primeira idéia foi simplesmente fazê-las recitar locais da história alemã: Kunersdorf, Leuthen, Auschwitz, Stalingrado, mas isso não funcionou, a máquina de teatro de Wilson cuspia os nomes alemães. Eles acabaram anunciando cotações da bolsa.

O essencial no teatro de Wilson é a separação dos elementos, um sonho de Brecht. Ele desdobrou *Hamletmaschine*, correspondendo à estrutura em cinco atos, em cinco segmentos: ele via a peça como um mecanismo de relógio. O palco gira e mostra um segmento, um segmento depois do outro, no final novamente o primeiro segmento. Ele ensaiou coreografia durante uma semana, em silêncio, depois ensaiou uma semana com texto e música, portanto em camadas. Ele disse que havia ensaiado a peça como peça muda e espetáculo para cegos. O texto nunca é interpretado, é um material como a luz ou o som ou como a decoração ou uma cadeira. Ele deixa os textos em paz, e quando os textos são bons, isso é bom para o texto. Ele é antes de tudo artista plástico, com o olhar enviesado, a força não vem da perspectiva central, e sim da causalidade transposta. O ator não deve submeter-se ao que o texto diz. É monótono quando um texto triste é falado em tom triste. Ele às vezes tem dificuldades com atores profissionais alemães. Treinados a reduzir um texto a um significado que esconde outros possíveis significados, tiram do espectador a liberdade de escolha. Teatro como roubo da liberdade, tratamento da arte enquanto verificação da identidade, teatro de policiais para policiais. O tempo é um elemento principal do teatro de Wilson, a ele interessa o momento entre o olhar e o olhar, o que e como se vê quando se pisca os olhos. Isso tem a ver também com a experiência com drogas, a expansão do tempo sob o efeito de drogas. O tempo do palco é um outro que o tempo real ou aparentemente real. Um segundo pode durar no palco uma hora; um século, cinco minutos. Em determinada época Eisenstein preparou filmes americanos, filmes de Hollywood, para o cinema soviético, cortou e montou novamente os filmes. O rosto de uma mãe que acaba de saber que seu filho teve um acidente fatal, muda para o observador se o retrato está em outro contexto, por exemplo, se o filho acabou de casar ou se a nora teve um ótimo parto. Wilson disse que gostaria de fazer um texto meu para a televisão, um programa de notícias passando sem som, e o som seria esse outro texto.

 Seu teatro tem muito do Japão, essa é talvez sua verdadeira inspiração, nas universidades americanas o conhecimento do teatro japonês é muito difundido. Até no Hotel Imperial de Tóquio existe uma cadeira Wilson, e não é dele. A melhor coisa que vi em muito tempo em matéria de teatro foi o Bunraku em Tóquio. Teatro de marionetes com dramas imensos, começando de manhã, às onze horas, e terminando às nove da noite, com intervalos a cada hora e meia para comer e beber. Roland Barthes escreveu sobre isso em *L'empire des signes*. Para ele foi a realização das idéias de Brecht sobre o teatro, a única que viu. A separação dos elementos é muito simples: as marionetes têm três quartos do tamanho real, são muito bem trabalhadas, com rostos muito expressivos. Os manobradores das marionetes, dois, ou para nobres três, um para o braço esquerdo e a perna direita, o outro para braço direito e a perna esquerda, e assim por diante, estão atrás e ao lado da marionete, estão cobertos de preto, não têm rosto. Ao lado sobre uma pinguela estão os cantores e narradores, que fazem o diálogo, totalmente emocional e artístico ao mesmo tempo. Por exemplo, uma cena: a filha de um samurai está grávida, infelizmente do samurai errado, um inimigo de seu pai. Ela quer voltar para casa pois o homem a expulsou, como antes o pai. Ela está no portão e soluça, o pai está na casa cheio de rancor, ele não tem mais filha, mas a mãe corre feito uma galinha entre filha e marido, e chora. Ela roga ao pai que perdoe a filha, acalma a filha, volta para o pai. Um japonês gordinho, talvez sessenta anos, está sentado ali com um pequeno instrumento de cordas, toca alguns acordes e canta e fala o texto dos três. Como o homem de sessenta anos soluça pela jovem de dezesseis chega a ser loucura. A separação dos elementos faz isso parecer um cerco ao público. Os bonecos mortos, o realismo de seus movimentos, os guias dos mortos ao fundo, o cantar de suas emoções. Naturalmente o teatro de Wilson tem a ver também com a tradição do music hall, com teatro de revista, e naturalmente o sucesso na Broadway é também seu sonho americano. Mas isso é exterior, seus melhores trabalhos não teriam chance na Broadway, por exemplo a cena em *Civil Wars* onde uma atriz morre na cadeira. Morrer foi simples, ele tinha dito que ela deveria esquecer lentamente seu corpo, uma parte depois da outra, da cabeça aos pés. "Quando o esquecimento alcançar os pés, você estará morta."

Depois da temporada de *Deafman's Glance* em Paris, Louis Aragon, em uma carta ao já falecido Breton, chamou o teatro de Wilson de uma máquina de liberdade. A condição para essa liberdade é a mecanização dos atores, a disciplina total. *Hamletmaschine* em Nova York, em 1986, foi mais rigorosa, mais precisa do que em Hamburgo, porque os estudantes enfrentam em Nova York um mercado de trabalho mais duro. Eles são mais disciplinados e não lhes vêm à mente serem personalidades. Mas cada estudante de teatro em Hamburgo é uma personalidade. O resultado são impurezas, o privado borra os contornos. Esse é o problema de Wilson com os atores da Alemanha Ocidental.

Estive em Marselha quando ele encenou a parte francesa de *Civil Wars*. Lá estava ainda uma caixa de margarina representando um submarino, e era teatro dos grandes. Quando ele às vezes diz de seu trabalho: "I'm afraid, it's too nice", às vezes tem razão. O que acho bonito em Wilson é que a intriga não pertence ao seu teatro. Existe nele algo como fidelidade, fidelidade também em relação a pessoas com quem ele trabalhou vinte, trinta anos atrás. Essas pessoas ainda estão por aí. Ele organiza trabalho para elas, abrigo também. Isso é muito bonito.

Você tem amigos?

Falar de amigos é difícil. Não são muitos, de qualquer forma são cada vez menos fora das relações de trabalho. Mas qualquer um que não for mencionado ficará magoado, e com razão. Eu só tenho uma referência, motivada naturalmente pela ditadura. Existem talvez dois ou três homens que se deixariam torturar por mim, mulheres talvez um pouco mais. É uma pergunta que surge quando se cresce e vive numa ditadura: como suporto a tortura. Não sei como eu me comportaria, dá para ter uma idéia indo ao dentista. Sou forte na oposição, mas não sei por quanto tempo. Como agressor só sou útil no teatro ou no papel. Vivo dos erros dos agressores. Mesmo com o critério da tortura, o número de meus amigos talvez seja maior do que imagino. Portanto, não vou mencionar nomes. Com várias pessoas compartilho da mesma experiência fundamental e uma biografia similar. De maneira geral estou cada vez mais cercado de parasitas. Aos amigos falecidos pertence Wolfgang Heise. Foi muito importante para mim. Podia-se procurá-lo por qualquer problema, e não só com problemas teóricos. Ele morreu por causa de Gorbatchov. Durante decênios ele tentou defender a sensatez, a razão, ou o que ele como marxista entendia por isso, em um mundo sempre mais absurdo e irracional, em um sistema que lentamente se transformava numa dança de São Vito ou em catatonia. Uma estética marxista, uma construção pedagógica marxista. Nunca foi dogmático, tudo cabia ali, era também aberto. Dele certamente não vieram inovações, nenhuma mudança de paradigma, nenhuma idéia para meu trabalho, mas era um corretivo. A morte dele foi tão ridícula, um infarto, a ambulância chegou tarde porque ele morava na periferia da cidade. Também Brecht poderia ter sobrevivido se o padrão de atendimento fosse melhor, mas provavelmente ele não queria. Heise ocupava a cadeira de ensino de estética na Universidade Humboldt e foi pró-reitor até recusar-se a assinar uma resolução contra Robert Havemann. Depois ele mergulhou por alguns anos na história da Igreja, era uma área onde se podia trabalhar sem ser perturbado. Foi importante como estímulo e motivação para estudantes, autores e pintores. Como judeu tinha passado um tempo no campo de concentração e no fim dos anos quarenta mudou da parte ocidental de Berlim para a parte oriental. Quando eu soube que ele estava morto chorei pela primeira vez em décadas.

Cinema, Artes Plásticas, Música

Você se refere sempre a Godard...
    Godard é uma aplicação da estética de Brecht ao cinema. Não é apenas uma reprodução, vê-se o filme trabalhando em Godard. Vê-se como os filmes são feitos, vê-se que os filmes são trabalho e não produto da natureza como no cinema tradicional. Existem outros filmes de Elia Kazan, por exemplo, que nunca vou esquecer, *Baby Doll* e *Sindicato dos Ladrões (On the Waterfront)*. Ou então do Visconti de *Rocco e seus Irmãos*. Vi há dois anos a versão original, quatro, cinco horas. Mas não haverá mais filmes como esses na Europa, porque a realidade não o permite mais. Uma peça como *A Repatriada* não pode mais ser escrita, porque não existem mais esses camponeses. A substância humana foi usada ou moída, e como o cinema é a mais canibal das artes, existe cada vez mais somente plastic food, remakes e design. Você pode contar as exceções nos dedos dos amigos, e eles também estão em número cada vez menor.

Entre os artistas plásticos você trabalhou entre outros com Kounellis...
    Conheci Kounellis em Berlim por intermédio de Rebecca Horn. Deste encontro resultou a idéia para a exposição "A Finitude da Liberdade", planejada ainda para uma Berlim com muro. Nos

anos sessenta as artes plásticas foram para mim mais importantes do que a literatura, elas forneciam mais estímulos. Discussões com pintores ou compositores são mais interessantes que discussões com escritores. Em meio à paisagem cinzenta entre o Elba e o Oder, a pintura surrealista, contadora de histórias, Max Ernst, Dali, era uma reposição de forças. Dos artistas contemporâneos da RDA que conheço, muitos foram para o Ocidente. Não existe para mim realmente uma arte da RDA. Ela ficava entre surrealismo e simbolismo. O campo visual era tão pobre, eu compreendia todo pintor que ia embora. Sem esquecer que a maioria não recebia um visto quando queria ver uma exposição no Ocidente. Desde que pude viajar, a Itália me era mais próxima do que o Brandemburgo. Por Tintoretto posso dispensar o expressionismo. Kounellis é grego, mesmo em Roma, ele tem uma misteriosa liberdade quando lida com o mito, também sua forma de pensar é antiga.

Você conheceu Joseph Beuys?
Beuys disse que eu era o único que o tinha compreendido. Não sei se eu o compreendi, mas fiquei muito lisonjeado. Em uma entrevista em *Sinn und Form* falei sobre as embalagens na RDA, ele deve ter lido isso. Não conheci nenhum dos grandes da arte contemporânea, com exceção de Rauschenberg. Seu modo de lidar com o trivial, a relação entre o patético e o trivial me interessava, daí resulta um atrito que tem algo a ver com aquilo de fazer fogo com madeira ou com pedras. Warhol é uma carroceria sem motor. Genial é seu gesto. Bacon foi uma descoberta, no entanto, quando voltamos para Picasso, percebemos realmente que ele foi o último artista universal. Depois vêm os circuitos especiais. Picasso é um mundo, depois dele cada um tem só seu próprio quarto.

No Museum of Modern Art de Nova York existe muito Max Ernst e de Chirico, e é espantoso como de Chirico se mantém, cada quadro por si, Max Ernst desaparece na série. De Chirico não sabia que era surrealista, foi sua vantagem. Quando tentei levar Beckett

a Fritz Marquardt, ele disse: "Ele é apenas um lêmure de Kafka."
Não vale para Beckett, mas ele descreveu a tendência: a arte dos
lêmures. Meu contato mais íntimo com as artes plásticas foi e é
meu trabalho com o cenógrafo Erich Wonder, não só no teatro. Ele
constrói espaços onde os textos podem descansar e trabalhar.

Você deve encenar Wagner proximamente. Daí a pergunta sobre música.

Durante muito tempo tive uma relação conturbada com a ópera, mas há dez anos ela me interessa. Uma vez uma mulher me convenceu a assistir *Madame Butterfly* com ela, sofri como um animal, um kitsch insuportável, lá pelos idos de 1960. Mais tarde conheci Dessau e precisei ir obrigatoriamente algumas vezes à ópera. Dessau era um grande comunicador, por intermédio dele conheci Nono, Henze e os então jovens compositores da RDA, Goldmann. A obra real de Dessau foi a comunicação. Muitas das coisas sobre Brecht eu soube por ele. Gosto de ouvir Webern, alguma coisa de Alban Berg, mas posso viver sem música, agora sem quadros, não. A música foi importante em conexão com certos trabalhos. O que me interessa na ópera é a luta da voz humana contra a partitura. No teatro deveríamos tratar textos falados como música. Eisler foi naturalmente algo fora de série, não só em conexão com Brecht.

E Wagner?

Vi o *Anel* pela primeira vez em 1990, *Tristão*, que me deixou um tanto frio, pela primeira vez em 1948. Wagner é um dramaturgo genial. Acabo de receber uma carta desagradável porque disse que Wagner foi o inventor da música para cinema. A música dos filmes vive de Wagner, sobretudo a americana e a soviética. Wagner me interessou primeiro visto pela ótica de Nietzsche, naturalmente essa ótica também espelha Nietzsche, o conflito entre dois malfeitores deslocados. Sou antes um usuário do que um ouvinte de música. Na primeira encenação de *A Missão* na Volksbühne pude usar Puccini, apesar de *Madame Butterfly*. O último monólogo do traidor é acompanhado pela ária fúnebre de *Manon Lescaut*, cantada por Maria Callas. O ator corria de uma parede à outra e lutava contra a Callas. Ele quase foi levado ao suicídio.

A Estrada de Wolokolamsk,
1985-1987

Em 1985 você escreveu sua última peça até o momento, *A Estrada de Wolokolamsk (Wolokolamsker Chaussee).*
Antes escrevi *Descrição de uma Imagem (Bildbeschreibung)* [63], havia uma oferta do *Steirischen Herbst,* 15.000 marcos por um texto novo, e eu estava trabalhando justamente sobre este. O motivo foi um desenho, ligeiramente colorido, de uma estudante de cenografia de Sófia. Ela tinha desenhado um sonho. Ela não tinha lido Freud, era espontâneo, sem qualquer inibição diante dos símbolos. Comecei descrevendo o desenho. Depois, associações que partiam essencialmente de incorreções do desenho, os erros davam liberdade à imaginação. Descrever um quadro significa também cobri-lo com escrita. A descrição traduz o quadro para um outro meio. Árvore, mulher, homem, casa foram os pontos fixos do desenho. Podia-se fazer disso um turbilhão porque existiam esses pontos fixos. A estrutura do texto é que um quadro questiona o outro. Uma camada apaga sempre a precedente e a ótica muda. Finalmente o próprio observador é questionado, portanto também aquele que descreve o quadro. É, sob esse aspecto, um autodrama, uma peça onde nós mesmos atuamos conosco, onde somos nossos próprios atores. O autor torna-se seu ator e seu diretor. Escrever foi tirar férias da RDA, um ato de libertação, talvez narcisístico.

Depois pude escrever *A Estrada de Wolokolamsk*. Era um projeto antigo. O caminho dos tanques de Berlim para Moscou e de volta, e depois de Moscou para Budapeste e Praga.

No que se refere a *Descrição de uma Imagem*: isso qualquer um pode fazer, mais ou menos bem e cada um de forma diferente. A arte mais avançada é a mais democrática, cada um pode descrever um quadro, a descrição produz novos quadros, quando escrevemos o que nos ocorre durante a descrição. É um modelo experimental, está à disposição de todos que sabem ler e escrever. Diante de *Descrição de uma Imagem*, *A Estrada de Wolokolamsk* era um texto elitista. Visto hoje talvez seja minoritário. A minha adaptação de *Tito* foi um catálogo de modos de escrever, um paiol de formas para trabalhos futuros. O mesmo vale, de outra forma, para *A Estrada de Wolokolamsk*. É um exercício de piano, como *Descrição de uma Imagem* para trompetes surdos. Ou a parte do piano de uma partitura que ainda falta. A estrutura é transparente e simples, porque é diretamente política, mais do que as peças anteriores. Na polítca, refinamento, fraude e ironia são proibidos. Essa foi também minha experiência no Deutsches Theater em 1988, durante a encenação de *O Achatador*, comparada com *Macbeth* em 1982. A encenação de *Macbeth* foi um jogo de confundir, por isso a opulência dos meios. A situação não permitia uma linha, havia muita coisa em movimento. *O Achatador* tinha que ser simples porque tratava de política, de história, da história da RDA, que estava no fim e necessitava daquele olhar frio que simplifica as coisas. A encenação de *O Achatador* foi feita a partir do olhar retrospectivo sobre a fracasso da RDA, assim como *A Estrada de Wolokolamsk* foi feita de olho no fim do bloco socialista, um réquiem. Pedras tumulares demasiadamente ornamentadas são inadequadas, uma pedra tumular precisa ser simples. Em 1987 não pude justificar porque em *A Estrada de Wolokolamsk* a farça *Os Centauros* (*Kentauren*) está antes da tragédia *O Enjeitado (Der Findling)*. Hoje parece ser a norma. Desde Shakesperare, no drama a farça está na barriga da tragédia, com a falência da alternativa socialista termina a era de Shakespeare, e no ventre do engodo aguardam as tragédias.

A Estrada de Wolokolamsk foi planejada desde o início em cinco partes relativamente independentes, também porque eu teria de levar em conta o fato de que as três últimas não seriam possíveis na RDA. Também a influência da TV tem um papel: as partes de uma série têm que ser relativamente indepedentes. Para a maioria dos espectadores, teatro é a interrupção de um programa de televisão. Uma oportunidade de ver a primeira parte no palco foi a encenação de *Winterschlacht* (*Batalha de Inverno*) de Alexander Lang. Ele me pediu um prólogo. Isso trouxe novamente problemas, um protesto da embaixada soviética: no Exército soviético não existiam desertores; e também uma proibiçao da direção distrital do SED. Então Dieter Mann, o superintendente do Deutsches Theater, colocou seu cargo à disposição e a peça pôde ser encenada.

Numa apresentação da primeira parte, *Abertura Russa (Russische Eröffnung)*, junto com *Guiskard* de Kleist, dizia-se, depois das primeiras linhas: "Estavámos entre Moscou e Berlim"; um senhor mais idoso levantou-se e disse: "Isso basta para mim," e deixou o teatro.

O potencial da direita acaba sendo fortificado por uma omissão da literatura. Em nosso clima político, manchas brancas se tornam mais rapidamente marrons do que vermelhas. Existem poucas peças sobre a Segunda Guerra que podem ser exibidas. *Batalha de Inverno* de Becher não é uma boa peça, mas um grande projeto, e Brecht não encenou a peça apenas para fazer um favor a Becher, o ministro da Cultura – e foi uma de suas melhores encenações – mas porque julgou a peça importante, também por causa do sonho alemão de Becher, que lhe permite olhar o soldado alemão com justiça histórica em vez de denunciá-lo. Brecht, ao contrário de Thomas Mann, tinha esse olhar, e não só porque seu filho mais velho tinha tombado na Rússia. A Segunda Guerra Mundial foi também uma tragédia alemã. Nas duas Alemanhas do pós-guerra a velocidade do esquecimento dos fatos pela esquerda não ficava atrás daquela da direita. Não conheço nenhum romance alemão importante onde o tema sejam os êxodos, só documentos e relatórios ou o terror da libertação. A velocidade do esquecimento cria um vácuo. A esquerda da Alemanha Ocidental lembrou-se de Auschwitz, não de Stalingrado, uma tragédia de dois povos, depois veio a guerra do Vietnã. No Leste a inocência era razão de Estado, portanto um povo de antifascistas. Mas os êxodos foram um deslocamento de populações de gigantescas proporções. Qualquer que seja o nome, fuga, repatriação, foram uma tremenda ruptura na história européia. Mas isso não aparece na literatura alemã do pós-guerra, só na literatura trivial como Konsalik.

Já nos anos sessenta, dois aspectos me haviam interessado no livro *A Estrada de Wolokolamsk,* de Alexander Bek: o fuzilamento de um soldado por deserção em um ataque simulado, um problema jurídico. Há oito, nove anos Stephan Hermlin ouviu dizer, aparentemente pela primeira vez, que no Exército soviético se batia, que os oficiais batiam nos soldados. Isso seria normal por lá e os soldados ficavam aliviados quando a coisa ficava apenas na surra. Hermlin ficou indignado e disse que, no Exército nazista, seria impossível um oficial bater num soldado. Tampouco seria possível no Exército nazista, juridicamente impossível, fuzilar um homem que fugiu durante um ataque simulado. O fato do comandante em Bek ser um asiático também desempenhou um papel. A Rússia é marcada asiaticamente, a primeira qualidade é a quantidade, a massa dispensa os direitos humanos, não são nem mesmo um privilégio como nas democracias. A Ásia só pode descobrir o indivíduo através da economia de mercado, que nos países desenvolvidos justamente faz desaparecer o indivíduo. A Segunda Guerra Mundial foi a última guerra disputando forças de trabalho. Com o Holocausto o nacional-socialismo fez a indústria e o Exército perderem a vitória, e hoje as guerras são antes um meio de combater o desemprego, criando empregos e destruindo forças de trabalho. Guerras por novas tecnologias. Na segunda parte de *A Estrada de Wolokolamsk* interessou-me a revogação da ordem soviética em uma situação de exceção, soberana no sentido de Carl Schmitt, no romance de Bek uma postura anti-stalinista. O renascimento do revolucionário a partir do espírito do guerrilheiro. Mesmo sendo o guerrilheiro um cachorro na estrada da sociedade industrial. Depende de quantos cachorros se reúnem na estrada. Talvez isso não fique claro no texto, está encoberto pelo fascínio da lógica de guerra que vive dos mortos.

Os textos surgiram na época em que começou a reviravolta na União Soviética, com Gorbatchov. Como isso se manifestou?
No início o programa de Gorbatchov foi também para mim um sinal de esperança para o fracassado empreendimento "socialismo"; a ilusão de que o sistema poderia ser reformado já tinha durado algum tempo, quase até a terceira parte da *Estrada de Wolokolamsk*, (1986). Uma ilusão de trabalho, o que Rilke chamou de "reenaltecer". Tentei pensar numa esperança. Mas escrevemos mais do que pensamos, e de outra forma. Nos "Encontros Berlinenses" de 1981 apresentei um texto muito cético[65], que de tanta esperança mal foi compreendido, com a nova alternativa: naufrágio ou barbárie. Quando comecei a *Estrada de Wolokolamsk* foi uma tentativa de retomar um movimento que talvez pudesse ter evitado o naufrágio ou a nova barbárie. O que escrevi foi o necrológio da União Soviética, da RDA. Começava na segunda parte com a citação da Batalha Cataláunica: "E se continuarmos a lutar nas nuvens." Se quisermos, a tentativa heróica, absurda, de pregar nas nuvens uma bandeira que não podia mais ser erguida no terreno da realidade. Isso lembra o final de *Fatzer*: Vamos agora dar um exemplo, firmar um exemplo. Nossa causa está perdida, mas esse exemplo nós ainda vamos dar, esse nós ainda liquidamos, antes que chegue a polícia. Transpondo para a guerra da Rússia: o Exército Vermelho engole a *Wehrmacht* e morre em conseqüência. *A Estrada de Wolokolamsk* III a V são minhas três últimas cenas sobre a RDA. Escrever foi rápido, foi cada vez mais fácil na medida em que a

RDA perdia peso, perdia legitimação. A RDA retirava sua legitimação cada vez mais apenas dos mortos. Depois do enterro de Ernst Busch, Kipphardt me descreveu o tom dos necrológios: agora ele é nosso, agora ele nos pertence. A prova da existência da RDA, mero anteparo da União Soviética depois da recusa da oferta de Stalin, "a Alemanha contra a neutralidade", por parte de Adenauer, ou seja, pelos Estados Unidos, era apenas a fronteira, os mortos junto ao muro, o mausoléu do socialismo, sua derradeira legitimação perversa enquanto Estado.

Apostei com o leitor da editora Henschel duas garrafas de Scotch, de que o texto não seria autorizado pelos funcionários. O leitor ganhou a aposta. A terceira parte foi encenada em separado, no terceiro andar da Volksbühne, e o secretário do partido contou que haviam recebido o texto de volta do magistrado sem cometários, nem sim, nem não. Da direção distrital também sem comentário, nem sim, nem não. O manuscrito teria até estado sobre a mesa de Honecker, mas ninguém mais queria decidir. Foi no fim de 1987 e aí eu soube: é o fim. Se não podem mais proibir, terminou.

Na encenação do *Achatador de Salários* em 1988, os atores perguntaram depois do ensaio geral se deveriam trazer suas escovas de dente. Mas isso era apenas charme. O último acontecimento político de que me lembro durante as semanas finais de ensaio foi a "Manifestação Rosa Luxemburgo", de Freya Klier, Stephan Krawtschik e outros, em Berlim, pela "Liberdade dos que pensam diferente". Eu vivia sem jornal, rádio, televisão e não tinha ouvido nada, o trabalho no teatro é trabalho numa ilha. Durante uma pausa num ensaio final, um jornalista da TV plantou-se à minha frente e pediu três frases sobre a peça para o jornal do dia. Ao ligar o gravador ele perguntou como eu me sentia diante do fato de que na RDA escritores e artistas como Freya Klier e Stephan Krawtschik eram presos porque..., e assim por diante. Eu disse algumas frases cuidadosas, porque não sabia do que se tratava, e orientei o jornalista, mais por irritação com sua impertinência do que por convicção, para a Irlanda do Norte, onde tais diferenças eram resolvidas menos pacificamente. Só me envergonhei da minha prudência quando o chefe da televisão da RDA me congratulou pela minha "tomada de posição" durante o coquetel de estréia. O fato de que se tenha retirado no intervalo não chegou a ser um consolo. Numa cidade cheia de policiais, a frase no *Achatador de Salários* "Vocês não são melhores do que os nazistas" tinha naturalmente um eco bem diferente. Nessa situação tensa li a quinta parte de *A Estrada de Wolokolamsk* no Deutsches Theater, durante uma matinê dominical, após a estréia do *Achatador de Salários*. Antes tive de informar o superintendente porque o texto ainda era considerado perigoso. Dieter Mann concordou. Na platéia reinava um silêncio onde se podia ouvir uma mosca. Em janeiro de 1988 as pessoas ainda não achavam possível que isso pudesse ser lido em voz alta. Também eu tive dificuldade em ler sem deixar tremer a voz, a despedida da RDA não era fácil para mim. De repente falta o adversário, falta o poder, e no vácuo somos nosso próprio inimigo. A condição para a leitura era: nada de discussão. Para *O Enjeitado* existe um comentário de Ernst Jünger nas *Adnoten zum Arbeiter* (*Notas sobre o Trabalho*). As *Adnoten* datam de depois da guerra. Ele escreve adequadamente: "A vulgaridade dos revolucionários em questões de arte é mero instinto jacobino." A força para os expurgos necessários só chega até a segunda geração. Já a terceira geração desenvolve tendências artísticas. A partir daí uma dança nova é mais perigosa do que um exército. A ruptura entre as gerações nas camadas dirigentes foi o estopim para a implosão do sistema. Também por isso, *Hamlet* foi a peça mais atual depois do *Achatador de Salários*. O *Achatador de Salários* é o diagnóstico de uma doença. O texto que sabe mais do que o autor. Foi uma descoberta da montagem que a doença era um mal congênito, talvez uma doença hereditária. Como drama heróico a peça foi até material escolar, um engano feliz. A encenação ocorreu devido à proibição de duas montagens que Alexander Lang pretendia fazer, *Hamlet* e *Quarteto* numa só apresentação. O problema eram o regicídio e a pornografia. Dieter

Mann perguntou se eu preferia ser pago ou se preferia encenar. Eu queria encenar, mas somente *O Achatador de Salários*. A irritação foi grande. Um texto militante, quem quer ver isso? O cenário de Erich Wonder foi importante, um estranho manto servia de filtro e separava a encenação do resto do ambiente. Os protagonistas eram atores com os quais eu já havia trabalhado. Teatro é uma forma de vida, precisa ser uma forma de vida, não é algo separado. Se você vive com as pessoas, você consegue trabalhar melhor com elas. No *Achatador de Salários* chamou a atenção como os atores interpretavam bem os operários. Diferente das encenações de minhas peças no Ocidente. Os atores da RDA vinham muitas vezes de camadas sociais inferiores e já tinham trabalhado quando entravam na escola de arte dramática. Era uma condição para os estudos.

Os ensaios para *Hamletmaschine* aconteceram no período anterior, durante e depois da assim chamada virada. Isso se refletiu naturalmente sobre o trabalho. Os atores eram politicamente muito ativos, também fora do teatro e eu não tinha resposta para a pergunta: quem é Fortinbras? Não podia ser a figura loira, toda iluminada, como na encenação de Gründgens, sobre a qual eu havia lido no *Reich*, tampouco o precursor do socialismo, como em Mäde em Karl-Marx-Stadt (Chemnitz). No Arquivo Carl Schmitt, em Düsseldorf, encontrei, numa caixa de papelão com material de *Hamlet*, uma nota: "Kafka é Fortinbras." Eu conhecia a tese de Carl Schmitt sobre a "invasão do jogo pelo tempo", que faz do drama da vingança uma tragédia. O tempo assume o papel do mito, que é a condiçao para a tragédia. Enquanto Shakespeare escrevia *Hamlet* a dinastia dos Tudors era substituída pela dinastia dos Stuarts, Elizabeth por Jacó, o filho de Maria Stuart, da qual se dizia que tinha casado com o assassino de seu marido. Assim aconteceu, como escreveu Malraux sobre *Sanctuary*, de Faulkner, "a invasão do romance policial pela tragédia antiga". Carl Schmitt: quando o hesitante Hamlet=Jacó se transforma em Fortinbras, surge uma unidade mística de drama, sonho e história. O espírito de Stalin, que aparece na primeira hora, tranforma-se no final em Deutsche Bank. E agora os Hamlet alemães preferem interpretar Fortinbras.

As manifestações do dia 4 de novembro de 1989 na Alexanderplatz aconteceram durante os ensaios de Hamlet...

 O comício no dia 4 de novembro foi organizado entre outros por atores do Deutsches Theater, também o "acordo de segurança" com a polícia. Sem proteção da polícia, no caso da RDA, sem a Segurança do Estado, não se pode fazer um Estado ou uma revolução na Alemanha. Eu estava na tribuna com outros detentores do Prêmio Nacional, representantes da oposição e dois funcionários, e quando cheguei, tive a desagradável sensação de que ali se encenava um teatro já ultrapassado pela realidade, já arquivado, o teatro da libertação de um Estado que não existia mais. Eu não sabia o que dizer que não soasse como algo ultrapassado pelos fatos. Eu tinha pensado em ler o texto de Brecht "Fatzer komm" ("Fatzer, venha"), solicitando aos estadistas para desenvolverem o Estado que não necessitava mais deles. O texto estava no meu bolso, mas de repente me pareceu ridículo dar um pontapé em cachorro morto diante de 500.000 manifestantes. Tomei vodca e esperei, desconcertado. O responsável por Cultura da direção distrital de Berlim queria discutir sobre uma frase de uma entrevista minha, sobre como o afastamento dos comunistas do poder seria a única chance para o comunismo. Eles não haviam entendido nada. Depois vieram três jovens com um panfleto redigido por eles, uma conclamação para a criação de sindicatos independentes, e perguntaram se eu poderia ler aquilo, porque eles não haviam conseguido tempo para falar. A programação era muito grande, não havia tempo para eles. Não vi motivo para recusar. Li o panfleto, que continha uma frase sobre o distanciamento entre a intelectualidade e a população devido aos privilégios. Essa conclamação para a criação de sindicatos independentes[66] era uma polêmica contra a FDGB, que nunca havia defendido os interesses dos operários contra o Estado e o partido, e dava uma noção sobre as lutas sociais que estavam por vir, e que com certeza desenrolar-se-iam às custas dos operários. Soou estranho da minha boca e não era um texto para 500.000 manifestantes que queriam ser felizes, menos ainda para o bloco da segurança, de onde, como me contaram observadores, partiu o primeiro protesto. Quando desci da tribuna, debaixo de assobios e vaias, um velho fiscal que estava ao pé da tribuna me disse: "Isso foi apelação." Também Stefan Heym ficou irritado comigo. Para ele foi um dia feliz. Enquanto os operários previam a chegada do arrocho econômico, ele enxergava a tão aguardada chegada do socialismo democrático.

Sobre os seus diversos prêmios e distinções: você recebeu o Prêmio Nacional muito tarde...

Sobre o Prêmio Nacional existe o famoso comentário de um câmera da DEFA: "O dinheiro é bom, mas e a vergonha?" Fui um dos poucos que foram poupados por tanto tempo. Claro que o Prêmio Nacional em 1986 foi também uma oferta de paz, um pedido de trégua. O pior na cerimônia foi que tive de usar uma gravata. Chamou a atenção a expressão morta de Honecker, que eu tinha visto pela última vez vinte anos antes, seu aperto de mão mole, mas ainda com resquícios proletários. O prêmio não era uma honra, mas um gesto político. O povo falava da "organização de massas" dos portadores do Prêmio Nacional. Recusar o prêmio teria sido uma afronta, e teria dificultado o que pretendia fazer. Não se tratava de privilégios, mas de trabalho. Um ano depois tornei-me o autor mais encenado da RDA. A conseqüência do Prêmio Nacional foi simplesmente que nenhum funcionário, em qualquer cidade, poderia dizer ao superintendente: "Müller, não". Hoje eu não agiria de forma diferente. É importante que minhas peças possam ser vistas, e não que eu banque o nobre cavalheiro.

Existe um prêmio do qual me envergonho. E justamente por tê-lo recusado. Recebi um telefonema do meu vigia predileto, o secretário de ideologia de Berlim: "Vejo na imprensa ocidental que você vai receber um prêmio em Hamburgo. Qual é sua posição?" Eu não sabia do prêmio, pois não tinha acesso à imprensa do Ocidente. Tratava-se de uma bolsa ligada ao prêmio Lessing da cidade de Hamburgo, que foi atribuído a Horkheimer. Foi em 1967, o ano depois da expulsão de Ginka Tcholakova, que seria depois minha mulher. Fui convocado à direção distrital. A conversa foi grotesca. Meu padrinho – era a estrutura mafiosa: "tu fazia parte do jogo" –, tinha lido sobre o "grupo" Hacks, Lange, Müller. Lange já estava no Ocidente. "Você sabe quem financia a *Theater heute*? O Ministério da Defesa de Bonn." Ele me censurava por ter aparecido ao lado de um fugitivo da República e isso num órgão do Ministério da Defesa de Bonn. Ele não podia me dar ordens, mas eu devia refletir se poderia aceitar um prêmio desses. Não disse nada e fui para casa. Eu tinha acabado de solicitar autorização para viajar à Bulgária, para visitar minha mulher que tinha sido deportada. Havia necessidade de um visto. Quando cheguei em casa a comunicação com a recusa do pedido estava lá. Não havia necessidade de fornecerem justificativas. Então entendi a conversa. Mandei um telegrama para Hamburgo dizendo que algo mais me separava de Horkheimer do que a fronteira de um Estado. Era mentira. Achei o rascunho desse telegrama: "Prezado Senhor Senador. O Conselho do Prêmio Lessing me achou digno de uma bolsa de estudos. Devo no entanto concluir que meu trabalho foi mal interpretado e quero ajudar a esclarecer o engano, recusando seu incentivo. Trabalho na RDA, e isso significa, no meu caso, que não trabalho contra esse Estado, cujo reconhecimento vossas autoridades, tanto quanto eu possa saber, têm negado." Quando cheguei em casa pela manhã, um tanto bêbado, encontrei um papel com a notícia, aparentemente datilografada pelo próprio capitão depois do expediente, em todo o caso numa letra insegura, de que poderia retirar os papéis de viagem na polícia no dia seguinte.

E o Prêmio Büchner?
　　Depois da atribuição do prêmio viajei de Darmstadt para Munique para assistir a uma encenação de *Filoctetes*, por Tragelehn.

Parei na Maximilianstraße diante de um joalheiro, o cheque do prêmio no bolso, e vi na vitrine uma pequena pomba da Renascença, muito bonita. Pedi para ver a pomba e perguntei pelo preço. Ela custava 30.000 marcos, custava o prêmio Büchner. No fim preferi o dinheiro à pomba. Minha melhor lembrança da premiação em Darmstadt é o silêncio de mármore no salão nobre, quando em meu discurso pronunciei o nome de Ulrike Meinhof.

Quais são suas lembranças dos últimos anos antes do fim da RDA?

Nos últimos anos da RDA a oposição contra a política vinha do partido. No entanto, havia sempre um argumento consolador, a espera pela "solução biológica", a esperança da morte de Honecker e de alguns outros. Wekwerth, que freqüentemente protestava com Hager contra as idiotices político-culturais, contou que numa dessas ocasiões, tratava-se de um livro de Kuczinski que foi retirado das livrarias, Hager lhe disse: "Se Gorbatchov fracassar, estamos perdidos." Sua entrevista na *Stern* na verdade foi um castigo. O problema era que as condições só poderiam ser alteradas pelo colapso de todo o sistema, um sistema que no fundo já estava condenado economicamente desde 1918. Esperei pelo fim, mas não o incentivei. Só os funcionários deduziam isso dos meus textos. O que se pode censurar a mim e a outros é que com a "solidariedade crítica", e a ênfase estava na crítica, depois que o regime passou para a tolerância repressiva – alimentamos em nós nossos leitores a ilusão de que uma reforma do sistema era possível. Na minha visão o problema era a falta de alternativas da alternativa. Todo polonês é antes de mais nada um polonês, a distinção entre comunista e dissidente não muda nada de decisivo nisso. A identidade dos alemães foi e é o marco alemão. O fim do marco oriental significou para a população da RDA a negação de sua identidade. A Polônia podia sonhar com uma outra Polônia, para a RDA a única alternativa era a República Federal. Só agora, depois da reunificação, existe novamente uma base para a luta de classes na Alemanha. Agora não se pode delegar mais nada ao inimigo. Agora, e isso necessitará de algum tempo, as contradições sociais poderão desenvolver-se livres de ideologias. O júbilo de alguns intelectuais alemães com a guerra do Golfo, a alegria mal disfarçada frente a um novo Hitler, revela o medo de uma vida sem a personificação de um inimigo. A satanização da RDA, a demonização da Segurança Estatal, não serve apenas ao regozijo do anticomunismo vulgar, mas anestesia também o medo. Quem não tem mais inimigo, encontra-o no espelho.

Nem todos os cidadãos da RDA que votaram "sim" pela reunificação nas eleições viviam sob a pressão do sofrimento. Havia uma trégua, um acordo mafioso entre o partido e a população. A ideologia nunca pegou. O terror numa pequena cidade da Suábia é ruim apenas de outra maneira do que o terror em Strausberg. O que mantinha coesa a RDA era uma rede de dependências. A nova rede, vista de cima, tem malhas mais largas, vista de baixo, as malhas são mais estreitas. A pressão econômica se encarrega de que ninguém perca o equilíbrio por lhe faltar agora a pressão ideológica. Na RDA dinheiro não era um problema para a maioria da população.

Como você pensa hoje, no começo de 1992, sobre este Estado em vias de extinção?

É um privilégio para um autor ver naufragar três Estados numa só vida. A República de Weimar, o Estado fascista e a RDA. Provavelmente não assistirei ao naufrágio da RFA.

Nenhum fantasma atormentando Heiner Müller...

"Assim como antes vinham do passado os espíritos/ assim agora vêm do futuro."

Reminiscências de um Estado

Os mouros receberam o rei Nuba de presente do povo romano.
Os piores tiranos vêm do exílio.
                                    Tácito, *Anais*

O momento da verdade quando no espelho
O rosto do inimigo aparece

Cerca de dez anos atrás Gerd Böhmel me surpreendeu com a tese de que a adoção, por parte do Exército Vermelho, da estratégia alemã contra-revolucionária da batalha de envolvimento (*Kesselschlacht*) teria iniciado o fim da era soviética e transformado os países do bloco oriental em bolsões isolados do exterior, colonizados em sua estrutura interna, habitados por prisioneiros. A RDA foi um Estado provisório, um departamento da União Soviética, o primeiro anteparo militar a oeste, difícil de sustentar frente à atração econômica da outra Alemanha, mais rica, mas difícil de abandonar devido à insegurança crescente no espaço polonês intermediário: a política de Stalin era a consolidação e não a conquista. Depois de Hiroshima, campanhas à Napoleão, que através da destruição das barreiras alfandegárias feudais exportaram a conquista definitiva da Revolução Francesa, a liberdade da exploração, eram agora imagináveis apenas em sedes de Estado-Maior. O sonho de um mundo livre da exploração passou a ser desprovido de realidade. O fim do confronto militar significou necessariamente o fim da RDA, um dos seus produtos mais caros. A falta de informação fez com que Honecker entendesse mais rapidamente o papel histórico de Gorbatchov do que eu e outros intelectuais mais bem informados, e do que o próprio Gorbatchov. É possível que a irrealidade da RDA enquanto Estado fosse justamente o que atraía artistas e intelectuais. A principal diferença do Édipo de Hölderin na versão teatral que escrevi para Besson é uma palavra do protagonista após ter-se cegado. Hölderlin: "... Pois é doce/ Onde mora o pensamento, distante dos males." Müller:... "Pois é doce/ onde mora o pensamento, distante de tudo." A RDA que descrevi, no duplo sentido da palavra, essa descrição é também algo retocado, como a Prússia de Kleist e a Inglaterra de Shakespeare; essa RDA foi um sonho que a história transformou em pesadelo. Do ponto de vista da arte o primeiro aspecto da assim chamada virada é provavelmente a separação definitiva da arte de uma política que somente pode trabalhar em sua própria supressão, quando o ser humano como gênero ou como espécie animal deverá desaparecer da face da Terra. A evacuação para outros planetas, que já está em andamento, será seletiva de acordo com os princípios de Auschwitz. Na RDA o sonho de Benjamin do comunismo como libertação dos mortos só podia ser parodiado, pois para os sobreviventes do Partido Comunista duplamente derrotado, o poder foi simultaneamente um jugo e uma dádiva. O antifascismo prescrito era um culto aos mortos. Toda uma população se tornou prisioneira dos mortos. Os mortos do antifascismo perderam sua aura devido à posterior submissão dos sobreviventes derrotados aos vencedores mortos do campo adversário, segundo o modelo de Frederico II, o único intelectual a sentar num trono alemão, e que depois de amansado tornar-se-ia um autêntico rei-soldado. A réplica aos campos de concentração seria o "campo socialista." Este ainda selecionaria seus mortos. A pressão da experiência foi a oportunidade da literatura, a viagem de trem dos privilegiados da estação Friedrichstraße até a estação Jardim

Zoológico* era como emergir de águas profundas para camadas mais superficiais, algo que causava tonturas. Lembro de um guarda de fronteira em *breeches* e botas, na passarela de controle sobre a plataforma ocidental da estação Friedrichstraße, as mãos nos quadris, como um homem da SS na rampa, provavelmente a posição mais cômoda quando se fica de pé por muito tempo. Lembro também da estação do metrô onde desde 1961 não passava mais nenhum trem, e onde ficava a única placa nova no trecho dessa linha, trocada, depois da morte de Ulbricht, durante os Jogos Mundiais de 1973, quando o cadáver de Ulbricht tinha sido colocado no gelo até os jogos terminarem, de ESTÁDIO WALTER ULBRICHT para ESTÁDIO DA JUVENTUDE MUNDIAL, um nome de futuro para uma estação morta. A construção do muro foi uma tentativa de parar o tempo, legítima defesa contra o ataque econômico do Ocidente, o muro em si um retrato em concreto da situação real. A melhor descrição do socialismo "realmente existente" está no texto de Kafka "O Brasão da Cidade". Nenhum Estado pode prender sua população por mais de uma geração, contra sua vontade, em uma sala de espera onde se vêem os trens passando na tela, trens onde não podem embarcar. Agora, como diz o povo, "a Polônia está aberta". Para minha literatura a vida na RDA foi como a experiência de Goya, dividido entre as simpatias pelas idéias da Revolução Francesa e o terror do Exército napoleônico de ocupação, entre a guerrilha camponesa a favor da monarquia e do clero, e o medo diante do novo, que diante dos seus olhos assumia traços do velho, quando Goya usa a surdez contra a terrível constatação já que o olho do pintor recusava a cegueira. Em um texto sobre o *Grande Inquisidor* de Dostoiévski, Carl Schmitt menciona uma representação franco-católica do Juízo Final: O juiz proferiu sua sentença e da massa ululante de doentes e criminosos um leproso se levanta e apela contra o veredicto: *"J'apelle!"* O leproso é o

---

* Travessia de Berlim Oriental para Berlim Ocidental.

filho de Deus. Seu apelo seria o fim da representação, do milênio cristão. Um outro réquiem para o socialismo na Europa Oriental foi escrito por Ésquilo: "Assim falou a águia quando viu na flecha/ que lhe traspassou/ a plumagem:/ assim não sucumbimos a nenhum outro/ que não à nossa própria asa."

Meu interesse por minha pessoa não é suficiente para escrever uma autobiografia. Meu interesse por mim é mais forte quando falo sobre outros. Preciso do meu tempo para escrever sobre outras coisas do que sobre minha pessoa. Por isso esse texto irregular, que continua problemático. A arte de contar histórias se perdeu, também para mim, desde o desaparecimento do narrador na mídia, da narração na escrita...

Escrever na velocidade do pensamento permanece um sonho de autor. Só o computador nos livra da pressão da arte, ele abrevia o caminho para os clichês, substituto bem pobre para as fórmulas poéticas do trovador do Reino das Mães. Entre os problemas do texto está sua injustiça contra as pessoas, também contra minha pessoa. A tentativa de fazer justiça a todos termina necessariamente na intransigência. Compreender tudo significa não perdoar nada. Preciso viver com minhas contradições até minha morte, tão distante de mim mesmo quanto possível. Agradeço a Katja Lange-Müller, Helga Malchow, Renate Ziemer e Stephan Suschke pelo trabalho que fizeram. Reduziram mais de mil páginas de conversa, que em longos trechos eram tagarelice, a um texto que retrabalhei, mas que o tempo disponível não me permitiu transformar em literatura.

Heiner Müller, abril de 1992

Notas

1 Müller: *Bericht vom Großvater.* In: *Rotbuch* 108 (1950) p. 7.
2 Müller: op. cit.
3 Publicado em "Nicht für Eisenbahner, Kritische Bemerkungen zu einem Heimatbuch", In: *Sonntag,* 1954.
4 Müller: "Todesanzeige". In: *Rotbuch* 176 (1958) p. 20.
5 Müller: *Die Umsiedlerin oder das Leben auf dem Land.* In: *Rotbuch* 134 (1961), p. 19.
6 Müller: *Die Schlacht.* In: *Rotbuch* 134 (1951/1974), p. 7.
8 Müller: *Fleischer und Frau.*
9 Müller: *Das eiserne Kreuz.* In: *Rotbuch* 176, p. 10.
10 Müller: *Die Umsiedlerin.* In: *Rotbuch* 134, p. 101.
11 Albrecht, Karl J.: *Der verratene Sozialismus: 10 Jahre als hoher Staatsbeamter in der Sowjetunion.* Berlim e Leipzig, 1942.
12 Citado em *"Wolokolamsker Chaussee III"* In: *Rotbuch* 191, p. 242.
13 Storch, W. (Org.): Heiner Müller. *Explosion of Memory, Ein Arbeitsbuch,* Berlim, 1988, p. 163.
14 Cena "Hommage à Stalinl" In: *Germania Tod in Berlin, Rotbuch* 176, p. 54.
17 Publicado em "Nicht nur für Eisenbahner. Kritische Bemerkungen zu einem Heimatsbuch." In: *Sonntag,* n°10, 1954.
18 "Gespräch über Literatur" In: *Sonntag,* n° 44, 1954.
19 "Liebesgeschichte". In: *Rotbuch,* 126 (1953), p. 57.
20 "Bericht vom Anfang". In: *Rotbuch* 108 (1950), p. 11.
21 Müller: *Der Lohndrücker.* In: *Rotbuch* 108, p. 15.
22 "Das Volk ist in Bewegung". In: *Sonntag,* n° 50, 1951. ver dossier Heiner Müller, documento 2.
23 "Das eiserne Kreuz". In: *Rotbuch,* 176, p. 10.
24 Não publicado até o momento.
26 "Die Korrektur" In: *Rotbuch* 108 (1957), p. 47.
27 "Novellen aus unserer Zeit ", "Über das gelbe Kreuz", de Boris Djacenko, In: *NDL* 3, 1954.
28 Cena "Brandenburgisches Konzert l". In: *Germania Tod in Berlin.* In: *Rotbuch* 176.
29 Pela primeira vez em: *Junge Kunst,* 1958.
30 *Rotbuch* 108, p. 59.
31 Ver dossiê H. M., documento 3.
32 *Rotbuch* 134, p. 71.
33 Arquivo da Escola Superior de Economia, Berlim-Karlshorst, n° 0196. Ver dossier H. M., documento 4. Primeiro em: *Sinn und Form* 3, 1991, p. 435. Nesse caderno há uma documentação abrangente sobre a proibição de *A Repatriada,* em 1961.
34 Ib., p. 453, Dossier H. M., documento 5.

35 Ib., p. 470, dossier H. M., documento 10.
36 Ver dossier H. M., documento 6.
37 Ver dossier H. M., documento 9.
38 *Rotbuch*, 176, p. 16.
39 Reprodução em *Rotbuch* 108, p. 137.
40 *Rotbuch* 108, p. 137.
41 Ib., p. 99.
42 *Todesanzeige*. In: *Rotbuch* 176, p. 31.
43 P. ex. Genia Schulz: *Medea. Zu einem Motiv im Werk Heiner Müllers*. In: Berger/ Stephan (Orgs.): *Weiblichkeit und Tod in der Literatur,* Colônia/Viena, 1987.
44 O discurso de Heiner Müller, primeiro em *Die Zeit,* 25/12/1981, dossier H. M., documento 13
45 Storch, Wolfgang (Org.) *Geländewagen* l, Berlim, 1979.
46 In: *Rotbuch* 108, p. 82.
47 *Waldstück*. In: *Rotbuch* 290.
48 In: *Rotbuch* 126, p. 100.
49 Ib., p. 98.
50 Ver nota 45.
52 "Der entlaufene Dingo, das vergessene Floß." In: *Sinn und Form,* 1973, caderno 1.
53 Hegemann, *Werner Fridericus oder das Königsopfer*, Hellerau, 1925.
54 "Et in Arcadia ego: Die Inspektion" In: *Rotbuch* 270.
55 Na cena "preußische Spiele 2" In: *Rotbuch* 270.
56 "Berührung ist nur eine Randerscheinung". Colônia, 1985.
58 O tema foi aproveitado pela primeira vez no poema "Motiv bei A.S." In: *Rotbuch* 176, p. 80.
59 Bertolt Brecht. *Untergang des Egoisten Fatzer*, Anotações de palco, Ed. Henschel.
60 In: "Zement" In: *Rotbuch* 126, p. 93.
61 In: *Anatomie Titus*. In: *Rotbuch* 291, p. 31 e seguintes.
62 Ib., p. 166.
63 Müller: *Philotekt u. a.*, ed. Henschel, 187, p. 49.
65 Dossier H. M., documento 13.
66 Dossier H. M., documento 15.

Dossier Heiner Müller

Relação de Documentos

1. Currículo do punho de Heiner Müller
2. Texto "O Povo está em Movimento"
3. Carta de advertência do ministério da Cultura
4. Algumas posições de estudantes sobre *A Repatriada*
5. Carta do Berliner Ensemble ao ministério da Cultura
6. Posição do Secretariado da Associação dos Escritores
7. Protocolo da reunião da direção executiva da Associação dos Escritores
8. Expulsão da Associação dos Escritores
9. Autocrítica de Heiner Müller
10. Franz Fühmann: Comentários sobre *A Repatriada*
11. Carta do Deutsches Theater para Heiner Müller sobre *A Construção*
12. O Manifesto Biermann
13. Contribuição de Heiner Müller para os "Encontros Berlinenses" de 1931
14. Discurso na Reunião Internacional de Escritores, 1987
15. Conclamação "Iniciativa para a criação de sindicatos indepenentes"
16. Em defesa da contradição
17. Dossier Segurança do Estado (Stasi)
    a) Relatório de contato com Heiner Müller para aliciamento
    b) Relatório sobre a admissão de Heiner Müller na Academia das Artes

Lebenslauf

Heiner Reimund Müller
geb. 9.1.1929 in Eppendorf/Sa.
　　Mutter: Ella Müller, geb. Ruhland, Näherin
　　Vater: Kurt Müller, Verwalt.-Sekretär
　　　(1933, als SPD-Funktionär, in „Schutzhaft" –
　　　KZ Sachsenburg u.a. Nach Entlassung und
　　　Ausweisung aus dem Wohnkreis arbeits-
　　　los bis 1938. 1941 Untersuchungshaft
　　　[Heimtückeparagraph]. 1945, nach Rück-
　　　kehr aus Kriegsgefangenschaft, Leiter des
　　　Arbeitsamts, dann Abteilungsleiter im
　　　Landratsamt in Waren, Landessekretär
　　　der SED für Kultur, Universitäten usw.
　　　(Schwerin). 1947 Bürgermeister in Franken-
　　　berg/Sa., 1951 als „Titoist" aus SED aus-
　　　geschlossen. Seitdem in Westdeutschland.)

1935–48　Grundschule, Mittelschule, Oberschule, 48 Abitur.
　　　(Unterbrechung durch RAD Ende 1944 – Anfang 45,
　　　durch Arbeit im Landratsamt Waren 1945)
1950 – Anfang 51　Hilfsbibliothekar in Frankenberg/Sa.
seit 1951　freischaffender Schriftsteller
1954　Eheschließung mit Ingeborg Müller, geb. Meyer,
　　　Schriftstellerin, geb. 13.3.1925 in Berlin (Mitgl.
　　　(1. Eheschließung 1951, Scheidung 1954)　SED seit

　　　　　　　　　　　Lehnitz, 24.9.56

　　　　　　　　　　　Heiner Müller

Documento 1

Currículo

Heiner Raimund Müller

nascimento: 9.1.1929 em Eppendorf, Magdeburgo
mãe: Ella Müller, nasc. Ruhland, costureira
pai: Kurt Müller, secretário de administração
(preso em 1933 como funcionário do SPD no campo de concentração de Sachsenburg, prisão preventiva. Depois do relaxamento da prisão e da expulsão do distrito, desempregado até 1938. Em 1941 prisão preventiva. 1945, após ser libertado como prisioneiro de guerra, chefe do departamento de Trabalho, depois chefe de departamento na Prefeitura de Waren, secretário provincial do SED para Cultura, Universidades etc (Schwerin). 1947, prefeito de Frankenberg, 1951 excluído do SED por "titoísmo", desde então na Alemanha Ocidental)

1935-48 Escola primária, ginásio, 1948 exame de conclusão do curso colegial. (estudo interrompido pelo serviço civil, fim de 1944 até início de 1945, depois trabalho na prefeitura de Waren, 1945)

1950-início de 1951 Bibliotecário auxiliar em Frankenberg

desde 1951 Escritor autônomo

1954 Casamento com Ingeborg Müller, nascida Meyer, escritora, nascida em 13.3.1925 em Berlim (membro do SED desde 1948)
(1º casamento 1951, divórcio 1954)

Lehnitz, 24.9.1956

(ass:) Heiner Müller

Documento 2

O povo está em movimento

Os preços sobem. O ministro está debruçado sobre documentos. Manobras, tanques nos campos. O povo está inquieto. Outono.

O diretor geral Z. está em seu escritório. A greve foi declarada. 20.000 trabalhadores deixarão de trabalhar a partir de amanhã. 1.000 carros destinados à exportação não serão embarcados amanhã. O cliente cancelará seu pedido. Milhões de marcos serão perdidos. Pedidos de exportação são raros.

Ele tentou de tudo. Informou sobre a resolução do sindicato patronal: 2 centavos adicionais por hora para cada trabalhador casado, também para todo filho legítimo. Eles exigem 12 centavos. Ele falou da seriedade da hora, da necessidade de ficarem unidos diante do perigo. Eles ficaram quietos. Dois riram alto. Um falou da guerra que eles ("os operários") deveriam pagar, para que as empresas ("vocês", ele disse) pudessem engordar às suas custas. Fumaram seus charutos. Ele não pôde demiti-los, a constituição proíbe isso.

Mais tarde, a caminho de casa, de volta de uma noite de cerveja e conversas, ele surpreende homens colando cartazes diante de um edifício em ruína. Ele avisa a polícia. O funcionário vai até o local com passos rápidos. Ele segue à distância, arquejante. Foi tarde para surpreender os responsáveis. Só um cartaz, uma convocação para a luta pela paz, pôde ser inutilizado.

Z. ainda conversou com o funcionário. Encontrou nele uma pessoa prestativa, atenciosa, humilde, com as mesmas idéias saudáveis defendidas por ele. Ele também considerava a situação séria. Infrações à lei como essa estavam na ordem do dia. Na medida em que eram apanhados, os responsáveis se mostravam estranhamente seguros de si.

Nossa tarefa, disse ele, quando se separaram, é duríssima, o inimigo é capaz de tudo.

Enquanto tivermos homens como você, respondeu Z...

Separaram-se como amigos.

À noite Z. tomou um comprimido para dormir.

Durante a madrugada os grevistas reuniram-se diante da fábrica e bloquearam as entradas. Com eles vieram os primeiros fura-greve, duas, três dúzias de pessoas, trabalhadores como eles. Eles se infiltraram pela multidão em direção às entradas. Não foram longe. Reconhecidos, eram afastados. Por um tempo ficaram xingando diante da multidão, referindo-se à constituição. Como os grevistas avançaram, eles foram embora.

Os empregados, pela ordem de seus anos de atividade, K, o mais antigo, em primeiro, hesitavam diante da muralha humana. Os primeiros esperaram até que o último chegasse ao local. Davam coragem um ao outro, arrumavam as gravatas, avançavam, arrogantes e assustados, tentando quebrar a resistência. Alguns operários sorriam. Ninguém se moveu do lugar. K., que tentou empurrar para o lado um operário, recebeu uma pancada no braço. Gritou: lesão corporal. Os empregados recuaram. Deliberaram na rua, a uma distância suficiente dos operários.

A deliberação resultou na resolução: vamos até a polícia!

Quando os empregados dispostos ao trabalho voltaram, junto com os operários "fieis", estavam acompanhados de 24 policiais da guarnição local. O muro humano permaneceu unido. A polícia ameaçou usar armas. Os operários ficaram em silêncio. Um cacetete de borracha erguido para bater foi segurado por dez mãos. A polícia, com os fura-greve no meio, foi cercada. Só foi liberado um caminho para o recuo. A polícia explicou aos fura-greve que tinha de aguardar mais instruções e se retirou.

À tarde alguns empregados alcançaram o terreno da fábrica, passando pela cerca em um ponto mais afastado. Um dos suspensórios do empregado mais antigo K. arrebentou quando ele passou pela cerca. A direção recusou um pedido de indenização, suspensórios são assunto particular.

À noite, em um cervejaria, o empregado B. travou conhecimento com um operário. Falaram sobre a greve. B. disse: "Deram dois centavos voluntariamente, tem que ser doze?" O operário: "Os preços..." "Concordo", disse B. E por que está escrito nos jornais: "Mas o bolchevismo. Precisamos estar preparados. Isso custa." O operário: "O nosso dinheiro." B.: "Mas vocês nadam contra a corrente." O operário: "Nós também somos uma corrente."

Depois de uma longa pausa B. disse: "Se eu fosse independente..." "Nós temos, penso eu, democracia", disse o operário. "Mas eu tenho família", disse B. E se despediu apressadamente. Não deveria me ter metido com um operário, pensou.

No dia seguinte ele se levantou como de costume, vestiu-se, comeu, pegou a pasta, pôs o chapéu, tirou o chapéu de novo, pôs a pasta de lado e ficou em casa.

No segundo dia o grupo dos fura-greve é menor. Seis operários e um empregado faltam. Os empregados falam longamente sobre o ausente: ele nunca tinha sido de confiança, seu irmão, alguém tinha ouvido falar, era comunista, ele ultimamente tinha feito comentários que faziam pensar que... Outro disse que não havia notado nada. É também um "desses", insistem os outros. Ele não diz mais nada. Amanhã também vai faltar.

De resto, tudo acontece como no dia anterior.

Depois do café da manhã o diretor-geral tem uma idéia: ele vai falar aos operários. Ele não esqueceu o comportamento deles durante as negociações, o silêncio, a rebeldia, o ódio evidente. Eles estão muito seguros de sua causa, estes senhores... Mas, afinal de contas, são somente operários, tiveram sua vontade durante vinte e quatro horas, podem estar satisfeitos. Eles ficarão satisfeitos. Satisfação é a poupança dos pobres... Temos somente que saber como tratá-los: promessas... Ameaças. Quem não acredita na promessa teme a ameaça. Uma cunha pela frente!

Ele telefonou para a direção da greve. Os senhores não podiam atender.

Ele vai falar com os trabalhadores.

Ele aparece com seu Cadillac vermelho – o carro é um presente de amigos americanos.

Ele fala.

Ele não causa nenhuma impressão. Ninguém repara no senhor baixinho, gordinho, que fala. Escutar para quê. O que ele diz, eles sabem sem precisar ouvir. O tempo ensinou-os a não acreditar nas promessas. Temer ameaças é perigoso à sombra do rearmamento. Alguém fala. Quem? Um baixinho gordo...

Um está arrebatado: o orador. Tudo é como antes: ele, o oficial, dando coragem aos seus homens antes da batalha. Ele diz: aqueles de vocês que como soldados...

Só quando no meio da frase uma pedra quebra o parabrisa ele sabe que ele fala a inimigos. Mais rapidamente do que chegou, deixa-se levar embora. Numa curva vê o sorriso do motorista. Decide dispensar o homem. Mas depois lhe oferece um charuto.

Terceiro dia. Diretivas da direção da greve a todos os grevistas: quem quer furar a greve apesar de todas nossas advertências e tornar-se um traidor da nossa causa, não pode, de acordo com as leis vigentes, ser impedido de penetrar no recinto da fábrica pela violência. Se nos for solicitado, ainda traremos o lanche para os senhores fura-greve...
Foi combinado que ninguém deveria erguer "nem mesmo um dedo" contra os fura-greve. "Ninguém ergue a mão."
E assim foi. Os fura-greve foram separados dos policiais que os acompanhavam e empurrados para a rua. Os trabalhadores estavam com as mãos nas costas. A polícia não se intrometeu. Os fura-greve podiam ser contados nos dedos.
Capazes de tudo... pensa o diretor geral, espectador solitário atrás da janela do seu escritório.
Ele está com os nervos em frangalhos, dorme mal. Telefona pedindo auxílio, manda telegramas, um para o ministro: peço fazer de tudo para que policiamento suficiente... É informado que 250 empresas estão em greve. É como a peste. Mas ele também é informado que já existem negociações em nível superior. Os sindicatos têm chefes sensatos, e quando isso é remunerado, eles são a favor da ordem.

Os preços aumentam. Um ministro está debruçado sobre documentos. O povo está em movimento.

Heiner Müller, em *Sonntag*, 16.12.51

Documento 3

**REGIERUNG DER
DEUTSCHEN DEMOKRATISCHEN REPUBLIK**
Ministerium für Kultur
— Sektor Theater —

Herrn
Heiner M ü l l e r

L e h n i t z /b. Oranienburg

Thälmannsiedlung 19   Einschreiben!

Ihr Zeichen	Ihre Nachricht vom	Hausruf	Unsere Zeichen	Berlin C 2 Mohrenmarkt 1-3
		2o9/4o41	Hi/Hi.-	23.9.59

Sehr geehrter Herr Müller!

Ich beziehe mich auf unsere Mahnbriefe vom 7. 1. und
1o. 7. 59, in denen wir Sie aufforderten, den bereits
am 22. 1o. 1958 auf den 31. 12. 1958 verlängerten Vertrag
zu erfüllen. Ich glaube, wir haben reichlich Geduld
an den Tag gelegt.

Nach Abschnitt 7 des Vertrages teilen wir Ihnen heute
mit, daß wir von dem Vertrag zurücktreten und Sie hier
veranlassen, die gezahlten <u>DM 1.500</u> (1. Rate) zurück-
zuzahlen. Um Ihnen entgegenzukommen, teilen Sie uns bi
mit, in wieviel Raten Sie das Geld bis zum 13. 12. 59
zurückerstatten können.

Wir bedauern. diesen Schritt außerordentlich, fühlen
uns jedoch nicht befugt, Staatsgelder auf so lange Zei
ohne Aussicht auf die "Gegenleistung", zu blockieren.
Wir erwarten umgehend Ihre Nachricht!

Mit freundlichen Grüßen
i.A.

(Millis)
Hauptreferent

Documento 3

Governo da
República Democrática Alemã
Ministério da Cultura
Setor Teatro

Senhor Heiner Müller
<u>Lehnitz/Oranienburg</u> <u>Registrada</u>
Thälmannsiedlung 19 Berlim, 23.9.59

Prezado Senhor Müller!

Refiro-me às nossas cartas de advertência de 7.1 e 10.7.59 nas quais solicitamos o cumprimento do contrato firmado em 22.10.1958, e já prorrogado até 31.12.1958. Acreditamos que fizemos prova de bastante paciência.
De acordo com o parágrafo 7 do contrato informamo-lhe que rescindimos o mesmo e solicitamos a devolução dos 1.500 DM (1ª prestação). Pedimos, indo ao seu encontro, que nos informe em quantas prestações ser-lhe-é possível devolver-nos esta quantia até o dia 13.12.1959.
Lamentamos profundamente esse passo, mas não nos sentimos autorizados a bloquear dinheiro do Estado por tanto tempo, e sem expectativa de um retorno.
Aguardamos suas breves notícias.

Cordialmente

(ass.) Millis
Assessor

Documento 4

Algumas posições estudantis em relação à *Repatriada*

A: "A linguagem da peça foi grosseira. O diretor rebateu as restrições que formulei, com a observação de que a realidade muitas vezes se apresentava assim.
...Que não reconheci a tendência provocadora e contra-revolucionária da peça...
Envergonho-me do meu empenho, involuntário é verdade, mas que poderia ter sido evitado, a favor dos objetivos antipopulares, dos objetivos do nosso inimigo. Rejeito a peça como contra-revolucionária e antihumanista e me distancio do autor e do diretor dessa provocação contra nosso Estado."

B: "... uma tal peça, que tem um caráter claramente contra-revolucionário, anticomunista, antihumanista. Eu tinha esquecido completamente que o inimigo de classe vem tentando firmar pé, especialmente na Cultura, desde o 13 de Agosto."

C: "Essa peça é caracterizada por uma reunião de personagens e acontecimentos negativos que existiram uma vez ou outra durante a construção da nossa República, mas que não foram e nem são típicos de nosso desenvolvimento...
Rejeito a peça como anticomunista, contra-revolucionária e anti humanista...
Eu não tinha compreendido dessa forma o alcance real das medidas de 13 de Agosto e suas conseqüências."

D: "Reconheci que com minha participação nessa obra tendenciosa construída por forças reacionárias, prejudiquei nosso Estado, trabalhei ao encontro dos inimigos da República e da paz. Prejudiquei a reputação da Escola Superior de Economia e me mostrei indigno da condição de estudante da Escola Superior."

E: "Durante a estréia mostrou-se que a peça tem tendências contra-revolucionárias, que difama nosso Estado da forma mais maliciosa possível, que dela emana a voz do inimigo de nossa República e de todo o campo socialista."

F: "A peça serve para que o inimigo desmanche nossa República por dentro, ajuda os círculos militaristas e revanchistas da Alemanha Ocidental a levarem o mundo para a catástrofe de uma terceira Guerra Mundial."
G: "Aproveito para agradecer aos companheiros do SED por seu auxílio e quero redimir minha culpa por meio de um estudo criativo e um bom trabalho social."
H: "A peça mostra uma concentração de figuras política e moralmente negativas, que batem na cara da realidade de nossa vida social... Mostra-se um quadro totalmente negativo de nossa República, isso é, uma mentira depois da outra sobre o primeiro estado operário e camponês."

Da posição do Teatro Estudantil em 3.10.1961:

Hoje cada um de nós sabe que, com a representação dessa peça contra nossa honesta maneira de ver e contra nossa vontade, servimos aos inimigos da classe, aos militaristas da Alemanha Ocidental, e suportamos ativamente as tentativas de enfraquecer nossa República, eliminar nosso Estado operário camponês e jogar a humanidade na catástrofe de uma Terceira Guerra Mundial. Com isso atraiçoamos nosso partido, nosso governo e todas as forças amantes da paz."

Documento 5

Carta do "Berliner Ensemble" ao Ministério da Cultura

Ministério da Cultura 5 de outubro de 1961
At. da camarada Eva Zapff
Berlim C 2
Molkenmarkt 1-2

Cara Eva Zapff!

Atendendo sua solicitação estamos enviando opiniões de membros do Berliner Ensemble que participaram no domingo da encenação de *A Repatriada* de Heiner Müller, pelo Grupo de Teatro Estudantil da Escola Superior de Economia.

Quero acrescentar que não se trata de um artigo elaborado, mas da opinião dos seguintes membros do nosso teatro: Elisabeth Hauptmann, Hilmar Thate, Herbert Fischer, Helmut Baierl. As opiniões também não foram ordenadas, de modo que você as tenha para uso imediato.

"Com sua peça, *A Repatriada*, Müller degradou de maneira assustadora seu talento. Ele mostrou que não pode dominar esse material do ponto de vista ideológico. Sua habilidade lingüística e sua capacidade criativa tornaram-se atributos vazios, que produzem efeitos externos, que são às vezes muito irritantes, muitas vezes grosseiros. Ele usa sua capacidade criativa para produzir situações grotescas, que nada têm a ver com a realidade."

"Müller escreveu de ponta a ponta com uma posição contrária a tudo, agressivo em toda a frente. É preciso separar a peça da encenação. Isso não melhora a peça, mas a direção a piora claramente. Ela é quase criminosa, pois faz fantoches de seres humanos (também em relação aos estudantes)."

"Se olharmos a peça sem preconceitos, temos que concluir que, se o socialismo no campo é assim, então é melhor abandoná-lo. Temos que envergonhar-nos que nossa época é apresentada dessa maneira. A peça é indigna do Teatro Estudantil. Não é compreensível que estudantes que cursam economia deixaram que lhes servissem esta peça."

"Müller perdeu totalmente a visão do desenvolvimento histórico da RDA com seus estudos ambientais e sua denúncia das deficiências (e de forma geral a RDA como fator no desenvolvimento do socialismo na Alemanha e no mundo)."

"A direção presta um mau serviço a Müller, sublinhando tudo que há de negativo. Do ponto de vista meramente técnico, alguns estudantes mostraram que são atores talentosos. O diretor da peça, que pretende tratar um período tão importante do nosso desenvolvimento, mostrou-se totalmente imaturo e incapaz."

"Na mal formulada luta contra o otimismo, Müller se mostra um pessimista."

"Não existe um desenvolvimento dos personagens, um enredo. Parece que Müller imaginou algo 'superépico'. A direção colaborou: entre outras coisas pelo constante tratamento irônico de quase todos os personagens, o que torna inútil toda tentativa de desenvolver os personagens."

"A peça revela uma total falta de humanidade, sobretudo, mais uma vez, devido à direção. Isso é insuportável para o espectador. Nada é criado a partir do ser humano, mas só a partir de situações construídas, ambiciosas."

"O verso, que o folheto considera similar ao de Shakespeare, não ressalta, mas derruba os personagens."

"A linguagem em parte brilhante serve para ressaltar ainda mais a falta de humanidade dos personagens (e também a do autor em relação a nossas vidas). A peça, que também poderia ser denominada de 'a corda no pescoço', é nociva sob todos os aspectos, em especial o político."

" A peça é besteira política e também artística."

"O final (a coletivização) é anti-humanitário e, limitado em seu distanciamento da realidade"

Essas opiniões, apresentadas bastante cedo, quando a peça ainda estava nos ensaios, poderiam ter talvez levado o autor a fazer modificações fundamentais. Lamentamos que Müller, cujo talento o Berliner Ensemble tinha em alto conceito, não tenha procurado o diálogo com nossos colaboradores. Estamos dispostos a falar novamente com Müller, sobre novas bases, se for julgado de utilidade para Müller e para nós. Mas isso não inclui o diretor. Nossa posição em relação a ele está definida em carta anexa. Para o seu conhecimento, anexamos ainda uma carta de nosso colaborador Manfred Grund.

Com saudações socialistas
A direção do Partido no Berliner Ensemble

(ass.) Baierl
Secretário

Documento 6

Posição do Secretariado da Associação dos Escritores

Secretariado: com referência à peça de Heiner Müller *A Repatriada ou A Vida no Campo*.

1. O Secretariado não conhecia a peça nem seu conteúdo. Não foi apresentado um projeto. O Secretariado sabia apenas que Heiner Müller havia iniciado uma obra dramática que tinha como tema a reforma da agricultura.
2. Na seção Dramaturgia faltaram todos os sinais que poderiam ter chamado a atenção sobre a peça. A seção se reuniu no ano passado muito irregularmente. Foi discutida *Holländerbraut*, de Strittmater, *Spuk von Frankenhöh*, de Hauser, e em uma ocasião os dramaturgos se reuniram para falar sobre a preparação do Congresso.
3. Na documentação podemos verificar que Heiner Müller recebeu em 1957 2.000 DM como bolsa para a *A Repatriada*, provenientes de fundos do AWA. Esse dinheiro não foi pago em virtude de um projeto apresentado, mas como resultado de claras recomendações de dramaturgos e teatrólogos conhecidos (Peter Hacks, Heinar Kipphardt, Manfred Wekwerth e o camarada Bork). Foi negligenciado controlar o desenvolvimento desse trabalho, o que cabia à Associação, inclusive devido aos fatos mencionados.
4. A correspondência de Müller com a Associação consiste meramente de "cartas de crédito". No decorrer dos últimos cinco anos ele recebeu, por intermediação de nosso departamento social, 9.355 DM em dinheiro do governo. O arquivo sobre Müller informa sobre irregularidades e também negligências.
5. Tanto o Secretariado quanto a direção do partido na Associação dos Escritores convidaram Müller para um debate, para esclarecer determinados problemas morais/financeiros (Kaufmann, Dessau). Heiner Müller não compareceu.

Considerações Finais:

O Secretariado deve aceitar uma censura por vigilância insuficiente. O Secretariado não reagiu à publicação, por Müller, das cenas na *Sonntag* e nem ao artigo de Hacks em *Theater der Zeit*. Não pediu uma prestação de contas sobre o dinheiro do governo intermediado a Müller (apreciação literária). A seção Dramaturgia trabalhou de forma insuficiente e superficial. É preciso fazer de tudo para ativar o trabalho da seção na Associação.

Documento 7

Protocolo da reunião da direção executiva da Associação Alemã dos Escritores, em 30.10.61

Presentes:
Anna Seghers, Gerhard Baumert, Helmut Hauptmann, Harald Hauser, Wolfgang Joho, Henryk Keisch, Herbert Nachbar, Helmut Preißler, Helmut Sakowski, Maximilian Scheer, Paul Wiens, Christa Wolf, Lilo Hradetzky, Eva Lippold, Willi Lewin, Ilse Metz (secretária)

Os seguintes associados da direção de Berlim participaram do item 1 da ordem do dia:
Rainer Kerndl, Erich Rackwitz, Annemarie Lange, Günter Cwojdrak, Nils Werner, Eduard Zak, Heinz Kahlau, Liselotte Remané, Elizabeth Borchert, Lilo Hardel, Willi Pankow, Siegfried Wagner (Comitê Central)

Ordem do dia:
1. Relatório da seção Dramaturgia sobre o assunto Heiner Müller.
2. Preparação do "Encontro dos Quatro Países" em novembro.
3. Relatório sobre o colóquio, já realizado, na Alemanha Ocidental
4. Preparação da reunião da direção em novembro.
5. Diversos.

Ponto 1: (Documento 12/61)
Todos os associados tiveram conhecimento do relatório da seção de Dramaturgia. Durante a discussão, que resultou essencialmente em concordância com os pensamentos expostos na seção Dramaturgia, falaram os seguintes colegas:
Nils Werner, Rainer Kerndl, Eduard Zak, Gerhard Baumert, Siegfried Wagner, Henryk Keisch, Paul Wiens, Heinz Kahlau, Christa Wolf, Maximilian Scheer, Helmut Hauptmann, Helmut Preißler, Harald Hauser, Annemarie Lange, Herbert Nachbar, Anna Seghers.

Uma exposição detalhada foi feita por Siegfried Wagner, do Departamento Cultural do Comitê Central do SED, em que analisou a situação político-cultural, relatou a história da peça e destacou as três teses de

Müller que perfazem o caráter hostil da peça:

1. A vida no campo é terrível e hostil ao ser humano.
2. O socialismo – que é defendido por um pequeno grupo – foi moldado segundo modelos externos.
3. Esse pequeno grupo é ruim em si, humanamente degradado como a sociedade no seu todo.

No final de sua exposição Siegfried Wagner sugeriu que a mesma paciência e presença representativa na discussão sobre a peça de Heiner Müller deveria ser usada sobretudo no caso de trabalhos positivos de colegas mais jovens.
Na discussão apareceu uma série de sugestões sobre como ajudar Heiner Müller a reencontrar seu caminho como autor de nossa República.

No final da discussão foram tomadas as seguintes decisões:

1. A direção executiva da Associação toma conhecimento do relatório da seção Dramaturgia e, em princípio, concorda com seu conteúdo e conclusões.
2. A direção executiva encarrega a direção da Associação em Berlim de continuar a tratar do assunto e convidar Heiner Müller para uma discussão. O futuro tratamento do problema depende do comparecimento de Müller em Berlim e de uma assembléia dos associados, a ser preparada.
3. O secretariado preparará para a próxima sessão, com referência a todo o material examinado, um breve comunicado.

                                          Responsável: o Secretariado.

Documento 8

DSV

DEUTSCHER SCHRIFTSTELLERVERBAND

Herrn
Heiner Müller

Berlin-Pankow
Kissingenplatz 12

Berlin W 8, Friedrichstraße 109
Telefon: 22 07 3100
Bankkonto: BSK Berlin Nr. 1/2014
Postscheckkonto: Berlin Nr. 5382
Telegrammadresse: Deschriva Berlin

Berlin, den 14. Dez. 1961

Unser Zeichen OB/Kg
(bei Schriftwechsel bitte anzugeben)

Werter Kollege Müller!

Wie Ihnen vom Berliner Verbandssekretär, Kollegen Alfred Schulz, bereits mündlich mitgeteilt wurde, hat die Mitgliederversammlung des Bezirksverbandes Berlin des Deutschen Schriftstellerverbandes am 28. November dieses Jahres Ihren Ausschluß aus dem Deutschen Schriftstellerverband wegen Verstoß gegen die Ziele des Verbandes und Nichteinhaltung und Verletzung des Statuts beschlossen.

Es ist meine Pflicht, Ihnen nun mitzuteilen, daß der Geschäftsführende Vorstand des Deutschen Schriftstellerverbandes in seiner Sitzung am 6. Dezember 1961 den Ausschluß bestätigt hat. Die Begründung des Bezirksverbandes Berlin können Sie bei uns im Verbandssekretariat einsehen. Der Geschäftsführende Vorstand hat einen Zusatz beschlossen, in welchem er Ihnen empfiehlt, während einer Zeit kontinuierlich dort zu arbeiten, wo Sie "Die Umsiedlerin" angesiedelt haben, damit Sie das echte "Leben auf dem Lande" in unserer Republik kennen und erkennen lernen. Ich glaube, Sie sollten diese Empfehlung beherzigen.

Nach dem Statut sind Sie verpflichtet, Ihr Mitgliedsbuch an den Verband zurückzugeben, und ich bitte Sie, das zu tun.

Vielleicht rufen Sie vorher an, wenn Sie in den Verband kommen, und machen eine Verabredung mit mir. Ich hätte gerne mit Ihnen über Ihre letzte Stellungnahme und die Zukunft gesprochen. O.Br.

Hochachtungsvoll
DEUTSCHER SCHRIFTSTELLERVERBAND

(Otto Braun)
1. Sekretär

Documento 8

Associação Alemã dos Escritores
Senhor
Heiner Müller

Berlim-Pankow
Kissingenplatz 12   Berlim, 14. dez. 1961

Prezado Colega Müller

Como já lhe foi comunicado oralmente pelo secretário da Associação de Berlim, o colega Alfred Schulz, a assembléia dos membros da seção de Berlim da Associação Alemã dos Escritores decidiu em 28 de novembro deste ano pela sua exclusão da Associação Alemã dos Escritores, por violação dos objetivos da Associação e não cumprimento e infração aos estatutos.

É minha obrigação comunicar-lhe agora que a direção executiva da Associação Alemã dos Escritores confirmou sua exclusão em reunião do dia 6 de dezembro de 1961. A justificativa da seção de Berlim pode ser consultada no secretariado da Associação. A direção executiva decidiu acrescentar um adendo recomendando-lhe trabalhar por um período contínuo lá onde o senhor localizou a *A Repatriada*, de modo que possa conhecer a verdadeira "vida no campo" em nossa República.
Creio que o senhor deveria aceitar essa recomendação.

De acordo com o estatuto, o senhor é obrigado a devolver sua carteira de associado à Associação, e solicito que o faça.

Atenciosamente
Associação Alemã dos Escritores
(ass.) *Otto Braun*
1º Secretário

[à mão]
Talvez o senhor possa telefonar antes de comparecer à Associação e combinar um encontro comigo. Gostaria de conversar consigo sobre sua última posição e sobre o futuro. (rubricado O.B.)

Documento 9

Autocrítica de Heiner Müller
(ao departamento de Cultura no Comitê Central do SED)

Esse texto é o resultado provisório de meu confronto comigo e com meu trabalho. Escrevo o que sei agora.

1. Depois da discussão na Associação dos Escritores falei com um amigo que considerava a melhor contribuição, porque a mais objetiva, as teses da divisão de Cultura do Comitê Central do SED. Naquela ocasião não o compreendi. Creio que agora o compreendo: seis semanas depois do 13 de Agosto de 1961, um grupo de estudantes apresentou publicamente um trabalho dramático como contribuição ao Festival de Berlim, um trabalho que, com a pretensão de descrever um pedaço da história da RDA, acumula história, resultando que o olhar sobre a perspectiva desse Estado acaba falseada. Em uma situação em que as necessárias medidas de defesa da RDA não foram ainda compreendidas e aceitas por todos, deixa transparecer, com especial vigor, a contradição fundamental na Alemanha e não só na Alemanha, uma peça que deixa de lado as questões principais, faz de questões secundárias questões principais, deixa o espectador sozinho com suas perguntas e dúvidas sem indicar claramente respostas possíveis e soluções necessárias. Numa situação em que a paz na Europa depende do fortalecimento da RDA, uma peça que enfatiza as dificuldades de maneira errada, dificuldades atípicas no seu acúmulo, muitas já superadas, outras superáveis, que não as carateriza historicamente, não as apresenta claramente como superáveis, deprime em vez de ativar. Numa situação revolucionária trata-se de uma peça de cuja representação uma tentativa contra-revolucionária poderia facilmente tirar partido.

2. Meu trabalho com a *A Repatriada* começou em 1956. O trabalho não estava concluído no dia da encenação em Karlshorst. A versão apresentada é uma versão de trabalho, com lacunas, incom-

pleta. Eu sabia disso e assim mesmo concordei com a encenação. Existem explicações, mas não desculpas para isso. Eu sabia que a peça tinha falhas, mas não tinha consciência de quais eram. Acreditei que podia ser útil politicamente. Meu conhecimento não foi suficiente para avaliar as conseqüências políticas das falhas técnicas e literárias. Deixei-me levar por afirmações da direção do Teatro Estudantil, de que a existência do grupo dependia da encenação, a preparar apressadamente uma versão "encenável" da peça. Trabalhei na peça até o dia da encenação. Eu tinha perdido todo o controle sobre meu trabalho, toda a auto-avaliação, toda a autocrítica. Escrevendo uma peça política sem conhecimento político suficiente, não procurei, ao contrário evitei, a discussão com funcionários da área política. Isolado do partido, não compreendi a crítica que poderia ter me tirado do isolamento, e finquei pé nos meus preconceitos contra as críticas formuladas por funcionários individualmente. Sozinho, sem a possibilidade de dominar artisticamente a quantidade de material, a multiplicidade de problemas que o tema, assim como eu o via então, levantava, evitei também a discussão com especialistas do teatro e da literatura, talvez por excesso de auto-estima.

3. Eu queria escrever uma peça útil ao socialismo. Minhas intenções, de acordo com a avaliação do partido e que depois de muitas dúvidas, lutas, reflexões, endosso por honesta convicção, tiveram resultado oposto. O deprimente, em minha situação, é que o partido tem razão em duvidar da minha lealdade, da minha vontade de cooperar. Torna-se difícil para mim escrever no clima de desconfiança existente em relação à minha pessoa, clima de desconfiança que resultou da minha falta de confiança no partido. Meu desejo é uma discussão dura. Uma discussão da qual participarei sem ressentimentos. Uma discussão que me ajude a trabalhar num nível mais alto, mais do que até agora, melhor do que até agora, produtivamente.

Eu queria ajudar o partido com meu trabalho, mesmo isolado dele. Vejo o resultado do meu trabalho no isolamento: um prejuízo para o partido. Vejo que preciso de seu auxílio, se quero ajudá-lo, e é outra coisa que almejo.

Trabalho numa tentativa de analisar os erros de *A Repatriada,* base para minha discussão contra a peça, e é o que desejo. Não terminei esse trabalho. Irei apresentá-lo daqui a duas ou três semanas.

1.12.61   Heiner Müller

Documento 10

Franz Fühmann: comentários sobre a peça popular de Heiner Müller *A Repatriada ou A Vida no Campo*

1. Na minha opinião essa peça fracassou. Ela não faz jus a nenhum dos dois temas do título.
2. É lamentável que essa peça tenha fracassado, pois ela contém trechos com uma grande força de linguagem e imagens poderosas, superando peças anteriores de Müller.
3. A peça tinha que fracassar, pois pinta um quadro mais negro do que o negro e não contém um desenvolvimento interno que desperte alguma esperança. Ao contrário de outras peças de Müller, mostra a vida no campo como irremediavelmente desoladora. As pessoas que elevaram nossa aldeia bem acima de níveis do passado não estão representadas, mas tudo que é negativo foi reunido de forma às vezes insuportável. Creio que conheço um pouco a vida no campo e quero dizer que cada uma das cenas descritas por Müller podia ser encontrada em algum lugar da realidade ou ainda pode ser encontrada, mas sua concentração dá um retrato distorcido que não corresponde ao quadro real da vida na aldeia.
4. Como na peça não existe um desenvolvimento positivo da trama, nos confrontamos com o estranho efeito de que o caminho de 1946 a 1960 não se torna visível, e que tudo, mesmo fatos que pertencem claramente ao passado, como a infração da legalidade, são projetados no presente.
5. Acredito que a mensagem negativa da peça só pode ser sublinhada e fortalecida pela encenação. Acho portanto correto não encenar a peça.
6. Não acredito que essa peça, cuja tendência fundamental é errada, possa ser modificada por uma nova versão. Apesar de tudo que precisa ser dito contra a peça, sou de opinião que valeria a pena trabalhar seriamente com Heiner Müller, que é sem dúvida um dos nossos dramaturgos mais capazes, e ajudá-lo amigavelmente a alcançar uma posição mais favorável para seu trabalho.

17.12.61

Documento 11

D

DEUTSCHES THEATER UND KAMMERSPIELE·
STAATSTHEATER
INTENDANT WOLFGANG HEINZ

Herrn
Heiner Müller

Berlin-Pankow
Kissinger Platz 12

104 BERLIN, den 28. 4. 1966
Schumannstraße 13a
Fernruf 42 56 11
Fernruf 42 73 43 Werbeabteilung
Fernruf 42 81 34 Kasse-Deutsches Theater
Fernruf 42 85 50 Kasse-Kammerspiele

Lieber Kollege Heiner Müller!

Wir haben, wie Ihnen sicher schon berichtet worden ist, über Ihre neueste Fassung in der Theaterleitung diskutiert. Wir sind über vieles sehr erfreut. Wenn wir trotzdem noch einige Wünsche haben, bedeutet das nicht, daß wir nicht überzeugt sind, Ihr Stück in nächster Zeit herausbringen zu können. Wir bitten Sie nur, 1. in keiner Weise das vorliegende Material der Öffentlichkeit bekannt zu machen. Auch wir haben uns geweigert, eine Diskussion über die Ergebnisse Ihrer Arbeit in einem Theaterrat des Ministeriums für Kultur zu besprechen. 2. nicht nachzulassen, mit uns immer weiter an der Verbesserung Ihres Stückes zu arbeiten. Ich hoffe Sie fühlen, daß unser Interesse an Ihrem Werk mindestens so groß ist, wie Ihr eigenes. Und wenn wir Dinge auszusetzen haben, so tun wir es nur, weil wir dem Unternehmen einen vollen Erfolg wünschen.
Ich danke Ihnen für Ihre bisherige Arbeit und im voraus für die Arbeit, die Sie noch investieren werden und bleibe

mit besten Grüßen

Wolfgang Heinz

> Documento 11

Deutsches Theater und Kammerpiele
Teatro do Estado
Superintendente Wolfgang Heinz

Senhor
Heiner Müller   Berlim, 28.4.1966

<u>Berlim-Pankow</u>
Kissinger Platz 12

Prezado Colega Heiner Müller!

Com já lhe deve ter sido relatado, discutimos sobre sua última versão na direção do teatro. Estamos muito felizes com vários aspectos. Se apesar disso temos algumas sugestões isso não significa que não estamos convencidos de poder encenar sua peça proximamente. Pedimos apenas 1. não tornar público, de maneira alguma, o presente material. Nós também nos recusamos discutir os resultados de seu trabalho em um Conselho de Teatro do Ministério da Cultura. 2. não deixar de colaborar sempre conosco na melhoria de sua peça. Esperamos que sinta que nosso interesse pelo seu trabalho é, no mínimo, tão grande quanto o seu próprio. E se temos algo a contestar, somente o fazemos porque desejamos um sucesso total ao empreendimento.

Agradeço o trabalho realizado até o momento e antecipadamente pelo trabalho que investirá no futuro, e permaneço

com os melhores votos

(ass.) Wolfgang Heinz

Documento 12

O Manifesto Biermann

Texto original dos escritores orientais

Dez escritores e o escultor Fritz Cremer protestaram na RDA contra a expatriação de Wolf Biermann. Sua carta tem o seguinte conteúdo:

Wolf Biermann é e foi um poeta incômodo – isso ele tem em comum com muitos poetas do passado. Nosso Estado socialista, lembrando as palavras de Marx do *18 Brumário*, segundo as quais a revolução proletária se critica de forma constante, deveria, ao contrário das formas anárquicas de sociedade, suportar com tranqüilidade e reflexão um tal desconforto.

Não nos identificamos com todas as palavras e ações de Biermann e distanciamo-nos das tentativas de usar os acontecimentos em torno de Biermann contra a RDA. Biermann nunca deixou dúvidas, nem em Colônia, sobre qual dos dois Estados alemães ele defende, apesar das críticas.

Protestamos contra sua expatriação e pedimos que seja reconsiderada a medida tomada.

17 de novembro de 1976

(assinam): Sarah Kirsch, Christa Wolf, Volker Braun, Fritz Cremer, Franz Fühmann, Stephan Hermlin, Stefan Heym, Günter Kunert, Heiner Müller, Rolf Schneider, Gerhard Wolf, Jurek Becker.

Documento 13

Contribuição de Heiner Müller à discussão nos "Encontros Berlinenses" de 13 e 14 de dezembro de 1981

Quero expressar um mal estar e fazer uma pergunta para a qual não tenho resposta.

Quando falamos de paz na Europa, falamos de uma paz na guerra. Guerra em pelo menos três continentes. A paz na Europa nunca foi outra coisa. Assim como o fascismo foi um período incandescente na guerra mundial capitalista de muitos séculos, um lapso geográfico, genocídio na Europa, em vez de, como é regra, na América do Sul, África, Ásia.

Quando dialogamos no nível do poder, o diálogo é de surdo-mudos. Trata-se de um diálogo de surdo-mudos, quando escondemos nossas diferenças, em vez de formulá-las. Quando falamos das mesmas armas, falamos sobre as mesmas coisas, e sobre coisas diferentes. Rearmamento em nosso mundo não rebaixa somente o nível de vida material. Isso é comprovado no nosso dia-a-dia. Também o movimento pacifista, quando se compreende como unidade ingênua, repete a tragédia das cruzadas infantis.

Por trás da pergunta guerra ou paz está, com a ameaça nuclear, a terrível pergunta se ainda é possível uma outra paz além daquela da exploração e da corrupção. O pesadelo de que a alternativa socialismo ou barbárie seja substituída pela alternativa naufrágio ou barbárie. O fim da humanidade como preço pela sobrevivência do planeta. Uma utopia de paz negativa. Eu gostaria que se falasse também sobre isso. Não quero ainda acreditar que, nessa situação, subversão possa mais do que discussão. Não falo da subversão da arte, que é necessária para tornar impossível a realidade.

Documento 14

Discurso durante a Reunião Internacional de Escritores

"Berlim – um lugar para a paz"

O que se tenta fazer agora na União Soviética é uma enorme correção, o renascimento de uma esperança, ligada aos nomes de Lenin e Trotski e que foi colocada no gelo por Stalin. Sei como é perigoso amarrar a história a nomes, sua citação dificulta a análise, mas tenho que me expressar rapidamente. A esperança de Outubro foi a unificação da liberdade e da igualdade, a condição era e é a paz. A guerra quente e fria de 70 anos dividiu o mundo em duas partes: liberdade sem igualdade de um lado, concretamente a liberdade da exploração, ou, como diria Sartre, o empobrecimento de continentes em nome da Acrópole, os direitos humanos permanecendo letra morta; igualdade à custa da liberdade do nosso lado, os direitos humanos, um trabalho com sangue, suor e lágrimas. Uma conseqüência dessa divisão é o muro entre Berlim e Berlim. Ele é também um monumento a Rosa Luxemburgo e Karl Liebknecht. O abraço ocidental ao programa de Gorbatchov, no que se refere à política interna (no desamarmento o abraço é antes reticente), não nos deve deixar cegos para o fato de que não se trata de uma aproximação com o Ocidente, mas ao contrário, da formação do outro, de uma verdadeira alternativa ao capitalismo; não se trata do abandono de posições, mas sim da conquista da única posição que torna o futuro possível. Não temos nenhum outro caminho para a frente a não ser a volta a Marx e Lenin, condicionado à análise e a que se leve em conta a nova e modificada situação. Não podemos eternamente reduzir a injustiça em nossa sociedade a Hitler. A RDA carrega também a hipoteca do stalinismo. O manejo burocrático da arte, literatura e teatro vêm dessa herança. Muito do que foi realizado e alcançado na RDA, foi imposto não só contra a obstrução inimiga, mas também contra uma resistência por vezes mais, por vezes menos, amigável. A pergunta anacrônica do guarda de alfândega na fronteira sobre material impresso ainda é uma relíquia stalinista e não uma medida a favor da paz. A paz é o início e fim de tudo, mas se não tornarmos a vida em nossa sociedade atraente, nossas palavras serão como cinzas em nossa boca.

6.5.1987

CONVOCAÇÃO

Colegas!
O que a FDGB fez por nós em quarenta anos?
Apresentou à direção da empresa a questão da redução do horário de trabalho, uma antiga exigência? Por que não lutou conosco pela semana de 40 horas?

Providenciou para que nossos salários fossem adaptados à lenta inflação? Porque não houve constantes negociações tarifárias sobre aumentos salariais?

Onde estão os funcionários da FDGB quando novas normas são introduzidas na empresa? Estão do nosso lado? Eles recusam as normas enquanto não se torna claro que vamos receber o pagamento correspondente?

Como a FDGB pode permitir, como suposto defensor de nossos interesses, que tenhamos dez dias a menos de férias, em média, do que os colegas do Ocidente?

A FDGB lutou pela redução da idade de aposentadoria?
Aconteceu alguma vez que a direção do sindicato recusou o plano estatal para atender a nossos interesses? Aconteceu alguma vez que o sindicato impôs algo em nosso interesse, contra o Estado e o partido?

40 anos sem representação de nossos próprios interesses são suficientes! Não podemos permitir que sejamos organizados, mesmo por "novos homens" – precisamos nós mesmos nos organizar. Os próximos anos não serão fáceis para nós. Os cintos deverão ser apertados. Os preços vão subir, os salários dificilmente. Quando caem subvenções, isso atinge sobretudo a nós. O Estado exige produtividade, logo vão ameaçar com demissões. Nós temos que tirar o carro da lama!
Para evitar que o padrão de vida da maioria de nós não caia nitidamente precisamos representar nossos próprios interesses,

–Convoquem reuniões populares e exijam prestação de contas da direção sindical
–Nomeiem colegas de suas próprias fileiras como representantes
–Deixem que os colegas apresentem suas exigências à direção da empresa
–Fiquem solidários com esses colegas quando eles têm problemas
–Tornem os resultados públicos imediatamente, isso evita represálias
–Procurem contato com colegas em outras empresas
–Criem sindicatos independentes

Escritório "Iniciativa para a criação de sindicatos independentes" no clube Conrad-Blenke-Straße 1, Berlim 1055, Telefone: 437 67 28 a partir de 15.11, quarta-feira das 17:00 às19:00 h e segunda feira das 19:00 às 21:00 h.

Documento 16

Em defesa da contradição

Recebemos muitas cartas críticas de leitores sobre as palavras de Heiner Müller por ocasião do comício de protesto dos artistas de Berlim em 4 de novembro. Foi questionado muitas vezes por que ele se arvorou em representante de um grupo cujo programa encontrou obviamente pouca simpatia na Alex. Apresentamo-nos então ao autor pedindo uma entrevista, de certa forma representando os leitores, para tentar esclarecer os pontos mais divergentes através do diálogo. Heiner Müller decidiu-se porém pelo monólogo, por uma contribuição do autor. Respeitamos seu desejo, mesmo não tendo a possibilidade de apresentar nossa opinião sobre esse texto, em uma discussão amigável.

Uma palavra não só em causa própria: o fato de ter lido o texto da INICIATIVA PARA A CRIAÇÃO DE SINDICATOS INDEPENDENTES no dia 4 de novembro no comício em Berlim, exaltou evidentemente muitos ânimos. Um comentador da "Aktuelle Kamera" se sentiu tão provocado que não pôde evitar uma recaída para os sons animalescos da era Stalin ("Grupinhos cozinham sopinhas"). Também o crítico de Teatro do "Neues Deutschland" achou necessário comunicar ao mundo que não sou um tribuno do povo. Posso acalmá-lo: esse nunca foi meu objetivo de vida. Acredito, no entanto, que sua crítica à minha "maturidade democrática" se refere mais ao texto do que a minha técnica oratória. Meu erro: entendi o conceito maltratado de DIÁLOGO como não excluindo ninguém. Quando, ao pé da tribuna improvisada, veio ao meu encontro uma onda de ódio, percebi que eu havia batido à porta proibida do Barba Azul, a porta do quarto onde guarda suas vítimas (assobios e vaias são antes o sonho – tão raras vezes realizado – de um autor de Teatro: o público mostra uma reação. ISSO FOI APELAÇÃO disse com os dentes cerrados um velho fiscal.

Agora sei que o homem tinha razão. Se compararmos as exigências da Iniciativa para a Criação de Sindicatos Independentes com os privilégios que os funcionários, não só da FDGB, se concederam, estas exigências são bastantes modestas, e as preocupações que o manifesto formula, compreensíveis diante do estado extenuado de nossa economia. A variante feudo-socialista de apropriação da mais valia, a exploração por outros meios, é a conseqüência da ficção stalinista do "socialismo em um país", cuja realização levou à colonização da própria população nos países do Leste europeu. O povo como propriedade do Estado, uma escravidão de novo tipo.

Duvido que justamente a FDGB, que até agora representou os interesses do Estado e do partido contra os trabalhadores, possa realizar essa proeza à Münchhausen, e sair da lama erguendo-se pelos próprios cabelos; eu penso que ela precisa de ajuda, isso é, concorrência. O dogma do papel de liderança do partido em todos os setores conduziu à estagnação em todos os setores, ao princípio da seleção negativa: modo de pensar antes de capacidade, segurança antes de produção, a ditadura da incompetência. Marx falava da burrice que ainda iria engendrar grandes tragédias. A tragédia do socialismo é a separação entre conhecimento e poder. A queda de uma comunidade começa com a decadência da língua. Onde as denominações não pegam mais, nenhuma prática pega. A vida na frase em vez de no chão da realidade fez da produção de inimigos do Estado a única produção em excesso, em nossa economia de carência que produz carência. Construímos nosso Estado não para a história, mas para a estatística. Agora a história passa com os pés de uma imensa multidão por cima da estatística. O processo é revolucionário, talvez a primeira revolução na Alemanha, a velocidade causa tontura, não é uma revolução socialista e também não pode ser uma revolução socialista depois de decênios de perversão stalinista do socialismo. Eleições livres são necessárias, mas uma análise concreta da situação deve ser sua premissa: Com a exigência de controle pela ONU as massas manifestantes superestimam seu poder, pois UNS AUS DEM ELEND ZU ERLÖSEN/ DAS KÖNNEN WIR NUR SELBER TUN (Nos libertar da miséria/ só nós mesmos podemos fazê-lo). O fato de que minha relação com eleições livres não seja permeada de algumas restrições tem a ver com o ano do meu nascimento: ao contrário de Lenin, Hitler pôde basear seu golpe de Estado sobre uma vitória eleitoral, assim também Auschwitz é o resultado de eleições livres, e dúvido ainda que sob o *diktat* da grande indústria jamais tenha havido eleições livres na RFA. DAS KAPITAL IST SCHLAUER/ GELD

IST DIE MAUER (O capital é mais inteligente/ dinheiro é o muro) leio num panfleto de esquerda em Berlim Ocidental. Minha preocupação: que as massas, que saíram da sombra de Stalin dando um passo de um século, percam de vista, na embriaguês da liberdade, esse muro que atravessa o mundo. Minha esperança: que o SED seja melhor que sua direção (sua maior culpa: a supressão do potencial intelectual da base) e que aprenda da rua que o movimento vem de baixo, a esclerose de cima, e que sobreviva como um outro partido, talvez não através da união. A proibição de facções por Lenin, o apego ao poder em oposição à continuação da revolução, revolução que só pode ser um processo e não uma questão de propriedade, é este o vírus que enfraquece os partidos comunistas há setenta anos. O que é necessário agora não é unidade, mas a formulação das diferenças existentes, não é disciplina, mas oposição, não é monolitismo, mas abertura frente ao movimento das contradições, não só em nosso país. Sem a RDA como alternativa democrática de base diante da democracia da RFA mantida pelo Deutsche Bank, a Europa tornar-se-á uma filial dos Estados Unidos. Não devemos temer nenhum esforço e nenhum risco para a sobrevivência da nossa utopia de uma sociedade que esteja à altura das verdadeiras necessidades de sua população sem desistir, como ocorre mundialmente, da solidariedade com os outros povos.

Não sou o porta-voz de um movimento. Decisivo é que finalmente aqueles que não tinham voz falem, que as pedras falem. A resistência de intelectuais e artistas, privilegiados há decênios, contra a ameaça de liquidação trará poucos resultados, se não houver um diálogo com a maioria silenciosa ou falando uma língua estrangeira há tempos, a maioria dos que estiveram por baixo por decênios, destituídos de seus direitos em nome do socialismo.

De: *Neues Deutschland*, 1989

Documento 17a

BV Berlin
Abt. II/8

Berlin, den 11.3.
ae - 9763

Absprachevermerk

Am 10.3.82 fand mit dem Gen. Girod, BV Berlin, Abt.XX und dem Unterzeichner eine Absprache zur Verbindung des in der OPK "████" bearbeiteten ████, ████

    Müller, Heiner
    09.01.29
    Dramaturg
    wh. Erich-Kurz-Str. 9
    1136 Berlin

statt.

Gen. Girod erklärt, daß der M. zu einem der profiliertesten Dramaturgen in Europa gehört und auch dienstlich in das NSW reist. Es besteht zu ihm ein Kontakt, der aber diffizil zu betrachten ist.

Der M. wird sich so nicht mit Einschätzungen zu einzelnen Personen und solchen Sachen abgeben, ist aber bis zu einem gewissen Grade bereit, unser Organ bei der Durchsetzung bestimmter Konzeptionen und Vorstellungen unterstützen.

Sollte "████" wirklich in der Einsicht sein werden, daß er sich schriftstellerisch betätigt und an die Öffentlichkeit geht ist es möglich, ihn durch den M. in einer ganz bestimmten Richtung sich entwickeln zu lassen. So kann er ihn indirekt in unserem Interesse steuern.

Hierzu müßte dann eine konkrete Konzeption und Zielstellung erarbeitet werden.

Zu gegebener Zeit kann darauf zurückgekommen werden.

Im Moment sind von "████" noch keinerlei schriftliche Arbeiten bekannt.

Es wurde vereinbart, daß mit dem M. im Moment noch nicht über "████" gesprochen wird. Sollten sich Informationen zu dieser Verbindung ergeben, werden sie an unsere DE übersandt.

Bei entsprechender Veränderung der Situation zu "████" wird erneut Rücksprache gehalten.

        Angele, Oltn.

KOPIE

Documento 17a

( ) Berlin　　　　　　　　　　　　　Berlim, 11.3.82
Depto. II/8　　　　　　　　　　　　ae – 9763

Protocolo de reunião

Houve em 10.3.82 com o camarada Girod, ( ) Berlim, Depto. XX bem como com o abaixo assinado uma conversa visando estabelecer uma parceria com o [apagado] processado pela OPK (Operação de Investigação) [apagado]

    M ü l l e r, Heiner
    09.01.29
    Dramaturgo
    (res.) Erich-Kurz-Str. 9
    1136 Berlim

O camarada Girod afirma que M. é um dos mais destacados dramaturgos da Europa e que viaja, inclusive a serviço, no Ocidente Não-socialista. Existe um contato com ele, que no entanto deve ser considerado como complexo.

M. não deverá facilmente aceitar fazer avaliações sobre pessoas individualmente, nem nos entregar este tipo de material, no entanto está até certo ponto disposto a apoiar nosso órgão na aplicação de determinadas concepções e idéias.

Caso "[apagado]" venha realmente a ser ativo, engajando-se enquanto escritor e assumindo posições publicamente, então deverá ser possível desenvolver algo numa direção bem definida através de M. Assim poderá ser direcionado indiretamente no sentido de nossos interesses.

Para esses fins, um conceito e um objetivo concretos deverão ser definidos.

Oportunamente o assunto poderá ser retomado.

No momento não há registro de trabalhos escritos por "[apagado]".

Ficou decidido que no momento ainda não se falará sobre "[apagado]" com M. Caso resultem informações desse contato, elas serão enviadas para nossa unidade.

No caso de haver alterações no situação de "[apagado]", haverá nova consulta.

                        (ass.) Angele, primeiro-tenente

Documento 17b

Abteilung XX/7   Berlin, 13. 10. 1982
                              mu/gro

Inoffizielle Information

Quelle: zuverlässig

Heiner Müller/████████ - Aufnahme als Mitglieder in die Aka
der Künste der DDR

Die Quelle teilte vertraulich folgenden Sachverhalt mit:

Der ehemalige Präsident der Akademie der Künste, Konrad Wolf, h
eine inhaltlich ausgewogene Liste über Personen zusammengestell
als Mitglieder in die Akademie der Künste aufgenommen werden sol
Diese Liste ist von Konrad Wolf sowie dem Minister für Kultur,
mann, und der Leiterin der Abt. Kultur des ZK der SED, Ragwitz,
zeichnet.

Wegen des Todes von Konrad Wolf und der damit verbundenen Proble
wurde zwar ein neuer Präsident und das Präsidium gewählt, es er
jedoch nicht, wie sonst gleichzeitig üblich, die Aufnahme neuer
glieder.

In Abstimmung zwischen

   Gen. Kurt Hager,

   Gen. Hans-Joachim Hoffmann, Minister für Kultur,

   Genn. Ursula Ragwitz, Leiterin der Abt. Kultur des ZK der S

   Gen. Manfred Wekwerth, Präsident der Akademie der Künste,

wurde festgelegt, diese ausgewogene Liste durchzusetzen.

Sie enthält zwei problematische Namen, Heiner Müller (führender
matiker der DDR) und ████████ (████████ der DDR).

Die Quelle schätzt ein, daß es in der Akademie einen Erdrutsch g
falls beide nicht als Mitglieder in die Akademie der Künste auf
nommen werden. Negative Auswirkungen wären:

- Wekwerth würde unterstellt, Konrad Wolf zu unterlaufen;

- die Akademie verliere an Glaubwürdigkeit und in ihr käme es z
  zu übersehenden Auseinandersetzungen;

- es würde sich ein Politikum entwickeln;
- Kursänderung der Kulturpolitik der Partei
- Auswirkungen ähnlich der Problematik Biermann wären zu erwarten.

Die Quelle vertritt die Auffassung, daß die Akademie die Aufnahme beider verkraftet und hat folgende Meinungen:

zu Müller:

Wurde von der ehemaligen Intendantin des Berliner Ensembles und jetzigen Regisseurin an der Deutschen Staatsoper Berlin, Genn. Ruth Berghaus, zur Aufnahme als Mitglied der Akademie der Künste vorgeschlagen.

Ist bei allen Ecken in der DDR verwurzelt und gilt als Klassiker der DDR-Dramatik. Ist ein genialer Kopf und hat eine riesige Anhängerschar. Ist, auch wegen ästhetischer Positionen, politisch ein neurologischer Punkt, was der Gegner versucht auszunutzen, steht aber zur DDR und hat auf der Berliner Tagung eine wichtige politische Haltung eingenommen.

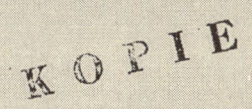

K O P I E

Einschätzung/Maßnahmen:

1. Information ist intern zu behandeln, da die genannten Zusammenhänge nur im kleinen Personenkreis vertraulich bekannt sind.

2. Eine richtige Entscheidung zur weiteren Behandlung von Heiner Müller und ▬▬▬▬ ist von großer politischer Tragweite, besonders, aber nicht nur, auf kulturellem Gebiet.

3. Die Einschätzung der Quelle zu Müller und ▬▬▬▬ stimmt im wesentlichen mit unseren politisch-operativen Erkenntnissen zu diesen Personen überein.

4. Die Aufnahme beider in die Akademie der Künste entspricht unseren politisch-operativen Zielstellungen, weil sie - wie von uns seit längerem angestrebt - in ein Forum kommen, welches sich mit ihnen auseinandersetzt, sich um sie kümmert, Klagemauer ist, Einfluß ausübt.

5. Für unser Organ würde sich ergeben:

   a) Fortsetzung des inoffiziellen Bindungsprozesses von Heiner Müller an uns unter günstigeren Bedingungen;

   b) Prüfung des Abschlußes der OV-Bearbeitung ▇▇▇ des ▇▇▇ ▇▇▇, da die unter 4. genannte Zielstellung für die Vorgbearbeitung wesentlich war.

6. Es wird vorgeschlagen, zu Müller und ▇▇▇ kurzfristig Informationen an den 1. Sekretär der BL der SED Berlin zu erarbeiten

Muck
Hauptmann

Verteiler
1x Leiter der Abteilung
1x ▇▇▇▇▇▇▇▇"
1x ▇▇▇▇▇"
1x IM-Akte "Heiner"

KOPIE

Documento 17b

Departamento XX/7 																																							Berlim, 13.10.1982

Informação Não-Oficial
Fonte: confiável
Heiner Müller/[apagado] – Admissão como membros na Academia das Artes da RDA

A fonte reportou confidencialmente os seguintes fatos:

A antigo presidente da Academia das Artes, Konrad Wolf, elaborou uma lista equilibrada sobre pessoas que deveriam ser admitidas na Academia das Artes. Esta lista é assinada por Konrad Wolf bem como pelo Ministro da Cultura, Hoffmann, e a chefe do Departamento de Cultura do Comitê Central do SED, Ragwitz.

Devido à morte de Konrad Wolf e aos problemas resultantes, foram eleitos um novo presidente e um novo conselho, no entanto isso não foi acompanhado simultaneamente, como é de costume, da admissão de novos membros.

Em concordância com
Camarada Kurt Hager,
Camarada Hans-Joachim Hoffmann, Ministro da Cultura
Camarada Ursula Ragwitz, Chefe do Departamento de Cultura do Comitê Central do SED
Camarada Manfred Weckwerth, presidente da Academia das Artes
foi estabelecido que esta lista será efetivada.

Ela contém dois nomes problemáticos, Heiner Müller (principal dramaturgo da RDA) e [apagado] ([apagado] da RDA).

A fonte avalia que poderia haver um terremoto na Academia caso os dois não fossem admitidos como membros da Academia das Artes. Conseqüências negativas seriam:
– Weckwerth seria acusado de desprezar Konrad Wolf;
– a Academia perderia credibilidade e daria margem a conflitos internos que não se deve subestimar
– uma crise política poderia ocorrer; mudança de rumo da política cultural do partido
– seriam de esperar conseqüências análogas à problemática Biermann

A fonte considera que a Academia digeriria a admissão de ambos e têm as seguintes opiniões:

Sobre Müller:

Foi proposto como membro da Academia das Artes pela camarada Ruth Berghaus, ex-superintendente do Berliner Ensemble e atualmente diretora na Deutsche Staatsoper em Berlim.

Tem raízes em todos os recantos da RDA e é considerado um clássico da dramaturgia da RDA. É genial e tem uma enorme quantidade de fãs. Do ponto de vista político é um ponto nevrálgico, também por suas posições estéticas, algo de que o adversário procura tirar proveito, mas é fiel à RDA e teve uma atitude política importante durante o último Congresso Berlinense.

Avaliação/ Medidas:

1. A informação deverá ser tratada internamente, visto que o contexto acima descrito é conhecido de um círculo restrito de pessoas de confiança.

2. Uma decisão correta sobre a seqüência do tratamento do assunto Heiner Müller e [apagado] é de grande alcance político, principalmente, mas não apenas, no âmbito cultural.

3. A avaliação da fonte sobre Müller e [apagado] está no geral de acordo com nossas informações político-operacionais sobre estas pessoas.

4. O admissão de ambos na Academia das Artes corresponde a nossos objetivos político-operacionais, visto que – como almejamos há tempo – eles ingressarão em um fórum que confrontar-se-á com eles, cuidará deles, funcionará como muro de lamentações e exercerá influência.

5. Para nosso órgão os resultados seriam:
   a) Continuação do processo não-oficial de ligação de Heiner Müller conosco sob condições favoráveis;
   b) Exame do encerramento da Operação de Investigação (OV) [apagado] de [apagado], que, de acordo com o objetivo mencionado no ponto 4., foi importante para o trabalho pretendido.

6. Sugere-se reunir rapidamente informações sobre Müller e [apagado] para o 1º secretário da Direção do SED de Berlim.

Cópias para
1 x o Chefe do Departamento
1 x [apagado]
1 x [apagado]
1 x pasta IM-"Heiner"

Muck
Capitão

Declaração de Heiner Müller

Por meio do fichário da Comissão Gauck soube que fui registrado como IM* pela Segurança do Estado. Segundo a Comissão Gauck não foi possível encontrar atas sobre minha pessoa ou meu trabalho. Segundo a dpa**, Dieter Schulze investiu de um lado "seis meses de trabalho e muito dinheiro" nessa operação de desmascaramento e do outro baseou-se num "telefonema anônimo". É possível que existam fichários no comércio. Seria subestimar a organização da Segurança do Estado supor que, por exemplo, não existam na RDA "fichas operacionais" sobre minhas peças, desde a proibição até a tolerância das mesmas.

Posso garantir e jurar que não assinei nenhum papel referente à Segurança do Estado e que não formulei nenhuma palavra por escrito. Fui ingênuo em não saber que conversas com colaboradores da Segurança do Estado seriam registradas como atividades IM. Já o conceito IM era desconhecido para mim e meus amigos ao tempo da RDA. O que pode constar de atas que desconheço é mera literatura da Stasi.

Desde Gorbatchov eu acreditava que o Estado em que eu vivia podia ser reformado. Depois que a direção do partido da RDA

---

* IM: "Inofizieller Mitarbeiter", Colaborador Não-oficial.
** dpa: Deutsche Presse-Agentur, Agência de Notícias Alemã.

recusou o programa de Gorbatchov, tratou-se nas minhas conversas com a Segurança do Estado de limitar os estragos, frenta à histeria crescente do poder e do naufrágio da RDA.

Começo a entender que a verdadeira missão secreta da Segurança do Estado era fornecer ao Estado material contra seus inimigos potenciais: o Estado de direito como executor da missão da Stasi.

Frente à visão da Alemanha em seu conjunto sobre a história da RDA vale a sentença: a verdade e a realidade são duas coisas. Não posso excluir que algumas vezes esqueci que não falava apenas com pessoas, mas com um aparelho. Em 1975, sob uma ponte em San Diego, uma velha índia leu na minha mão que tenho a tendência a ser leviano no trato com máquinas. Eu devia ter ouvido a índia.

De resto estou habituado a viver com difamação e perseguição, ontem no *Neues Deutschland*, hoje na *Zeit*.

(ass.) Heiner Müller

Berlim, 14 de janeiro de 1993

A assombração Müller
Andreas Schreier e Malte Daniljuk

No início de janeiro desse ano diversas redações do mundo jornalístico da República Federal receberam um fax. Remetente: Dieter Schulze, Berlim. Nesse fax o autor afirmava que o dramaturgo Heiner Müller estava registrado no Ministério da Segurança da RDA sob o pseudônimo de IMV*-"Zement"(Cimento) e mais tarde "Heiner". O próprio Müller manifestou-se diante da TV Spiegel de forma provocadora: "A inteligência estava na Segurança do Estado, a cegueira na direção do partido." E mais: "Eu sabia que não estava conversando com o Exército da Salvação. Eu tinha que saber sempre o que dizer e o que não dizer. Eu tinha também que saber sempre quando devia mentir. Isso faz parte de tais diálogos. Eu tentei aconselhar e influenciar coisas..." A imprensa sensacionalista gritou: "Heiner Müller e a Stasi. O grande poeta encolhe". "Porco? Poeta? Porco-poeta?" Muito rapidamente foram apresentadas "provas". Por exemplo existiam fichas da Comissão Gauck, onde se lia claramente IMS**-"Heiner". Foram citados planos e relatórios de oficiais da direção, de como "Zement" deveria ser usado e também que o tão bem remunerado Heiner Müller recebia dinheiro da Stasi – uma vez 115,45 marcos, uma vez 59,90 e para uma "missão operativa" 64 marcos. Marcos da RDA! É bom

---

* IMV: "Inofizieller Mitarbeiter Vorlauf", candidatura a IM. Ver p. 307.
** IMS: "Inofizieller Mitarbeiter der Staatssicherheit", Colaborador Não-oficial da Segurança do Estado (Stasi).

lembrar. A discussão do caso "Müller" se manteve por três semanas na mídia, depois a fogueira apagou. IMS-"Heiner" tinha perdido seu valor de mercado. O estranho foi apenas que não apareceram provas que pudessem incriminar Heiner Müller diretamente. Isso quer dizer: nenhum compromisso e nenhum relatório de "Zement" ou de "Heiner" foram trazidos à luz do dia até agora.

Heiner Müller estaria a serviço do Ministério da Segurança (MfS), como "Zement" desde 1978. Müller entretanto já se havia tornado interessante para os protetores do Estado em Berlim Oriental alguns anos antes. Com a expatriação de Wolf Biermann em 1976 e os protestos subseqüentes por parte do mundo artístico da RDA, Heiner Müller, que havia assinado o protesto contra esse ato arbitrário, junto com outros como Volker Braun, Christa Wolf, Manfred Krug, Bettina Wegner, Klaus Schlesinger entre outros, tornou-se novamente objeto da cobiça do Estado. Já nos anos sessenta Müller foi registrado num "medida operacional" em conexão com sua peça *A Repatriada* (procedimento que tomou o nome *Die Umsiedlerin*, da peça em alemão). A administração da Segurança do Estado do setor Berlim, repartição XX/7, recebeu a incumbência de processar operacionalmente todos os signatários do manifesto Biermann que estivessem na área de sua responsabilidade. Nessa época foi aberta uma pasta para o controle pessoal relativo a Heiner Müller, a OPK*-"Zement". Responsável era o primeiro-tenente Holm. Müller, que como dramaturgo não seria um caso para Holm, estava preparando na ocasião uma publicação para a editora Henschel. Em função disso, Holm, responsável pelos escritores de Berlim, passou a trabalhar sobre o caso Müller. Na época o Ministério da Segurança lê avidamente as cartas de Müller e procura colocar um espião em sua proximidade. Nos anos seguintes da investigação, Holm passou a ter as dúvidas que depois se tornaram determinantes para sua ação. Ele considerava a atividade de Müller menos um problema de segurança do que um problema de dissidência político-cultural

---

* OPK: "Operation Kontroile".

em relação à doutrina cultural, sobretudo porque sabia que o chefe do Departamento Central XX, na Central de Lichtenberg, tinha profunda aversão estética por tudo "que era de alguma forma abstrato". Holm apreciava os trabalhos de Heiner Müller e já por isso estava pouco motivado para descobrir uma suposta atividade inimiga de Müller. Por isso mesmo a OPK-"Zement" arrastou-se sem resultados por dois anos.

Em 1978 a situação modificara-se fundamentalmente. O escritor Thomas Brasch, amigo de Müller, na época especialmente na mira do Ministério da Segurança, mudou para Berlim Ocidental depois de uma série de represálias por parte do Estado. Em conexão com a saída de Brasch, a Stasi descobriu que ele havia recebido uma carta de recomendação de Müller para a editora alemã ocidental Suhrkamp, e que Müller lhe tinha sugerido a possibilidade de auxílio financeiro em caso de necessidade. Isso era para o Departamento Central uma prova do empenho criminoso de Müller e serviria de pretexto para um processo por crime com moeda estrangeira. A central fez preparativos para colocar Müller diante de um tribunal como já havia feito com Stefan Heym, isto é, tratá-lo como criminoso. Holm viu-se diante da alternativa de ou entregar a operação "Zement" à central, ou fazer algo contra ela. No Ministério da Segurança existia uma regra férrea: se havia a possibilidade de angariar uma pessoa para a Segurança e que para isso teria de ser iniciado um processo de Candidatura a Colaborador Não-oficial (IMV), nenhuma outra repartição poderia angariar essa pessoa sem consultar o responsável inicial. Como Holm continuava de opinião que "Zement" não era um inimigo da RDA, ele se decidiu pela possibilidade mais segura: resolveu, junto com o colega Girod, modificar o procedimento em relação a Müller de "inimigo" para "amigo". A OPK-"Zement" tornou-se a IMV-"Zement". Para legitimar esse procedimento era necessário ter uma entrevista com o candidato a ser angariado.

Por meio do amigo comum Dieter Klein, os dois oficiais da Stasi arranjaram um encontro com Müller na residência dele em Pankow. Desse encontro realizado no dia 1º de setembro de 1978 participaram, além de Müller, Holm, Girod e o amigo de Müller, Dieter Klein.

De acordo com o testemunho de Holm a discussão girou em torno da concepção de Müller sobre a política cultural dominante, bem como seu ponto de vista sobre o marxismo crítico de Karl Korsch. Ao mesmo tempo, Holm e Girod tentavam fazer compreender a Müller sua real intenção, sem ferir de maneira demasiadamente evidente as regras do jogo dos serviços secretos. Assim falaram de pessoas concretas da Volksbühne, com as quais Müller deveria lidar com mais cuidado no futuro, pois essas pessoas mantinham contatos estreitos com o Ministério da Segurança, e insinuaram também quais problemas poderiam resultar para Heiner Müller após a saída de Thomas Brasch da RDA. Holm diz hoje que Müller captou essas pistas.

A conversa com Müller permitiu agora a Holm legitimar diante de seus superiores a transformação da OPK-"Zement" numa IMV-"Zement". Ele sentou-se à sua mesa de trabalho e segurava uma folha A4 com o conteúdo da conversa anterior. Ficou de fora o que Holm e Girod haviam dito a respeito de Brasch e dos colaboradores da Volksbühne. Além disso Holm elaborou um projeto de três páginas, onde relatou de forma fantasiosa, do mesmo modo que em relatos seguintes, as excelentes possibilidades que Heiner Müller poderia oferecer como IM. Sobretudo os contatos de Müller com o Ocidente foram um argumento de peso, segundo Holm. Além disso ele mencionou que "Zement" poderia espionar a compositora Bettina Wegner e o escritor Klaus Schlesinger, os quais Holm estava vigiando na operação Schreiberling. "Zement" nunca entrou em ação, como confirmam hoje Schlesinger e Wegner, pois Müller não tinha contatos estreitos com eles.

O procedimento IMV-"Zement" se arrastou pelos 18 meses seguintes como arquivo morto, e Holm passou a ter crescentes aborrecimentos com seus superiores, de acordo com os quais trabalhava mal (um único IM angariado em 14 anos de atividade como oficial do serviço secreto). O resultado foi que Holm acabou transferido para o departamento "Artes plásticas". Por isso ficou impossibilitado de continuar a trabalhar sobre o arquivo Heiner Müller. Entregou-o a seu colega Girod, o único que conhecia a problemática e estava disposto a continuar a dar cobertura Müller como IM fantasma.

Paralelamente houve uma tentativa da central de agir contra Müller. Foi grampeada uma conversa telefônica entre Müller e seu amigo Mathias Langhoff, que naquela ocasião estava trabalhando na Suíça. O contrato de Langhoff estava justamente terminando e Müller se empenhou em conseguir-lhe outras incumbências, que teriam implicado automaticamente o prolongamento do visto; isso no entanto sem o conhecimento das repartições responsáveis na RDA. Chamou a atenção então que a operação IMV-"Zement" já estava em andamento mais tempo do que seria normal. Isso resultou em um segundo encontro dos oficiais do Ministério da Segurança com Heiner Müller. Girod informou os seus superiores que se tratava de uma entrevista de aliciamento; o fantasma IM-"Heiner" havia nascido.

Todas essas informações estavam acessíveis ao público a qualquer momento. Resta saber porque as acusações levantadas foram disseminadas de forma tão pouco crítica. A reação dos suplementos culturais dos jornais ocidentais é certamente mais fácil de entender. Adequando-se da melhor forma à superficialidade inata do (pseudo) jornalismo de mercado, eles emitem tons de indignação moral para compensar seu complexo de inferioridade diante dos intelectuais da RDA. Um problema muito maior é a Comissão Gauck, subordinada ao Ministério do Interior de Bonn. Apesar de presumivelmente conhecer a OPK-"Zement", e também as fichas de arquivo, que eram o material de acusação mais importante contra Müller e que obviamente procediam da Comissão Gauck, esta Comissão não tomou nenhuma atitude para tornar os fatos públicos. Mas justamente o encarregado de missão Gauck deveria, com base em seus conhecimentos profissionais, saber com que facilidade uma Operação de Investigação (OV)* (por exemplo "Larva") pode se transformar numa Candidatura a Colaborador Não-oficial (IMV) e como alguém de repente pode se ver atribuído um oficial responsável (p. ex. Terpe).

---

* OV: "Operativer Vorgang", Operação de Investigação

Existe um direito humano à covardia

Uma entrevista com Heiner Müller sobre seus contatos com a Segurança do Estado (Stasi)

Senhor Müller, desde o fim da RDA os jornais alemães ocidentais brincam de Stasi e polícia. Trabalhou-se para cima, em espiral, primeiro Sascha Anderson, depois Christa Wolf, e assim chegou-se um dia também a um dramaturgo famoso. O senhor sabia disso mas ficou em silêncio. O senhor se sentia inatacável?

O que eu sabia é que tive conversas com a Segurança do Estado. Mas naturalmente não escrevi relatórios, também nunca me pediram isso. Eles sabiam que era inútil tentar certas coisas comigo. Por outro lado existem nesses fichários planos e expectativas. Os oficiais dirigentes tinham que mostrar serviço, mesmo que fosse um monte de papel. Disso surgiu por exemplo o plano grotesco de pôr Heiner Müller para espionar Bettina Wegner e Klaus Schlesinger, com os quais eu não tinha nenhum contato. Nunca me perguntaram sobre isso, mas estava ali, nos planos da Stasi. Nas fichas de Wegner e Schlesinger nada consta a respeito. O que me espantou mais foi a rapidez e a naturalidade com que os jornalistas da *Zeit* acreditaram que observei e denunciei pessoas e ainda recebi dinheiro para isso. Realmente fiquei surpreso como isso funcionou.

Entretanto o senhor deu a impressão em sua autobiografia Guerra sem Batalha, *que a Segurança do Estado havia apenas batido à sua porta e fumado um havana com o senhor. Mas não foi bem assim.*

Infelizmente nada de havana. Primeiro eu também queria algo. E eles queriam algo diferente do que eu queria. Do meu ponto de vista as coisas foram assim: a Volksbühne sob Benno Besson estava dividida devido à proibição de peças minhas e de Brecht – no caso de Brecht foram os herdeiros, no meu caso a direção seccional do partido. Por isso Besson se demitiu e foi embora. Também Langhoff e Karge se demitiram e foram embora. Isso foi o fim da Volksbühne. Langhoff encenava em Hamburgo e tinha uma amiga na Suíça. O problema é que seu visto estava vencido. Ele já estava no "exterior ocidental" dois meses além do permitido. Por isso fui até o secretário seccional Naumann, mas ele recusou fazer qualquer coisa, ele enfureceu e opinou que Langhoff seria preso ao retornar. E então o antigo secretário de administração da Volksbühne, que naturalmente tinha contatos com a Stasi visto que tinha um estrangeiro como superintendente – não teria funcionado sem essa retaguarda – disse que conhecia pessoas da "firma" e eu poderia dar um pulo até sua casa e falar com eles sobre o caso Langhoff. Um deles era Girod. Dias depois Langhoff recebeu seu visto por meio do escritório de Honecker.

Sempre houve problemas com autores jovens. Rituais de criminalização: quem não podia comprovar um rendimento era considerado associal e ameaçada de exclusão de Berlim. Isso era uma tentativa de limpar a contra-cultura por exemplo no bairro de Prenzlauer Berg. Por isso eu era sempre procurado, depois da saída de Biermann eu era um endereço de referência. Por exemplo veio um sujeito – o nome não importa, ele também não se tornou famoso – e disse que a Stasi o tinha ameaçado de que teria de sair (de Berlim) se não tivesse uma renda. Se eu não poderia lhe dar um recibo de que tinha vendido 15 autógrafos para mim.

E havia ainda um jovem que eu conhecia de Hoyerswerda e que entretempo publicou um livro sobre a prisão na RDA. Ele havia dirigido um clube da juventude em Hoyerswerda, muito fiel ao Estado. Depois ele mudou para Berlim e lá também dirigiu um clube de jovens e começou a ter dificuldades, por mandar declamar sempre as poesias erradas de Brecht, por exemplo "Lob des Zweifels" ("Elogio da Dúvida"). Isso já despertava profundas suspeitas. Girod perguntou se ele poderia morar na minha casa para preservá-lo de outras frações do Ministério da Segurança.

A Segurança do Estado como protetora do povo...
    Naturalmente existiam diferentes frações e diferentes interesses. E também jogos de poder. Existiam também pessoas que se preocupavam em não executar certas medidas e em evitar prender ou expatriar pessoas. Creio que era uma preocupação real. Eles sabiam mais, tinham mais informações sobre a situação real do que os funcionários do partido. O fluxo de informações ia deles ao partido, e Girod queixou-se varias vezes para mim, que suas informações não resultavam em nenhuma conseqüência junto à direção. Por isso pediu certa vez que eu falasse com Hager, pois pensava que poderia obter algo. Eles sabiam muito bem que tudo dá errado se não se compreendem certas coisas e não se arranjam aberturas.
    Dois jovens que organizam a publicação alternativa *Horch und Guck* sobre a Segurança do Estado disseram que tinham falado com um oficial da Stasi responsável pelo meu dossiê até fins dos anos oitenta. Encontrei-me com ele depois e ele disse que tinha sido responsável pelos escritores berlinenses junto com Girod. Depois da expatriação de Biermann o Departamento Central XX havia dado instruções para criminalizar determinados autores. Por exemplo Stefan Heym deveria receber uma multa devido a publicações não-autorizadas no Ocidente. Era esse em geral o jeitinho. Pertenciam ao grupo ainda Jurek Becker, Kunert e eu.
    O oficial da Stasi relatou o episódio da seguinte forma:
    No caso de Jurek Becker existia a possibilidade dele sair, também Kunert, no meu caso – bem, eu não tinha a necessidade de sair,

pelo menos eu não tinha dado sinais nesse sentido. Então imaginaram outra coisa. Assim destruíram a Operação de Investigação (OV) em relação à minha peça *Zement* e fizeram disso uma candidatura a Colaboradores Não-oficial (IMV) "Zement".

Isso lhe foi comunicado?
Não a mim mas ao Departamento XX. E com isso eu estava, para começar, fora da zona de perigo. Os dois oficiais tinham assistido a minhas peças e lido meus textos e não acharam procedente a avaliação de que eu seria um "elemento inimigo-negativo". Queriam portanto me proteger. Mas eles só tinham um ano para isso, porque a investigação preliminar não poderia durar mais de um ano, e aí tinha de ser resolvida de uma ou outra maneira. Eles deixaram que a coisa se arrastasse e aí passou um ano e meio. Depois veio a pressão de cima e os dois passaram a procurar uma oportunidade para conversar comigo. Finalmente transformaram a investigação em uma IM.

E depois o senhor teve sossego.
Pelo menos do ponto de vista dos responsáveis por mim.

O senhor diz que a Stasi sabia que a coisa com o socialismo podia não dar certo. O Ministério da Segurança era um supervisor: a Stasi organizava o fluxo de informações entre os "subsistemas" desgarrados?
Pode-se ver isso dessa forma. De qualquer modo o Ministério da Segurança era também um instituto sociológico. Faziam parte da última onda de revelações da Comissão Gauck, no que concerne a minha pessoa, duas páginas de caráter geral. Num relatório sobre a situação na Academia das Artes, a questão era se Heiner Müller e (riscado a tinta) Volker Braun deveriam ser membros. Isso sempre foi recusado, ano após ano. O processo de admissão corria assim: o presidente da Academia ia até o ministro da Cultura, depois ao chefe de Ideologia Hager e depois a Honecker. A minha admissão e a de Volker Braun fracassavam já no plano do ministé-

rio da Cultura. E então Konrad Wolf, antes de morrer, manifestou o desejo de que fôssemos admitidos, quase como seu último desejo, e Wekwerth o executou. Nesse papel, está escrito que são previstas eleições na Academia com dois "nomes problemáticos". E depois: "Heiner Müller, dramaturgo líder da RDA" e "Volker Braun, poeta líder da RDA". E depois a avaliação da Stasi de que se devia temer – caso a eleição não se realizasse – o desencadeamento de um efeito Biermann na Academia. Portanto recomendam concordar com a admissão, pois a Academia poderia administrar isso: a "Academia poderia servir como muro de lamentações."

Quando a Stasi entrou em contato com o "dramaturgo de nome problemático?"
Em 1982, isso corria em paralelo.

E o que eles queriam do senhor?
Perguntei uma vez a Girod: Por que o senhor fala comigo? Porque nunca foi muito claro: ele falava comigo de política internacional, sobre os perigos do nacionalismo, sobre o Terceiro Mundo, uma porção de coisas. Portanto, perguntei-lhe uma vez diretamente: Por que o senhor fala comigo? E ele disse somente: Para que o senhor fique aqui.

Agora dizem que Heiner Müller espionou para a Stasi...
...Não existe uma única prova disso. O que existe é um desejo da Stasi de que eu espionasse Bettina Wegner e Klaus Schlesinger. Mas eles nunca me perguntaram nada, era apenas para o arquivo. Esse podia ser exibido aos superiores. Sei que todos os meus amigos percorreram suas fichas de vítimas devido a essa acusação de espionagem. Ninguém encontrou nada, e ninguém poderia encontrar algo. Isso repousa apenas no estereótipo de que quem fala com a Stasi é um traidor, um porco.

Quantas vezes o senhor se encontrou com Girod?
Talvez uma vez por trimestre, às vezes uma vez por ano, era muito irregular.

Conspirativamente?
Contei a algumas pessoas, porque não levei muito a sério. Mas para a Stasi era conspirativamente.

Mas o senhor não falou conspirativamente somente sobre os prazos de entrega de produtos de maquiagem para teatro?
Falamos sobre política cultural. Posso ser recriminado por isso. Mas porque eu não deveria procurar exercer influência quando eu tinha essa possibilidade? Nunca vi nisso um problema de ordem moral.

Sobre o que exatamente o senhor falou?
Por exemplo sobre o caso Dieter Schulze. Ele foi processado, eu lhe tinha arranjado um defensor, foi Friedrich Wolff, mais tarde defensor de Honecker. Wolff perdeu o processo. Depois escrevemos, Christa Wolf, Fühmann e eu, cartas a Honecker e a Hager. Em conseqüência, a sentença foi cassada pelo tribunal superior e Schulze estava novamente livre. Mas ele era um fator imprevisível e a qualquer momento estava ameaçado de um novo processo. E então Girod perguntou diretamente: só existe uma alternativa: prisão ou expatriação. E por isso recomendei a expatriação. Posso ser recriminado por isso, mas não considerava uma penitenciária da RDA uma academia para poetas.

Isso não foi colaboração?
O que quer dizer "colaboração"? Eu não era a favor do fim da RDA ou a favor da reunificação. Eu nunca teria pensado nisso. Eu sabia, tudo isso não duraria muito, mas essa "ilusão Gorbatchov" dava a esperança de que o sistema poderia mais uma vez ser reformado.

A RDA como fortaleza que detém a marcha da vitória do capitalismo?
Eu não via isso de forma tão poética.

Para o senhor a Segurança do Estado era um componente legítimo da RDA?
Acho que sim. A hipertrofia do aparelho resultou da situação negativa de que uma minoria dirigia uma maioria, e uma maioria inimiga.

Mas não se era obrigado a trabalhar com a Stasi. Aí Kunze e Schädlich têm toda razão.
Eu não era obrigado. Eu não podia ser chantageado. Eu fiz isso conscientemente. Eu achei que poderia alcançar algo, em casos concretos, quando se tratava de um visto ou evitando uma prisão.

O senhor se sentiu lisonjeado quando o poder bateu à porta do dramaturgo sem poder?
É difícil responder a essa pergunta. Era também um peso. Não vou excluir que a ilusão de participar do poder exercesse uma atração.

O senhor foi usado para a estabilização do sistema?
Podemos formular isso assim.

Ma o senhor deve ter entrado em conflito consigo mesmo. O crítico do sistema Heiner Müller contra o comunista que quer defender a fortaleza.
Esse conflito não existia. Eu nunca me entendi nesse sentido enquanto crítico do sistema. As minhas peças eram apenas realistas. E se o sistema não suporta a realidade, o problema não é meu.

Mas afinal deviam conviver duas almas em seu peito...
... mais do que duas, mas não é tão simples. Lembro-me de 1961, portanto muito antes. O muro foi construído nesse ano, e

nós ficamos aliviados e consideramos isso justo e necessário. Uma possibilidade inteiramente nova de trabalho: o muro como defesa contra o sangramento, e agora poder-se-ia agir de forma crítica e realista em relação a tudo dentro do país. E ao mesmo tempo Otto Gotsche, o secretário de Ulbricht, dizia: Agora temos o muro e vamos esmagar contra ele todo aquele que estiver contra nós. Eu também tive essa visão iludida quanto a Gorbatchov. Honecker foi mais sábio. Porque sabia menos.

Seus contatos com a Segurança do Estado mudaram com a ascensão de Gorbatchov?

Sim, modificaram-se. De qualquer forma o medo foi maior após a ascensão de Gorbatchov – o medo de que a RDA fosse simplesmente vendida. Isso era evidente. Havia muito mais diálogo ideológico. Não era propriamente o nível teórico mais elevado. Girod refletia sobre a situação internacional e as conseqüências das reformas na União Soviética. Era nítido o medo de que não seria possível controlar o ritmo, o ritmo para executar as reformas necessárias.

Mas por que o senhor não escreveu nada sobre isso em sua autobiografia?

Existe um direito humano à "covardia diante do inimigo", fiz uso desse direito na situação, no clima de então. E que o retrato do inimigo estava correto, isso foi depois provado pelos jornais sensacionalistas.

Defendendo os jornais sensacionalistas: a decepção estava no fato de que também Heiner Müller, o anarquista, que sempre agia acima do poder, havia sujado as mãos.

Porque se sujam então as mãos? Nunca afirmei ser um anarquista "puro". Falo com qualquer um quando acho necessário e prático. Sempre parti do ponto de vista de que sou suficientemente adulto. Era possível produzir muito mais danos, falando de forma indireta com a Stasi Na cantina do teatro, onde se fala sem controle sobre os colegas. As conversas diretas eram conversas que se podia controlar.

Mas era uma relação estranha entre espírito e poder.

Cresci com a sensação de que sou suspeito do ponto de vista do poder. Sempre fui suspeito ao poder, antes de 1945 e depois também. Do ponto de vista do Estado sempre fui suspeito.

Heiner M. como Joseph K.

Também pode ser formulado de forma cristã. Meu reino não é deste mundo. Mas talvez seja necessário corrigir um pouco a noção de "sensação de culpa". Pois uma coisa vivi nitidamente por ocasião da questão da *Repatriada*: como é difícil enquanto indivíduo, frente a uma multidão que pensa de outra forma, não ter um sentimento desconfortável, ao se manter seu ponto de vista. Não é fácil.

E isso o senhor sente novamente agora?

E agora novamente no Ocidente. Por isso compreendo tão bem quando Heidegger não falou sobre seu abismo. Porque todo diálogo conduz a novos mal-entendidos, isso não pode ser evitado. Sei com certeza que quando tento dizer o que realmente penso, que seria melhor publicá-lo depois da minha morte.

Mas agora o senhor disse tudo.

Não, eu não disse tudo. Não sei o que vou pensar amanhã.

Quão esquizofrênica é para o senhor a relação entre a moral de um texto e a moral do autor?

Ninguém é integro. Em nenhuma boa peça.

Existe para o senhor a cobrança interna da integridade?

Para mim, minha integridade não foi abalada pelos contatos com a Stasi. Mas provavelmente estou sozinho com essa opinião no momento. Talvez não inteiramente só. Perdi alguns amigos, que de qualquer modo não eram amigos. Isso economiza tempo.

Voltando ao assunto: a Stasi colaborou na derrubada em 1989, teve alguma influência?
Acho que sim. Por exemplo a famosa manifestação de 4 de novembro. Ela foi protegida pela polícia, e também ficou evidente onde havia grupos da Stasi. As vaias ao meu discurso vieram primeiro desses grupos.

Henryk M. Broder afirma na Zeit *que a Stasi tomou a "virada" de 89 totalmente em suas mãos.*
Isso não é de todo irreal, apesar de com certeza ser exagerado.

Quando o senhor pressentiu o fim da RDA?
Difícil dizer, é como Édipo. Sabemos de coisas e não nos comportamos de acordo com esse saber. Lembro que recomendei a um assistente da televisão, quando ele me perguntou se devia cair fora, que era melhor esperar, duraria somente mais um ano. Tratava-se de limitar os estragos, pois até o fim existiu o perigo de uma reação histérica do poder.

É difícil acreditar isso. No Frankfurter Rundschau *o senhor lamentou de coração que na virada não correu sangue.*
Isso foi depois. Quando se está dentro vê-se outra coisa.

Mas seu olhar sobre o socialismo real, o senhor não corrigiu?
Eu diria que eu não aprendi mais nada. Vale o que eu já sabia antes.

Também o que o senhor sabia antes sobre o Ocidente?
Isso de qualquer forma.

Quanta ditadura o senhor necessita para escrever?
　　Não preciso de nenhuma ditadura, não se tratava de mim, tratava-se do teatro, e para o teatro a ditadura é em todo caso um cenário melhor. Isso se vê agora em todo lugar. Ninguém mais sabe agora para o que o teatro realmente serve. Meu tradutor francês, Jean Jourdheuil, diz que também na França existe essa paralisia. Ele tem um esquema simples. Ele diz que antes existia um triângulo: o poder, o teatro, o público O poder caiu. Agora resta somente o mercado.

Às vezes tem-se a impressão de que a democracia o impede de escrever.
　　Democracia não existe. Isso também é uma ficção. Sempre foi uma oligarquia, e a democracia nunca funcionou de outra maneira. São poucos que vivem à custa de muitos. Brecht formulou isso politicamente.

Ov. Hoffmannsthal. "Manche freilich..." ("alguns naturalmente...")
　　"...alguns naturalmente morrem..." Sim, esse é um poema do século. E essa é a situação hoje. Não posso regozijar sobre liberdade e democracia.

Mas capitalismo e democracia também não são equivalentes.
　　Isso com certeza é uma simplificação. Em 1988 tive uma conversa com Ellen Brombacher, a responsável por Cultura na magistratura de Berlim Oriental. E ela perguntou o que me faltava na RDA e eu disse: Não existem as liberdades burguesas, e sem as liberdades burguesas não se pode falar de socialismo. Esse é um pressuposto fundamental, mas isso ela não entendeu de forma alguma. Depois encontrei-a novamente no dia 4 de novembro de 1989 na manifestação e ela perguntou sobre uma frase numa entrevista minha. Eu havia dito que o produtivo na situação era a separação dos comunistas do poder. Os comunistas seriam agora algo como uma ordem monástica e não teriam mais que deixar a utopia nas mãos do terrorismo.

O senhor também pertence à ordem monástica?
Eu não posso pertencer a nenhuma ordem monástica, sou artista demais, demasiado interessado em formas.

Intelectualmente o senhor está fascinado pelos anos vinte, pelo extremismo filosófico da República de Weimar. Por quê – onde estão os paralelos com a situação atual?
Certamente não existe um paralelo simples, mas a disponibilidade, a eventualidade das decisões políticas é a mesma que no fim dos anos vinte.

Quer dizer, existem varias opções em aberto?
Talvez nenhuma esteja em aberto, mas por isso parece que existem tantas em aberto.

O fim do império soviético fez a história voltar a uma "época intermediária"?
Acredito mesmo que vivemos numa época intermediária. Sempre que ocorre uma verdadeira crise há uma fuga para as pequenas unidades, se o Estado nacional não é mais uma alternativa, então são as etnias, depois as gangues, depois a família, mas a família não é mais suficiente. A guerra na Iugoslávia é uma experiência de laboratório. Um processo europeu total, só que em outros lugares a proteção é melhor, sobretudo a social. O interessante é que a próxima catástrofe acontecerá na Itália, depois virá França, e só depois a República Federal. Não existe mais um inimigo a quem se possa delegar.

Richard Herzinger, por exemplo, acusa-o de ter passado para a direita.
Porque só interpreta uma camada superficial dos textos do ponto de vista de declarações jornalísticas. É uma coisa muito diferente quando escrevo do que quando falo. Quando escrevo sei naturalmente mais do que quando falo. E esse excedente no texto não aparece para ele.

No entanto, o senhor tem afinidades com a direita.
O que quer dizer isso? A direita não é algo monocromático. O importante é que não sejamos estreitos demais e que se tome pelo menos conhecimento de conceitos que não correspondam às nossas expectativas. Por exemplo, algo que se tornou claro para mim somente muito tarde: a correção de Marx por Benjamin. A revolução não como aceleração, mas como freio de emergência. O socialismo foi um freio de emergência.

Mas Benjamin não foi de direita. O senhor divide com Walter Benjamin e com Ernst Jünger o entusiasmo pelo caráter destrutivo. O que o senhor acredita que será liberado pela destruição?
Essa é uma pergunta que não preciso responder. Nem sequer posso respondê-la. Mas quando escrevemos peças, o impulso principal é realmente a destruição, até que se chegue, e isso soa terrivelmente metafísico, a um núcleo, a partir do qual se possa construir novamente algo. Se desconstruírmos todas as ilusões, chegaremos possivelmente à situação real. Mas essa talvez nem sequer exista.

Esse núcleo é um núcleo vital – a vida sem disfarces?
Entendo a pergunta, mas eu não poderia pensar assim. Em relação a isso ainda recordo algo completamente marginal. Penso na história de um repórter de esportes, um pequeno judeu gordo que escapou com um dos últimos navios em direção aos Estados Unidos durante a Segunda Guerra. O navio foi torpedeado por um submarino alemão. Ele já estava no bote salva-vidas, que estava cheio. Então apareceu uma mãe com uma criança, mas não havia mais lugar. Ele deixou-se cair silenciosamente para trás e houve lugar para ela. Essa imagem é inesquecível. A pergunta crucial é se somos capazes disso.

O corpo é a última resistência, a última moral, nem que seja só no teatro?

O corpo afinal é a realidade do teatro em contraste com os recursos técnicos, e já por isso interessante. O corpo é sempre uma objeção às ideologias. E, no fundo, também à religião. Existe uma bela observação de Ehrenburg numa conversa com Sartre: "Quando o comunismo tiver vencido e todos os problemas econômicos estiverem resolvidos, começará a tragédia do ser humano. A tragédia da sua mortalidade." E se me perguntar sobre uma moral, então a formulação de Bloch sobre a superioridade moral do comunismo seria também a minha: o comunismo não trás esperança para o indivíduo em si. Mas tc do o sistema da economia de mercado consiste em sugerir ao indivíduo que justamente ele tem uma esperança.

Quando se destrói a ilusão da indústria cultural, deparamo-nos com o terror da existência e com a sujeira?
    Essa foi no fundo minha justificativa também para os contatos com a Stasi: não tenho o direito de permanecer puro num mundo sujo.

Falando de Chaplin o senhor disse: ele foi um anjo mau, e isso é o que dele permanecerá. Podemos incluir também o nome Heiner Müller?
    Claro, e não serão mais do que auto-afirmações.

Entrevista de Heiner Müller
a Thomas Assheuer

Índice Onomástico

Abusch, Alexander – 83, 129, 131
Adenauer, Konrad – 105
Ahrendt, Erich – 80
Aillaud, Gilles – 222
Aitmatov, T. – 221
Albrecht, Karl J. – 106
Amado, Jorge – 50
Anderson, Sascha – 211, 316
Anouilh, Jean – 49, 67
Apollinaire, Guillaume – 91
Aragon, Louis – 91, 243
Ardenne, Manfred von – 99, 145
Artaud, Antonin – 168, 184
Atkins, Susan – 214
Auer, Annemarie – 78

Baader, Andreas – 214
Babel, Isaak – 221, 228
Bacon, Francis – 246
Bahro, Rudolf – 99, 100
Baierl, Helmut – 220, 280, 281
Barbusse, Henri – 21
Barthes, Roland – 242
Baudelaire, Charles – 52
Bauer, Roland – 149, 159, 172, 176, 193
Baum, Werner – 131
Becher, Johannes R. – 56, 74
Beckett, Samuel – 130, 246
Bek, Alexander – 252, 253
Benjamin, Walter – 164, 168, 263
Benn, Gottfried – 189, 203
Berghaus, Ruth – 90, 112, 179, 180-182, 207, 308
Beria, Laurenti Pavlovitch – 105
Bernhard, Rüdiger – 163, 176
Besson, Benno – 112, 142, 147-149, 151-155, 176, 177, 183, 184, 214, 317
Beuys, Joseph – 246
Bieler, Manfred – 84, 85, 88, 135, 136

Bienek, Horst – 68, 75, 76, 91, 92
Biermann, Wolf – 101, 146, 161, 199, 220, 269, 294, 307, 312, 317, 318, 320
Bismarck, Otto von – 47, 168
Bloch, Ernst – 95, 97, 329
Bobrowski, Johannes – 89
Böhmel, Bernd – 262
Bork – 133, 282
Braemer – 95
Brandt, Willy – 23, 82
Brasch, Thomas – 158, 174, 187, 199, 313, 314
Bräuning, Werner – 117
Braun, Otto – 99, 137, 145, 287
Braun, Volker – 160, 194, 294, 312, 319, 320
Braun, Wernher von – 99, 145
Brecht, Bertolt – 15, 48, 51, 65, 67, 68, 70, 71, 74, 80, 82-88, 90, 93-98, 102, 109-115, 123, 124, 126, 133, 135, 136, 139, 145, 146, 152, 154, 166-170, 182-184, 186, 193-195, 203, 204, 208, 212, 220, 255-227, 230, 240, 242, 244, 245, 247, 251, 257, 317, 318, 326
Bredel, Willi – 56, 80
Breker, Arno – 204
Brejnev, Leonid Ilitch – 187
Brodski, Joseph – 22
Bronnen – 203
Brook, Peter – 168
Bruckner, Anton – 50, 52
Bruno, Giordano – 196
Bukharin, Nicolai Ivanovitch – 130, 137
Büchner, Georg – 7, 167
Bunge, Hans – 109, 131, 145, 146, 164
Busch, Ernst – 69, 107, 254

Callas, Maria – 248
Casanova, Giacomo – 32, 33

331

Chambure, Guy de – 141, 191
Chéreau, Patrice – 222
Chirico, Giorgio de – 246
Cholokov, Mikhail – 48, 56, 88, 221
Claudius, Eduard – 84, 98, 110, 190
Clausewitz, Carl von – 56
Cranach – 167
Cremer, Fritz – 170, 199, 294

Dali, Salvador – 58, 246
Danton, Georges – 226
Daumier – 211
Debuisson – 217
Deleuze, Gilles – 215, 230
Deicke, Günther
Dessau, Paul – 82, 95, 126, 130, 172, 173, 180, 246, 282
Dimitroff – 213
Djacenko, Boris – 51, 108, 123, 124, 266
Dostoiévski, Fiodor – 38, 48, 221, 264
Dresen, Adolf – 155, 214, 215
Drommer – 112
Duchamp, Marcel – 215
Dürer, Albrecht – 167

Ehrenburg, Ilia – 212, 329
Eisenstein, Serguei – 134, 241
Eisler, Gerhart – 112, 113
Eisler, Hanns – 95, 131, 133, 154, 247
Eliot, T. S. – 73, 195
Eluard, Paul – 91
Engel, Erich – 129
Erb, Elke – 211
Ernst, Max – 196, 246
Erpenbeck – 97
Ésquilo – 66, 77, 265
Eurípides – 233

Fadeiev, Alexander – 48, 220
Faulkner William – 48, 67, 218, 256
Fedin, Constantin – 81
Feltrinelli – 192
Fichte, Hubert – 212
Fischer, Eduard – 153
Fischer, Herbert – 280
Flaubert, Gustave – 229
Flimm, Jürgen – 230
Forberg, Walter – 77

Foucault, Michel – 157, 198, 223, 229
Freud, Sigmund – 31, 249
Frederico, o Grande – 144, 162, 196, 197, 238-240
Fuchs, Klaus – 136
Fühmann, Franz – 91, 92, 129, 211, 269, 291, 294, 321,

Gadamer, Hans-Georg – 105
Gandhi, Mahatma – 187
Ganghofer, Ludwig – 56
Garbe, Hans – 98, 110, 113, 114, 169
Genet, Jean – 212
Genscher, Hans-Dietrich – 235
George, Stefan – 33, 91
Gide, André – 51
Girnus, Wilhelm – 146
Giesler, Manfred – 201, 202
Gladkov, Fiodor Wassilevitch – 221
Gladow – 71, 72
Godard, Jean-Luc – 136, 245
Goebbels, Paul Joseph – 54, 167
Göring, Hermann – 201
Goethe, Johann Wolfgang von – 67, 77, 82, 94, 167, 205
Goldmann – 247
Gorbatchov, Mikhail – 161, 244, 253, 260, 263, 296, 309, 310, 321, 323
Gorki, Maxim – 7, 21, 48, 52, 56, 131, 148
Gotsche, Otto – 133, 134, 136, 323
Gotscheff, Mitko – 220
Goya – 198, 211, 217, 264
Grabbe, Christian Dietrich – 226, 235
Grass, Günter – 162
Greene, Graham – 158
Grillparzer, Franz – 82, 211
Grünberg, Karl – 48
Gründgens, Gustaf – 256
Guattari – 215, 230
Gysi, Gregor – 215, 216
Gysi, Klaus – 51, 74, 89

Hacks, Peter – 88, 108, 109, 127, 129, 130, 135, 136, 153, 154, 190, 212, 259, 282, 283
Hager, Kurt – 164, 165, 183, 187, 260, 307, 318, 319, 321

Hamburger – 214, 215
Hammel, Claus – 85
Harich, Wolfgang – 79, 109, 170, 191-193, 202, 204
Hauptmann, Helmut – 51, 148, 284
Hauser, Harald – 193, 282, 284
Havel, Václav – 134
Havemann, Robert – 144, 244
Hebbel, Friedrich – 32
Hegel, Georg Wilhelm Friedrich – 138
Hegemann, Werner – 196, 267
Heinz, Wolfgang – 130, 147, 148, 194, 293
Heise, Wolfgang – 185, 193, 244
Hemingway, Ernest – 67
Henrichs, Benjamin – 164
Hensel, Georg – 188
Henselmann – 100
Henze, Hans Werner – 247
Hermlin, Stephan – 51, 65, 74, 102, 104, 133, 135, 163, 190, 200, 211, 252, 294
Herzfelde, Wieland – 190
Herzog, Rudolf – 56, 121
Hesíodo – 83
Heym, Stefan – 104, 258, 294, 313, 318
Hitler, Adolf – 22, 25, 32, 44, 56, 70, 94, 139, 149, 168, 186, 189, 201, 219, 225, 237, 261, 296, 300
Hochhut, Rolf – 164, 165
Hölderlin, Friedrich – 82, 151, 263
Höpke – 159
Hoffmann – 182, 220, 307
Hoffmann, E. T. A. – 202
Holan – 183
Hollmann – 191
Honecker, Erich – 72, 93, 100, 105, 148, 157, 162, 172-174, 182, 200, 217, 219, 254, 258, 260, 263, 317, 319, 321, 323,
Horkheimer, Max – 259
Horn, Rebecca – 245
Hubalek – 69
Hussein, Saddam – 224

Ibsen, Henrik – 186
Ieltsin, Boris – 237

Jahnn, Hans Henny – 48, 117, 233
Janka, Walter – 79
Jdanov – 90, 186
John, Hans Rainer – 128, 143
Joho, Wolfgang – 81, 284
Jourdheuil – 222, 326
Juárez García, Benito – 158
Jünger, Ernst – 43, 52, 201-206, 221, 255, 328
Just, Gustav – 79, 81

Kähler, Hermann – 145
Kafka, Franz – 61, 93, 144, 145, 215, 230, 237, 247, 256, 264
Kahlau, Heinz – 68, 69, 284
Kahler, Ernst – 68, 147
Kaiser, Georg – 15, 52
Kant, Hermann – 88, 162, 163
Kapuscinski, Richard – 227
Karge, Manfred – 155, 183, 185, 235, 237, 226, 317
Karusseit – 154
Katte – 222, 240
Kazan, Elia – 245
Keisch, Henryk – 84, 190, 284
Kerndl, Rainer – 177, 284
Kilger, Heinrich – 147
Kipphardt, Heinar – 87, 88, 112, 129, 181, 182, 254, 282
Klaus, Georg – 175
Klein, Alfred – 51
Klein, Dieter – 176, 313
Kleinschmidt, Sebastian – 105
Kleist, Heinrich von – 7, 167, 197, 251, 263
Klett, Ernst – 302
Klier, Freya – 254
Knowles, Christopher – 239
Körner – 32
Koestler, Arthur – 106
Kohlhaase, Wolfgang – 51, 135
Kohout, Pavel – 115
Konsalik, Heinz – 252
Kootz, Harald – 91, 92
Koplowitz, Jan – 74, 105
Korff – 95
Korn, Vilmos – 69
Kostov, Traitcho – 213

333

Kounellis, Jannis – 88, 245, 246
Krawtschik, Stephan – 254
Kruchev, Nikita – 146, 251
Krug, Manfred – 101, 126, 143, 312
Kuba – 51, 62, 90-93, 136
Kubsch – 50
Kuczynski – 260
Küchenmeister, Claus und Vera – 84
Künne, Manfred – 75, 76
Kunert, Günter – 75, 76, 294, 318
Kurella, Alfred – 62, 77, 78, 97, 130, 137, 145, 198
Kutscher – 141

Laclos, Choderlos de – 212, 230
Lang, Alexander – 251, 255
Lange, Annemarie – 284
Lange-Müller, Katja – 62, 259, 265
Langhoff, Matthias – 155, 171, 183, 185, 214, 226, 235, 237, 315, 317
Leander, Zarah – 207
Lenin – 68, 82, 180, 190, 215, 225, 226, 232, 237, 296, 300, 301
Lenz, Jakob Michael – 96, 167
Lessing, Gotthold Ephraim – 197, 259
Liebknecht, Karl – 225, 296
Lietzau – 141
Loest, Erich – 75, 76, 97
Ludwig, Rolf – 117, 129, 154
Lukács, Georg – 97, 186, 192, 193
Luxemburgo, Rosa – 159, 225, 254, 296

Mäde – 51, 52, 114, 256
Maiakóvski, Vladimir – 40, 88, 95, 147
Malraux, André – 198, 218, 256
Mann, Dieter – 251, 255, 256
Mann, Heinrich – 7, 115, 117, 121, 230
Mann, Thomas – 209
Manson, Charles – 207, 214
Mao Tse-tung – 91, 137
Marchwitza – 56, 134
Marquardt, Fritz – 138, 149, 150, 152, 155, 162, 184, 187, 188, 247
Marquardt, Hans – 163
Marx, Karl – 67, 77, 95, 237, 256, 294, 296, 300, 328
Maselli, Titina – 222

May, Gisela – 192
Mayer, Hans – 51, 95, 97, 111
Meinhof, Ulrike – 214, 215, 260
Menzel, Adolph von – 239
Meyerhold – 220
Meves, Hans Diether – 132, 133, 189
Mickel, Karl – 138, 182
Mielke, Erich – 174
Miethe, Käthe – 78, 79
Minetti, Hans Peter – 176
Mittenzwei, Werner – 146
Mitterrand, François – 203
Moissi, Alexander – 240
Molière – 195
Monk – 69
Monroe, Marylin – 155
Müller, Armin – 75
Müntzer, Thomas – 187
Münz – 146
Mussolini, Benito – 169

Nagel, Ivan – 227, 239
Nahke, Heinz – 84, 94-100
Napoleão – 36, 52, 197, 217, 235, 262
Nels, Christoph – 230
Neruda, Pablo – 80
Neutsch, Erik – 143, 145
Niekisch, Ernst – 204
Nietzsche, Friedrich – 21, 38, 43, 48, 193, 201, 230, 247
Noll, Dieter – 65, 66, 93
Nono, Luigi – 247

Oppenheimer, Robert – 194
Orwell, George – 56
Ovídio – 236

Pachnicke – 181
Palitzsch, Peter – 69, 87, 147, 181
Palucca, Gret – 90
Pasternak, Boris – 132, 191
Perthen – 165
Peymann, Claus – 167
Peyret – 222
Picasso, Pablo – 141, 246
Pieck, Wilhelm – 47
Piens, Gerhard – 129, 131
Pintzka – 180

Platonov, Andrei – 221
Poe, Edgar Allan – 32
Pogodin – 118
Pohl, Martin – 51, 68, 75, 91, 92, 136
Pound, Ezra – 44, 233
Puccini, Giacomo – 248

Radek, Karl – 130
Rajk – 213
Rauschenberg, Robert – 209, 246
Reich-Ranicki, Marcel – 15, 162
Renn, Ludwig – 117, 129
Richter, Herbert – 59, 61-63, 67, 71, 120
Richter, Stefan – 163
Rilkeg, Rainer Maria – 31, 33, 253
Ritter, Ilse – 239, 240
Robert, Marthe – 156
Robespierre, Maximilien – 226
Rodenberg – 131
Rödel, Fritz – 128, 149
Rolland, Romain – 21
Rossov, Viktor Sergueievitch – 119
Rücker, Günter – 135
Rülicke, Käthe – 68, 110, 114

Sade, Donatien-Alphonse François de – 212
Sagert, Horst – 153
Saint-Simon, Henri de – 203
Samarin – 81
Sartre, Jean-Paul – 52, 67, 296, 329
Schabowski – 160
Schadewaldt, Wolfgang – 83
Schall, Barbara – 182, 183
Schall, Ekkehard – 183
Schiller, Friedrich von – 32, 49, 56, 77, 94, 97, 133, 163, 197, 235
Schleef, Einar – 183
Schlichting, Rudolf – 203
Schlieker, Hans-Joachim – 194, 218
Schmidt, Helmut – 235
Schmitt, Carl – 199, 203, 204, 228, 253, 256, 264
Scholz, Gerhard – 82, 84, 94-96, 97
Schrader, Willy – 181
Schreber – 196
Schröder, Max – 66
Schröder, Ralf – 97

Schubert, Franz – 23
Schumacher, Ernst – 164
Schwarz, Ievgneni – 153
Seelenbinder, Werner – 69, 70, 187
Seghers, Anna – 88, 131, 133, 169, 217, 284
Sêneca – 233, 236
Serafimovitch, Alexsandr – 48
Shakespeare, William – 67, 88, 96, 123, 167, 191, 194, 195, 215, 216, 236, 251, 256, 263, 281
Slansky – 213
Sobol – 224
Soergel – 48, 67
Sófocles – 140, 233
Stalin – 68, 69, 81, 91, 95, 96, 105, 106, 128, 142, 159, 189, 190, 191, 217, 219, 254, 256, 262, 296, 299, 301
Stanislavski – 90, 95, 186, 209
Steckel – 220
Stein, Peter – 167
Stendhal – 36, 235
Stengel, Hans-Georg – 52
Stoph, Willi – 89, 97
Storch, Wolfgang – 163, 227, 266, 267
Stranka, Walter – 75
Strasser – 69
Stravinsky, Igor – 141
Strehler, Giorgio – 168, 169
Strindberg, August – 33
Synge, John M. – 109

Tácito – 262
Tate, Sharon – 207, 214
Thalheim – 95
Thälmann – 113
Thiessen – 99
Thürk, Harry – 75
Tintoretto – 246
Tito, Josip – 213
Tolstoi, Leo – 48, 221
Tragelehn, B. K. – 122-124, 127, 128, 129, 131, 138, 179, 183, 184, 191, 259
Trakl, Georg – 33
Trifonov, Iuri – 87, 221
Troller, Urs – 238

Trotski, Leon – 54, 142, 165, 211, 296
Tchekov, Anton – 221
Tcherchinski – 190
Tcholakova, Ginka – 93, 157, 171, 194, 218, 259

Ulbricht, Walter – 26, 95, 100, 103-105, 113, 115, 116, 133, 136, 144, 168, 176, 192, 193, 196, 264, 323
Unseld, Siegfried – 215

Virgílio – 74
Visconti, Luchino – 245
Vogel – 50
Voltaire – 151

Wachtangov – 220
Wagner, Richard – 247
Wagner, Siegfried – 128, 129, 130, 131, 133, 284, 285
Wallenstein – 170
Wangenheim, Gustav von – 131, 134
Warhol, Andy – 215, 246
Waterstradt, Berta – 126
Weber, Betty – 208, 215
Webern – 247
Wehner, Herbert – 82

Weigel, Helene – 15, 68, 90, 133, 134, 136, 141, 145, 170, 179
Weinstock, Wilm – 85, 93
Weiss, Peter – 148, 164, 165
Weißkopf, F. C. – 84, 187
Wekwerth, Manfred – 87, 124, 282, 320
Welk, Ehm – 79
Wendt, Ernst – 187
Wilson, Robert – 195, 202, 238, 239, 240-243
Winterlich, Gerhard – 175, 176, 177, 178
Wichnevski, Vsevolod – 220, 221
Wolf, Christa – 135, 200, 220, 312, 284, 294, 316, 321
Wolf, Friedrich – 107
Wolf, Konrad – 160, 307, 320
Wolf, Markus – 160
Wolfram – 112
Wonder, Erich – 218, 247, 256

Zak, Eduard – 66, 78, 79, 284
Zebahl – 196
Zöger, Heinz – 79
Zweig, Arnold – 129
Zwerenz, Gerhard – 97